Rheinland-Pfalz

Deutschbuch

Differenzierende Ausgabe

Sprach- und Lesebuch 6

Herausgegeben von
Markus Langner, Bernd Schurf und
Andrea Wagener

Erarbeitet von
Alexandra Biegler, Julie Chatzistamatiou,
Friedrich Dick, Marianna Ernst,
Agnes Fulde, Hans-Joachim Gauggel,
Frauke Hoffmann, Andrea Mevissen,
Dagmar Petig, Toka-Lena Rusnok,
Frank Schneider und Mechthild Stüber

Cornelsen

Redaktion: Thorsten Feldbusch
Bildrecherche: Gabi Sprickerhof

Coverfoto: Tom Chance © Westend 61/Photoshot

Illustrationen:
Thomas Binder, Magdeburg: S. 41, 60, 61, 62, 68, 70, 73
Maja Bohn, Berlin: S. 76, 79, 80, 82, 84, 87, 88, 91
Natalie Bruch, Kamen: S. 111–113, 115–117, 119, 120, 122, 125
Nils Fliegner, Hamburg: S. 197, 205–226, 228, 230–233, Vorsätze
Christiane Grauert, Milwaukee (USA): S. 177, 181, 184, 188, 191, 192, 193, 196, 203
Klaus Müller, Berlin: S. 12, 14, 15, 24, 28, 33, 35, 36, 37, 40
Peter Schössow, Hamburg,: S. 18–20
Julia Trévin, Berlin: S. 93, 96, 99, 100, 108
Christa Unzner, Den Haag: S. 127–138, 140–141, 272
Henning Ziegler, Berlin: S. 45, 46, 49, 51, 56, 57, 236–237, 238, 242

Gesamtgestaltung und technische Umsetzung: werkstatt für gebrauchsgrafik, Berlin

www.cornelsen.de

1. Auflage, 5. Druck 2020

Alle Drucke dieser Auflage sind inhaltlich unverändert
und können im Unterricht nebeneinander verwendet werden.

Druck und Bindung: Livonia Print, Riga

ISBN 978-3-06-062632-8
ISBN 978-3-06-060290-2 (E-Book)

PEFC
PEFC/12-31-006

PEFC zertifiziert
Dieses Produkt stammt aus nachhaltig bewirtschafteten Wäldern und kontrollierten Quellen.

www.pefc.de

Inhaltsverzeichnis

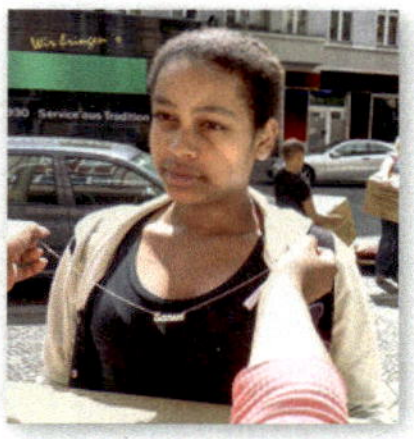

Kompetenzschwerpunkte

Erzählen
nach Bildern/von Erlebnissen erzählen, Teile einer Erzählung (Erzählkern) ausgestalten;
die Zeitform beibehalten bzw. bewusst variieren;
zentrale Erzählelemente und -strukturen umsetzen;
Wortfelder beachten („sagen“);
eine Erzählung angemessen gliedern;
zur Vorbereitung Stichworte notieren

Kompetenzschwerpunkte

Argumentieren
zu einem Sachverhalt Stellung beziehen;
in einfacher, additiv-reihender Form eigene Meinungen begründen

Sprechanlässe
Streitgespräch, Diskussion;
sich aktiv, deutlich und themenbezogen an Gesprächen beteiligen, das Wort weitergeben und andere ausreden lassen;
Sprachmuster einüben;
aktiv zuhören, auf Beiträge angemessen reagieren, Gesprächsverhalten beobachten;
Meinungen argumentativ begründen,
andere Meinungen tolerieren, ggf. Kompromisse schließen

Informieren
Briefe schreiben;
Formales beachten,
Adressatenbezug

3

Sprechen – Zuhören – Schreiben

Kompetenzschwerpunkte

Wer? Was? Wo? ...? – Über Ereignisse berichten 43

4

Sprechen – Zuhören – Schreiben

Kompetenzschwerpunkte

In Bewegung – Beschreiben 59

Kompetenzschwerpunkte

5 Unglaublich! – Lügengeschichten lesen, vortragen und schreiben 75

fiktionale Texte
Lügengeschichten kennen lernen (Thematik, Aufbau, Handlungsführung, Figuren);
Gattungsmerkmale (z. B. Erzählanfang, -schluss) erkennen

Leseförderung
Leseerfahrungen austauschen;
einfache Formen der Gliederung zum Textverstehen kennen lernen

Sprechanlässe
erzählende Texte intentionsgemäß vortragen und die Wirkung reflektieren

Erzählen
Teile einer Erzählung weiterschreiben;
zentrale Erzählelemente und -strukturen umsetzen;
zur Vorbereitung Stichworte notieren

Kompetenzschwerpunkte

6 Helden und Ungeheuer – Sagen untersuchen, nacherzählen, gestalten 93

fiktionale Texte
Sagen kennen lernen (Handlungsführung, Figuren);
Gattungsmerkmale (z. B. Geschehensträger) erkennen;
Nacherzählen von Handlungsverläufen;
Spieltexte schreiben (Hörszene);
Ausschnitte aus Comics lesen

Leseförderung
Leseerfahrungen austauschen;
stilles Lesen, Schlüsselbegriffe auffinden, einfache Formen des Gliederns einsetzen

auditive Medien
einfache Erzählformen in Hörszenen umsetzen

Lesen – Umgang mit Texten und Medien

Kompetenzschwerpunkte

7 Tiere handeln wie Menschen – Fabeln verstehen und verfassen 111

fiktionale Texte
Fabeln kennen lernen (Aufbau, Handlungsführung, Figuren);
Gattungsmerkmale (z. B. Geschehensträger) erkennen

Leseförderung
Leseerfahrungen austauschen;
mit verteilten Rollen lesen

Erzählen
Fabeln fortsetzen, nach Bildern erzählen, Wortfeld „sagen“ beachten;
zentrale Erzählelemente und -strukturen umsetzen;
zur Vorbereitung Stichworte notieren

Computer und neue Kommunikationstechniken
Schreibprogramme anwenden können

Lesen – Umgang mit Texten und Medien

Kompetenzschwerpunkte

8 Wind und Wetter – Gedichte verstehen, vortragen, schreiben 127

fiktionale Texte
Gedichte kennen lernen (klangliche, metrische und optische Gestaltungsmerkmale);
Gedichte schreiben, ergänzen

Sprechanlässe
lyrische Texte adressaten- und intentionsgemäß vortragen, Wirkung reflektieren

Kompetenzschwerpunkte

Leseförderung
Buchstaben und Laute bewusst erlesen, ähnlich klingende Wörter unterscheiden (Reimwörter);
Texte gestalten

9

Lesen – Umgang mit Texten und Medien

Kompetenzschwerpunkte

fiktionale Texte
Dialogtexte kennen lernen und beschreiben können, nach einem Spieltext spielen, Rollen spielen, Spieltext selbst schreiben

Leseförderung
beim Lesen kombinieren, Lesewartungen formulieren

Appellieren
Einladungen entwerfen

10

Lesen – Umgang mit Texten und Medien

Rund um den Computer – Sachtexte verstehen 153

Kompetenzschwerpunkte

nichtfiktionale Texte
einfache Sachtexte in ihrer Struktur, Intention und Wirkung untersuchen; Informationsquellen nutzen

Leseförderung
Schlüsselwörter finden; Texte in Sinnabschnitte gliedern, unbekannte Begriffe klären

Informieren
Texte auf Schlüsselwörter zusammenstreichen; Gliederungsaspekte beachten; Inhalte zusammenfassen und mit eigenen Worten wiedergeben

Computer und neue Kommunikationstechniken
persönliche Erfahrung mit Technik beschreiben, Vorstellung einzelner Programme und deren Nutzung

11

Nachdenken über Sprache

Grammatiktraining – Wortarten und Satzglieder unterscheiden 169

Kompetenzschwerpunkte

Sprachbetrachtung und Grammatik
Wortarten und ihre Formen auf Grund ihrer Eigenschaften benennen und richtig gebrauchen; Satzarten anhand ihrer formalen Eigenschaften (Stellung des Verbs, Satzglieder) bestimmen können; Proben (Umstellprobe, Weglassprobe, Ersatzprobe, Fragemethode) kennen und beherrschen; Semantik: die Begriffe „Wortfeld" und „Wortfamilie" kennen und anwenden

Rechtschreibung und Zeichensetzung
Satzschlusszeichen und Kommata richtig setzen können; Fehler erkennen und Texte nach Prüfung überarbeiten

Nachdenken über Sprache

Kompetenzschwerpunkte

Rechtschreibung und Zeichensetzung
eigene Fehlerschwerpunkte erkennen;
Problemwörter selbstständig üben, Wortlisten zum Üben erstellen;
eigene Texte einer Rechtschreibkontrolle unterziehen;
den Umgang mit dem Wörterbuch automatisieren;
Lösungswege (Strategien) zur Absicherung der Schreibung eines Wortes einsetzen (akustische Proben, Stammschreibung, Wortartenprobe, Adjektivprobe, Wörter zerlegen, Regelhaftigkeiten erkennen);
Einüben von:
schwierigen Konsonantenschreibungen,
Dehnungen („h“, „ie“), Konsonantenverdopplung, s-Lauten, Stammverwandtschaften und Vokalen (Umlauten) und Konsonanten, Großschreibung (Nominalisierungen)

13

Arbeitstechniken

Kompetenzschwerpunkte

Lernen lernen – Arbeitstechniken beherrschen 235

Informieren
Stichwortzettel/Merkzettel konzipieren;
Texte auf Schlüsselwörter zusammenstreichen, die Informationsfolge stimmig gliedern;
Inhalte zusammenfassen und mit eigenen Worten wiedergeben;
Lesestrategien anwenden (detailorientiertes Lesen; Gliederung, Inhalte zusammenfassen);
mit Nachschlagewerken umgehen lernen

nichtfiktionale Texte
Sammeln, Sortieren, Gewichten und Verarbeiten von Informationen

Orientierungswissen

1 Meine Freunde und ich –
Geschichten aus dem Leben erzählen

1 a Überlegt, was die Personen auf dem Bild fühlen, denken und sagen könnten.
b Bedeutet ein Umzug das Ende für eine Freundschaft? Begründet eure Meinung.

2 Denkt euch eine Freundschaftsgeschichte aus, die zu dem Bild passt. Überlegt z. B.:
- Was könnten zwei Freundinnen oder zwei Freunde empfinden, wenn sie sich trennen müssen? Was könnten sie sich fragen?
- An welches gemeinsame Erlebnis könnten sie zurückdenken?

3 Erläutert, wann für euch eine Geschichte besonders gut erzählt ist.

In diesem Kapitel ...
- tauscht ihr euch über das Thema „Freundschaft“ aus,
- lest, erzählt und schreibt ihr Freundschaftsgeschichten,
- bekommt ihr Tipps zum mündlichen und schriftlichen Erzählen.

1.1 Die Neuen – Von Freundschaften erzählen

Mit Stichwortzetteln mündlich erzählen

1 **a** Maras erster Tag in der neuen Schule: Versucht, euch in ihre Lage zu versetzen. Welche Gedanken könnten ihr durch den Kopf gehen? Z. B.: *So sieht sie also aus, meine ...*

b Erzählt, wie Maras erster Tag in der neuen Schule aussehen könnte, z. B.:
- Wem begegnet Mara zuerst?
- Wie reagiert die neue Klasse auf sie?

2 Besprecht in Partnerarbeit, wie es zu einer Freundschaft mit einer neuen Schülerin, einem neuen Schüler in der Klasse kommen kann.

1 Umzug, alles neu: Stadt, Schule, Klasse, Mitschüler, Namen, alle nett

2 gleich am 3. Tag Ausflug ins Kunstmuseum

3 erst Führung, dann halbe Stunde freie Zeit

4 Mir hat ein großes Bild gefallen, genau wie Sven. Neben mir ...

5 plötzlich Sirene

...

...

...

3 Mara hat angefangen, auf Stichwortzetteln ein erstes spannendes Schulerlebnis zu notieren. Überlegt, wie ihre Geschichte weitergehen könnte, sodass sie am Ende einen neuen Freund gewonnen hat.
Bearbeitet Aufgabe a/b oder c/d.

●●● **a** Nehmt acht bis zehn leere Zettel. Übertragt auf die ersten fünf Zettel Maras Stichworte. Ihr könnt ihre Notizen auch ergänzen oder verändern.

b Was könnte beim 5. Stichwortzettel wohl passiert sein? Notiert auf weiteren drei bis fünf Stichwortzetteln eure Ideen.

●○○ **c** Nehmt neun leere Zettel. Übertragt auf die ersten fünf Maras Stichworte. Ihr könnt ihre Notizen auch ergänzen oder verändern.

d Beantwortet auf den übrigen vier Zetteln stichwortartig diese vier Fragen:
- Warum ertönt die Sirene? Was könnte passiert sein?
- Wie reagieren Mara und Sven?
- Was ereignet sich am Höhepunkt der Geschichte?
- Wie geht der Museumsbesuch zu Ende? Sind die beiden Freunde geworden?

Den roten Faden beachten, Spannungsmelder einsetzen

4 Ein Erzähler sollte nicht den roten Faden verlieren. Was versteht ihr unter **„roter Faden"?**

A „Roter Faden" ist der Fachbegriff für eine Schnur, mit der man Bücher einwickelt.
B „Roter Faden" bedeutet, dass man erzählt und erzählt, aber am Ende der Geschichte sich daran erinnern sollte, wo man die Geschichte begonnen hat.
C „Roter Faden" bedeutet, dass ein Erzähler seine Zuhörer nicht verwirren sollte, indem er beim Erzählen zu weit vom Thema abschweift.
D „Roter Faden" bedeutet, dass man in jeder Geschichte einen farbigen Gegenstand unterbringen sollte.

5 Man kann zum Beispiel den roten Faden beibehalten, indem man seine Geschichte in Form einer **Lesefieberkurve** aufbaut.
a Zeichnet eine Lesefieberkurve in euer Heft.
b Ordnet eure Stichwortzettel der Lesefieberkurve sinnvoll zu. Nummeriert sie.

6 **Spannungsmelder** erregen die Aufmerksamkeit der Zuhörer oder Leser.
Notiert zu vier bis fünf Stichwortzetteln einen passenden Spannungsmelder aus dem Wortspeicher.

plötzlich unerwartet auf einmal aus dem Nichts aus heiterem Himmel aber dann erstaunlicherweise überraschend gerade noch in letzter Sekunde

7 a Erzählt vor der Klasse eure Geschichten mit Hilfe eurer Stichwortzettel. Beachtet die Methode „Richtig erzählen und gut zuhören".
b Gebt dem Erzähler ein Feedback: Wurde der rote Faden beibehalten, wurde spannend erzählt?

Methode **Richtig erzählen und gut zuhören**

Erzählen
- Stellt euch so hin, dass euch alle im Raum gut sehen und hören können.
- Wartet so lange, bis es ruhig ist.
- Tragt mit lebhafter Stimme vor, z. B. laut und leise, schnell und langsam (► S. 132).

Zuhören
- Zeigt den Erzählenden mit eurer Körperhaltung und euren Blicken, dass ihr interessiert zuhört.
- Sitzt ruhig, hört nur zu und macht nichts anderes.

Schriftlich nach Bildern erzählen

1 a Seht euch die Bildfolge an. Beschreibt, was auf den ersten drei Bildern dargestellt ist.
b Begründet: Passt die Überschrift „Die Mutprobe" zu der Bildfolge?

2 a Setzt euch in Vierer- oder Fünfergruppen zusammen.
Überlegt, was auf den beiden letzten Bildern passiert.
b Stellt die beiden letzten Bilder nach. Zeichnet sie oder gestaltet sie als Standbild (▶ S. 146).
c Erzählt eine Geschichte zur Bildfolge. Sammelt erste Ideen auf Stichwortzetteln (▶ S. 12).
Tipp: Lasst auf den Zetteln Platz für weitere Ideen und Erzähltipps.

... Jürgen, der Anführer der Bande, rief: „Du Angsthase! Du traust dich wohl nicht!"
Und die anderen stimmten im Chor mit ein: „Traust dich nicht! Traust dich nicht!"
Nur Maria, Jürgens Schwester, schrie nicht mit. Sie hatte so viel Angst um Florian, dass sie wegsah ...

3 Eure Geschichte wird besonders lebendig, wenn ihr die Gedanken und Gefühle der Figuren beschreibt. Wählt Aufgabe a oder b.
●●○ a Lest den kurzen Erzählauszug.
Notiert auf dem passenden Stichwortzettel, was Maria alles durch den Kopf gehen könnte.
●●● b Lest den kurzen Erzählauszug.
Notiert auf den passenden Stichwortzetteln Florians Gedanken.

4 Durch Adjektive, Partizipien (▶ S. 175) und Verben kann man Gefühle treffend beschreiben.
Übertragt die folgende Tabelle in euer Heft. Ordnet die Wörter in die richtigen Spalten ein.

furchtlos sich wehren zaghaft sich trauen entmutigt feige etwas wagen verzagt zittern tapfer mutlos eingreifen sich einsetzen eingeschüchtert zusammenzucken unerschrocken

Wortart	Wortfeld „Angst"	Wortfeld „Mut"
Adjektiv	...	...
Partizip	...	...
Verb	...	...

5 Ergänzt weitere Wörter in eurer Tabelle aus Aufgabe 4 , S. 14. Wählt Aufgabe a oder b.

●●● **a** Findet zu den bisherigen Wörtern in eurer Tabelle Wörter mit einer ähnlichen Bedeutung, z. B.:
zittern = beben = bibbern = …
Ihr könnt auch Wortfamilien bilden (► S. 181), z. B.: *Partizip „verzagt“ → Verb „verzagen“ → Adjektiv „zaghaft“*

●○○ **b** Sucht Wörter aus der Wortschlange und tragt sie in die richtige Spalte der Tabelle ein.

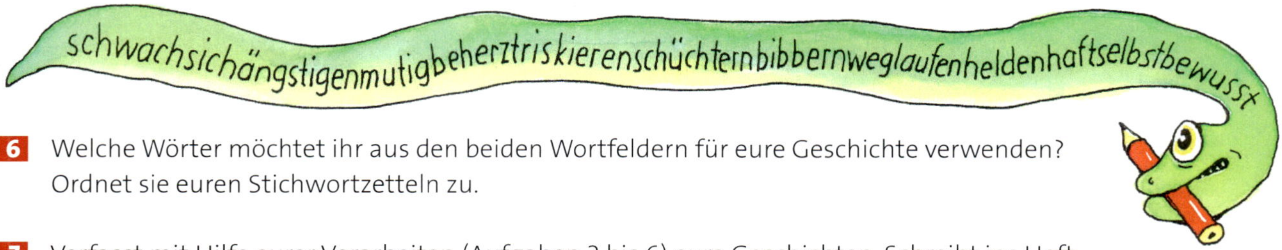

6 Welche Wörter möchtet ihr aus den beiden Wortfeldern für eure Geschichte verwenden? Ordnet sie euren Stichwortzetteln zu.

7 Verfasst mit Hilfe eurer Vorarbeiten (Aufgaben 2 bis 6) eure Geschichten. Schreibt ins Heft.

Wer erzählt?

Jürgen fragte ungeduldig: „Was ist? Kletterst du jetzt da hoch oder hast du Bammel, du Feigling?“
Ich sah Florian an und hoffte, dass er „Nein“ sagen würde.
Florian biss sich auf die Lippe, sah kurz zu mir herüber, blickte für ein paar Sekunden nach oben, stöhnte und ergriff die erste Sprosse. Oh nein, dachte ich.
Plötzlich aber hielt Florian wieder inne und schmetterte Jürgen entgegen: „Ich bin kein Feigling, ich habe nur keine Lust, bei dieser Aktion einen Schlag zu bekommen oder mir das Genick zu brechen!“
Den anderen Jungs verschlug es die Sprache. Mit großen Augen starrten sie Florian an.
Auf einmal, ich weiß nicht, warum, sprudelte es aus mir heraus: „Florian hat Recht. Es ist total bescheuert, ihn nur dann in unsere Clique aufzunehmen, wenn er sein Leben riskiert. Für mich hat er die Mutprobe gerade bestanden!“
Ich ergriff Florians Ärmel. Wir drehten uns um und ließen die anderen einfach stehen.

8 **a** Was haltet ihr von Marias Aussage: *„Für mich hat er die Mutprobe gerade bestanden“*?
b Vergleicht diesen Textauszug mit dem auf S. 14.
Wer erzählt jeweils die Geschichte? Formuliert die richtige Aussage:
- *Textauszug S. 14: Die Geschichte erzählt ein Ich-Erzähler/ein Er-/Sie-Erzähler.*
- *Textauszug S. 15: Die Geschichte erzählt ein Ich-Erzähler/ein Er-/Sie-Erzähler.*

c Prüft: Aus welcher Sicht habt ihr eure selbst verfassten „Mutproben“-Geschichten erzählt?

Information **Erzähler unterscheiden**

- Wenn ein **Erzähler selbst in das Geschehen verwickelt** ist und die Ereignisse in der **Ich-Form** darstellt, dann spricht man von einem **Ich-Erzähler,** z. B.:
Ich sah Florian an und hoffte, dass er „Nein“ sagen würde … Ich ergriff Florians Ärmel.
- Wenn ein Erzähler über eine oder mehrere Figuren in der **Er- oder Sie-Form** erzählt und selbst **nicht am Geschehen beteiligt** ist, dann spricht man von einem **Er-/Sie-Erzähler,** z. B.:
Sie hatte so viel Angst um Florian, dass sie wegsah …

Einen Erzählkern in der richtigen Zeitform ausgestalten

Ein Erzählkern fordert die Fantasie heraus, denn er gibt nur ganz knapp wieder, was geschehen ist.

Yunus, zwei weitere Freunde und drei Freundinnen *überreden* ihre Eltern, am Wochenende zelten gehen zu dürfen. Mit einem Lagerfeuer, bei dem sich die Freunde viel *erzählen, beginnt* das Zeltlager.
Nuran *wird* irgendwann müde und *beschließt,* schlafen zu gehen. Er *träumt, wacht* plötzlich auf und *hört,* wie etwas gegen die Zeltwand *schlägt*. Er *merkt,* dass er im Zelt allein *ist*. Nach langen Minuten der Angst *stellt* sich heraus, dass die Freunde ihm einen Schrecken eingejagt *haben.*

1 In der Regel stehen schriftlich erzählte Geschichten im Präteritum (▸ S. 174–175).

a Prüft, in welcher Zeitform die schräg *(kursiv)* gedruckten Verben im Erzählkern stehen.

b Nehmt 6 Zettel, nummeriert sie und schreibt jeden Satz des Erzählkerns auf einen Zettel.
Setzt dabei die kursiv gedruckten Verben ins Präteritum.
Tipp: Ihr könnt die folgende Liste für die kniffligen Verbformen zu Hilfe nehmen.

schlagen – es schlug
sein – war
werden – er wurde
beginnen – es begann
beschließen – er beschloss

2 Wenn ihr einen Erzählkern zu einer Geschichte ausgestaltet, müsst ihr euch an die vorgegebenen Erzählschritte halten. Alles, was ihr hinzufügt, sollte zum Erzählkern passen.
Notiert auf euren 6 Zetteln Ideen, was ihr zu den einzelnen Sätzen zusätzlich erzählen könntet.
Tipp: Fragt euch, was die Figuren denken, sagen, fühlen, sehen, riechen und spüren könnten.

Tief drinnen im Wald, in einer Gegend, wo sich die Füchse „Gute Nacht" sagen, haben wir das Zelt aufgebaut. Jetzt, wo es langsam dunkel geworden ist, hat alles gleich viel unheimlicher und gespenstischer gewirkt. Hier und da hat man merkwürdige Geräusche gehört. Der Waldboden hat nach Moos gerochen und man hat seine nasse Kälte gespürt.

3 Ein Schüler hat den zweiten Satz des Erzählkerns so ausgestaltet.

a Bewertet, wie der Schüler den Tipp zu Aufgabe 2 beachtet hat. Welche Sinne spricht er an?

b Welche Regel für das schriftliche Erzählen hat er nicht beachtet?

c Legt im Heft die folgende Tabelle an. Tragt die im Text markierten Verben in die dritte Spalte ein.

d Ergänzt in Partnerarbeit die beiden anderen Spalten.

Infinitiv (Grundform)	Präteritum (schriftliches Erzählen)	Perfekt (mündliches Erzählen)
aufbauen, ...	*wir bauten auf, ...*	*wir haben aufgebaut, ...*

4 Verfasst eure Geschichte zum Erzählkern. Setzt Spannungsmelder ein (▸ S. 13).

Teste dich!

Partner A	Partner B
Aufgabe 1: Welche Zeit wird in der Regel beim mündlichen Erzählen verwendet?	**Lösung 1:** Perfekt
Lösung 2: Präteritum	**Aufgabe 2:** Welche Zeit wird in der Regel beim schriftlichen Erzählen verwendet?
Aufgabe 3 a: Setze in den folgenden Sätzen die Verben in Klammern ins Präteritum. Auch ich … *(erblicken)* nun den Mann. Ich … *(sehen),* wie er langsam auf uns zukam. Jedoch … *(erkennen)* ich bei dem schwachen Mondlicht kaum etwas. **Aufgabe 3 b:** Zu welchem Wortfeld gehören die Verben? **Aufgabe 3 c:** Um welche Art von Erzähler handelt es sich?	**Lösung 3 a:** Auch ich *erblickte* nun den Mann. Ich *sah,* wie er langsam auf uns zukam. Jedoch *erkannte* ich bei dem schwachen Mondlicht kaum etwas. **Lösung 3 b:** Die Verben gehören zum Wortfeld „sehen". **Lösung 3 c:** Es handelt sich um einen Ich-Erzähler.
Lösung 4 a: „Ich hab Angst", *seufzte* Lena. „Typisch Mädchen", *spottete* Max. Tom *rief:* „Feigling!" „Selber Feigling!", *schrie* Lena ihn an. **Lösung 4 b:** Die Verben gehören zum Wortfeld „sagen". **Lösung 4 c:** Es handelt sich um einen Er-/Sie-Erzähler.	**Aufgabe 4 a:** Setze in den folgenden Sätzen die Verben in Klammern ins Präteritum. „Ich hab Angst", … *(seufzen)* Lena. „Typisch Mädchen", … *(spotten)* Max. Tom … *(rufen):* „Feigling!" „Selber Feigling!", … *(schreien)* Lena ihn an. **Aufgabe 4 b:** Zu welchem Wortfeld gehören die Verben? **Aufgabe 4 c:** Um welche Art von Erzähler handelt es sich?
Aufgabe 5: Das Wort „blitzartig" ist ein Spannungsmelder. Nenne zwei weitere.	**Lösung 5,** z. B.: plötzlich, unerwartet, auf einmal, aus dem Nichts, aber dann, überraschend, gerade noch, in letzter Sekunde
Lösung 6: Ich höre richtig zu, indem ich den Erzählenden *(interessiert) ansehe* und nichts anderes mache, als ruhig *zuzuhören.*	**Aufgabe 6:** Wie hörst du gut zu, wenn jemand erzählt? Ergänze: Ich höre richtig zu, indem ich den Erzählenden ? und nichts anderes mache, als ruhig ? .

1 Testet euch gegenseitig in Partnerarbeit.

a Partner A deckt mit seinem Heft die rechte Hälfte der Teste-dich-Seite ab.
Partner B deckt die linke Hälfte der Teste-dich-Seite ab.

b Partner A liest die Aufgabe 1 vor und löst sie. Partner B prüft die Lösung.

c Danach liest Partner B die Aufgabe 2 vor und löst sie. Partner A prüft die Lösung usw.
Tipp: Übt so lange, bis ihr alle Aufgaben ganz schnell und richtig lösen könnt.

1.2 „Rico, Oskar und ..." – Freundschaftsgeschichten lesen und weiterschreiben

Andreas Steinhöfel

Rico, Oskar und die Tieferschatten

Ich sollte an dieser Stelle wohl erklären, dass ich Rico heiße und ein tiefbegabtes Kind bin. Das bedeutet, ich kann zwar sehr viel denken, aber das dauert meistens etwas länger als bei anderen Leuten. An meinem Gehirn liegt es nicht, das ist ganz normal groß. Aber manchmal fallen ein paar Sachen raus, und leider weiß ich vorher nie, an welcher Stelle. Außerdem kann ich mich nicht immer gut konzentrieren, wenn ich etwas erzähle.
Meistens verliere ich dann den roten Faden, jedenfalls glaube ich, dass er rot ist, er könnte aber auch grün oder blau sein, und genau das ist das Problem.

1 **a** Rico, der Ich-Erzähler (► S. 15), spricht von sich nicht als hochbegabtes, sondern als „tiefbegabtes Kind" (Z. 2). Erläutert, wie ihr das versteht.
b Welche Probleme hat Rico mit dem „roten Faden" (Z. 11)? Zum Begriff siehe S. 13.

Rico findet auf der Straße eine einzelne Nudel. Das ist für ihn Grund genug, bei seinen Nachbarn zu klingeln und sie zu fragen, ob sie die Nudel vielleicht aus dem Fenster geworfen haben. Ricos Problem ist nämlich, dass er keinen Freund hat.
Auf der Suche nach weiteren Nudeln in der Umgebung trifft Rico auf Oskar. Vielleicht hat sich ja nun sein Problem gelöst und er hat zwar keine weiteren Nudeln, aber einen Freund gefunden.

Ich guckte noch ein bisschen zum Spielplatz und freute mich für die vielen kleinen Dötzekens[1], die schlauer waren als ich, und dann fiel mir die Fundnudel wieder ein. Ich ging langsam über den Gehsteig, den Blick auf die grauen Pflastersteine am Boden gerichtet. Ich sah ein zerknülltes Duplo-Papierchen. Ich sah ein paar Scherben, die vor den großen Altglascontainern verstreut lagen, und eine ausgetretene alte Zigarettenkippe. Dann sah ich zwei kleine Füße mit hellen Strümpfen in offenen Sandalen. Ich hob den Kopf. Der Junge, der da vor mir stand, reichte mir gerade so bis an die Brust. Das heißt, sein dunkelblauer Sturzhelm reichte mir bis an die Brust. Es war ein Sturzhelm, wie ihn Motorradfahrer tragen. Ich hatte gar nicht gewusst, dass es die auch für Kinder gibt. Es sah völlig beknackt aus. [...]

1 Dötzeken (auch: Dötzken, i-Dötzchen): umgangssprachliches Wort für Schulanfänger

„Was machst du da?", sagte der Junge. Seine Zähne waren riesig. Sie sahen so aus, als könnte er damit ganze Stücke aus großen Tieren rausbeißen, einem Pferd oder einer Giraffe oder dergleichen.
„Ich suche was."
„Wenn du mir sagst, was, kann ich dir helfen."
„Eine Nudel."
Er guckte sich ein bisschen auf dem Gehsteig um. Als er den Kopf senkte, brach sich spiegelnd und blendend das Sonnenlicht auf seinem Helm. An seinem kurzärmeligen Hemd, bemerkte ich, war ein winziges knallrotes Flugzeug befestigt wie eine Brosche. Eine Flugzeugspitze war abgebrochen. Zuletzt guckte der kleine Junge kurz zwischen die Büsche vor dem Zaun vom Spielplatz, eine Idee, auf die ich noch gar nicht gekommen war.
„Was für eine Nudel ist es denn?", sagte er.
„Auf jeden Fall eine Fundnudel. Eine Rigatoni, aber nur vielleicht. Genau kann man das erst sagen, wenn man sie gefunden hat, sonst wäre es ja keine Fundnudel. Ist doch wohl logisch, oder?"
„Hm …" Er legte den Kopf leicht schräg. Der Mund mit den großen Zähnen drin klappte wieder auf. „Kann es sein, dass du ein bisschen doof bist?"
Also echt!
„Ich bin ein tiefbegabtes Kind."
„Tatsache?" Jetzt sah er wirklich interessiert aus. „Ich bin hochbegabt."
Nun war ich auch interessiert. Obwohl der Junge viel kleiner war als ich, kam er mir plötzlich viel größer vor. Es war ein merkwürdiges Gefühl. Wir guckten uns so lange an, dass ich dachte, wir stehen hier noch, wenn die Sonne untergeht.

2 Oskar behauptet, er sei „hochbegabt" (Z. 64).
- **a** Begründet, wie diese Behauptung auf euch wirkt.
- **b** Beschreibt, wie diese Bezeichnung auf Rico wirkt.

3 Überlegt in Partnerarbeit, wer in den Zeilen 33–64 welche Dinge sagt.
Lest danach den Dialog in verteilten Rollen. Wählt a oder b.
- ●●● **a** Teilt die beiden Figuren unter euch auf und sprecht den Dialog zwischen Rico und Oskar. Lest nur das vor, was die beiden wirklich sagen.
- ●○○ **b** Legt eine Folie über den Text.
  Markiert mit einem Farbstift das, was Rico sagt, und mit einer anderen Farbe das, was Oskar sagt.
  Tipp: Markiert nicht Ricos Gedanken.

4 Könnten Rico und Oskar Freunde werden? Begründet eure Meinungen am Text.
Folgende Satzanfänge können euch helfen, eure Gedanken zu formulieren:

> Ich glaube, dass … Meiner Meinung nach zeigt das Verhalten der beiden, dass …
> In den Zeilen … steht, dass … Ich stelle mir vor, dass … Eine Besonderheit von Oskar ist …

5 Schreibt die Geschichte so weiter, dass die beiden noch auf dem Spielplatz richtige Freunde werden. Wählt Aufgabe a/b oder c.

●●● **a** Überlegt euch zu den Reizwörtern „Kind“, „weinen“ und „Mutter“ einzelne Handlungsschritte, die zur Freundschaft der beiden führen. Notiert eure Ideen auf Stichwortzetteln.

b Ordnet eure Stichwortzettel zu einer sinnvollen Reihenfolge und schreibt die Fortsetzung der Geschichte ins Heft. Denkt auch an die Tipps zum spannenden Erzählen (▶ S. 13).

●○○ **c** Schreibt mit Hilfe der folgenden Stichwortzettel die Fortsetzung der Geschichte ins Heft.
Tipp: Beschreibt, was die Figuren denken, sagen, fühlen, sehen und spüren könnten.

1 Oskar schlägt vor weiterzusuchen. Ich stimme zu.

2 Wir unterhalten uns. Oskar erzählt von sich.

3 Plötzlich erklingt lautes Weinen vom Spielplatz her.

4 Wir rennen hin. Ein kleiner Junge ruft nach seiner Mama.

5 Oskar beruhigt ihn. Ich sehe eine Frau, die sich aufgeregt umschaut.

6 Super! Die Mutter des Kleinen! Sie bedankt sich.

7 Wir verabschieden und verabreden uns für demnächst.

Andreas Steinhöfel

Rico, Oskar und die Tieferschatten (Fortsetzung)

Zwei Tage nachdem sich Rico und Oskar kennen gelernt haben, besucht Oskar seinen neuen Freund. Rico zeigt Oskar sein Zuhause.

„Wir gehen rauf in den Fünften“, sagte ich mit gesenkter Stimme.
„Was ist da?“
„Na, der Fünfte.“
„Ich meine, was wollen wir da?“
Ich grinste. „Wirst schon sehen. Ich hoffe, du bist schwindelfrei.“
„*Schwindelfrei?*“, kreischte Oskar wieder los. Er klang wie eine durchgedrehte Alarmsirene. „Du willst doch nicht etwa mit mir aufs *Dach?*“

1 Wie fühlt sich Oskar in diesem Moment? Begründet eure Meinung am Text, z. B.:
In Zeile … steht, dass … Ich glaube, dass … Denn in Zeile … heißt es: „…“

2 **a** Setzt das Gespräch der beiden fort. Seht euch dazu das Bild an.
Verwendet verschiedene Verben aus dem Wortfeld „sagen“, z. B.:

flüstern hauchen seufzen stammeln stöhnen jammern erzählen
antworten entgegnen rufen meinen schreien widersprechen
einwerfen brüllen tuscheln krächzen prahlen erwidern
meckern heraussprudeln brummeln sprechen johlen jubeln

b Prüft in euren Dialogen die Zeichensetzung bei der wörtlichen Rede (▶ S. 120).

Andreas Steinhöfel

Rico, Oskar und die Tieferschatten (Fortsetzung)

Wenn seine Mutter nicht da ist und er nicht allein sein will, geht Rico gern zu der Nachbarin Frau Dahling. Meist schauen er und Frau Dahling zusammen Video oder Fernsehen.
Als Rico mal wieder bei ihr ist, erfährt er in den Nachrichten, dass ein Junge entführt worden ist. Ein Bild wird gezeigt und Rico erkennt, dass es sich bei dem entführten Jungen um seinen Freund Oskar handelt. Sofort beschließt er, ihm zu helfen. Auf seiner Suche entdeckt Rico in einem Müllcontainer einen Hinweis. Dieser Hinweis führt ihn schließlich zu einem Keller des eigenen Hinterhauses. Hält der Entführer Oskar dort gefangen?

Im Treppenhaus herrschte lausige Kälte. Mir zog sich alles zusammen. Es war, als hätte jemand eine Gruft geöffnet. Je tiefer ich die ausgetretenen Stufen hinunterstieg, umso unheimlicher wurde mir zu Mute. Die mit weißlichem Schimmel bedeckten Stufen knirschten und knarzten unter meinen unsicheren Füßen. Aus den dreckigen, feuchten Wänden ringelten sich schleimtriefende Würmer nach draußen, und das Stöhnen gemarterter Seelen aus den Folterkammern unter den tiefen Kellern bohrte sich mit spitzen Krallen in meine Trommelfelle.
Also, so war das jedenfalls mal in einem Horrorfilm gewesen, den Frau Dahling irgendwann aus Versehen mitgebracht hatte. Ich hatte ihn toll gefunden und unbedingt zu Ende sehen wollen, im Gegensatz zu Frau Dahling, die ihr Gesicht die ganze Zeit hinter einem ihrer Plüschkissen versteckte und immer nur kurz rausgeguckt hatte, um sich ein neues Müffelchen[1] zu schnappen. Ich wusste echt nicht, warum sie sich so anstellte. Wenn der *Musikantenstadl* lief, guckte sie schließlich auch die ganze Zeit hin.
Nein, im Treppenhaus war es zwar wirklich sehr kalt und wegen der vernagelten Fenster so dunkel, als hätte mir jemand ein Tuch vor die Augen gebunden. Aber Angst machte mir das nicht. Na ja, ein bisschen. Ich musste vor allem darauf achten, dass mir nicht alle möglichen gruseligen Sachen einfielen. Und das war leicht. In den letzten Stunden hatte ich so viel nachgedacht, dass mein Kopf sich anfühlte wie eine Waschmaschine im Schleudergang. Worauf ich viel eher achten musste, war, in dieser Finsternis keinen falschen Schritt zu machen. Das Hinterhaus war nach der Gasexplosion nicht ohne Grund abgesperrt worden. Einsturzgefährdet bedeutete, dass jede Treppenstufe mir unter den Füßen und jede Wand, gegen die ich mich stützte, unter meinen Händen wegbrechen konnte. [...]
Ich drückte die Tür hinter mir zu und rief leise und nervös Oskars Namen. Keine Antwort. Er musste in einem der hinteren Zimmer versteckt sein. Bestimmt lag er geknebelt und total bewusstlos in irgendeiner Ecke, die nur mit Heu und Stroh ausgelegt war.

1 Müffelchen: kleine belegte Brotschnitte

1 Worum geht es in diesem Textabschnitt? Wählt die richtige Aussage aus.

A Es geht in diesem Textabschnitt um Frau Dahlings Angst, in einen Keller hinabzusteigen.
B Dieser Textabschnitt beschreibt Oskars Angst, wenn er Horrorfilme anschauen muss.
C In diesem Textabschnitt wird erzählt, mit welchen Gedanken und Gefühlen Rico in den Keller steigt.
D Inhalt dieses Textabschnittes ist Ricos Liebe zu Horrorfilmen und seine Freundschaft zu Frau Dahling.

Eine Geschichte spannend und lebendig fortsetzen

1 ●●● In dem Textausschnitt auf S. 21 sind viele Tricks des spannenden und lebendigen Erzählens angewendet.

▷ Eine Hilfe zu Aufgabe 1 findet ihr aus Seite 23.

a Übertragt die folgenden Erzähltricks ins Heft. Lasst zwischen ihnen mindestens zwei Zeilen frei.

b Sucht zu den Erzähltricks passende Textstellen. Schreibt sie mit Zeilenangaben so in euer Heft:
„... im Treppenhaus war es zwar wirklich sehr kalt und wegen der vernagelten Fenster so dunkel ...“ (Z. 25–27)

Erzähltricks

A Ein unheimlicher Ort wird beschrieben.
B Ricos Gedanken werden beschrieben.
C Es wird beschrieben, was Rico hört.
D Es wird beschrieben, was Rico fühlt.
E Es werden Bilder beschrieben, die Angst machen.

2 ●●● Wie könnte Ricos Suche weitergehen? Überlegt euch einen spannenden Höhepunkt. Notiert auf 5 bis 7 Stichwortzetteln die einzelnen Handlungsschritte, die zu diesem Höhepunktereignis führen.
Tipp: Beachtet die Lesefieberkurve (► S. 13).

▷ Hilfe zu 2, Seite 23

1 Ich betrat das nächste der vielen Zimmer.

2 ...

3 ...

4 ...

5 ...

6 ...

3 ●●● Verfasst in der Ich-Form eure Fortsetzung der Geschichte.
Erzählt auf der Grundlage eurer Stichwortzettel aus Aufgabe 2 die einzelnen Handlungsschritte so, dass sie möglichst spannend und lebendig werden.

▷ Hilfe zu 3, Seite 23

Tipps: Fragt euch:
– Was höre, sehe und rieche ich als Rico? Z. B.:
Vorsichtig betrat ich das hintere Zimmer. Die Türklinke ... Ich sah ... Es roch nach ...
– Was denke und fühle ich als Rico?
– Welche Spannungsmelder kann ich sinnvoll einsetzen (► S. 13)?
– Welche Ausdrücke für Angst passen zum Geschehen? Z. B.:
Mir standen die Haare zu Berge. Meine Kehle war ganz trocken. Der kalte Schweiß brach mir aus. ...
– Welche Verben kann ich an Stelle von „sehen“ oder „sagen“ einsetzen (► S. 121, Aufgabe 3)?

Aufgabe 1 mit Hilfe

In dem Textausschnitt auf S. 21 sind viele Tricks des spannenden und lebendigen Erzählens angewendet. Ordnet im Heft: Welche Sätze (1–5) stehen für welchen Erzähltrick (A–D)?

Sätze

1 „Aus den dreckigen, feuchten Wänden ringelten sich schleimtriefende Würmer […]". (Z. 7 ff.)
2 „Er musste in einem der hinteren Zimmer versteckt sein." (Z. 34 ff.)
3 „Die […] Stufen knirschten und knarzten." (Z. 5 ff.)
4 „Je tiefer ich […] hinunterstieg, umso unheimlicher wurde mir zu Mute." (Z. 3 ff.)
5 „[…] im Treppenhaus war es zwar wirklich sehr kalt und wegen der vernagelten Fenster so dunkel […]" (Z. 25 ff.)

Erzähltricks

A Ein unheimlicher Ort wird beschrieben.
B Es wird beschrieben, was Rico fühlt.
C Ricos Gedanken werden beschrieben.
D Es werden Bilder beschrieben, die Angst machen.
E Es wird beschrieben, was Rico hört.

Aufgabe 2 mit Hilfe

Wie könnte Ricos Suche weitergehen?

a Übertragt die folgenden Stichwortzettel auf eigene Zettel. Ergänzt sie durch eigene Ideen.
b Zeichnet oder legt mit einem Faden eine Lesefieberkurve (► S. 13).
c Ordnet die Stichwortzettel der Lesefieberkurve sinnvoll zu.

Ich rief Oskars Namen …

Ich betrat das nächste der vielen Zimmer …

Gefunden! …

Es gab nur noch ein Zimmer …

Ich lief weiter durch den Flur.

Aufgabe 3 mit Hilfe

Verfasst in der Ich-Form eure Fortsetzung der Geschichte.
Nutzt den folgenden Lückentext. Ergänzt ihn im Heft mit Hilfe eurer Stichwortzettel.
Tipp: In dem Wortspeicher findet ihr weitere Beschreibungen, um lebendig zu erzählen.

Vorsichtig betrat ich das nächste der vielen Zimmer. Ich sah ? . Es roch nach ? . ? weiter durch den Flur ? . ? rief ich: „Oskar! Bist du hier irgendwo?" ? keine Antwort ? . Ich dachte ? nur noch ein Zimmer, in dem ich noch nicht war. ? ein Geräusch. ? öffnete ich die Tür des letzten Zimmers ? . „Du hast mich gefunden!" ?

zaghaft • vorsichtig • mit schwacher Stimme • auf Zehenspitzen gehen • sich ganz langsam vorwärtsbewegen • sich Schritt für Schritt vortasten • jemandem Angst einjagen • zusammenzucken • erstarren • wilde Gedanken schießen durch den Kopf • verzweifelt überlegen • hoffen • mutig • entschlossen • etwas wagen • riskieren • seinen Augen und Ohren nicht trauen • verdutzt

1.3 Fit in ...! – Eine Geschichte lebendig weitererzählen

Stellt euch vor, ihr bekommt in der nächsten Klassenarbeit die folgende Aufgabe gestellt.

Aufgabe
Schreibe die folgende Geschichte mit den Reizwörtern „Freundin", „Schulhof" und „Feigling" weiter.
Erzähle, durch welches Ereignis die Freundschaft zwischen Inger und dem Ich-Erzähler beginnt.

Andreas Steinhöfel

Inger

Inger war ein Mädchen und ich war ein Junge, und damit fing der Ärger auch schon an. Zu der Zeit, in der diese Geschichte spielt – und das ist *lange* her –, waren Jungs nämlich nur mit anderen Jungs befreundet und Mädchen mit anderen Mädchen.
Als Inger in unsere Klasse kam, brauchte sie genau sechzehn Sekunden, um zur Heldin zu werden.
„Möchtest du dich nicht setzen, Inga?", fragte Herr Wirtz, nachdem unsere neue Mitschülerin sich vorgestellt hatte. Ihre Schneidezähne standen ein wenig zu weit auseinander, genau wie ihre großen Augen. Sie trug lange, zerlöcherte Kniestrümpfe.
„Ich heiße Inger, nicht Inga", sagte die Neue.
Wenn jemand eine Frage nicht direkt beantwortete, wurde Herr Wirtz ungeduldig. Er kratzte sich dann an der Stirn und rieb sich die Nase. Das war kein gutes Zeichen. Wir alle wussten das.
„Nun, *Inger*", sagte Herr Wirtz und kratzte sich an der Stirn und rieb sich die Nase, „möchtest du dich nicht setzen?"
„Wenn Sie nichts dagegen haben", antwortete Inger freundlich, „würde ich gern noch ein Weilchen stehen."
„Ich habe ganz entschieden etwas dagegen", sagte Herr Wirtz. Seine Stimme war sehr scharf geworden, etwa so scharf wie das Fahrtenmesser, mit dem mein Vater im letzten Urlaub an seinem neuen Wanderstock herumgeschnitzt hatte.
„Wenn Sie etwas dagegen haben", sagte Inger, „warum fragen Sie dann erst so doof?"

Die Aufgabe richtig verstehen

1 a Lest die Aufgabe und den Text auf S. 24 mehrmals durch.
b Wie geht ihr vor?
Bringt die folgenden Arbeitsschritte in die richtige Reihenfolge.
Notiert die Lösungsbuchstaben.
Tipp: Die Lösungsbuchstaben ergeben einen Namen, der in der Geschichte vorkommt.

Z Zum Schluss runde ich meine Fortsetzung der Geschichte ab: Ich beschreibe z. B., wie sich die beiden nach dem Ereignis fühlen oder was sie sich für die nächsten Tage vornehmen.
W Ich lese die Geschichte mehrmals durch, bis ich ihren Inhalt genau kenne.
R Ich bringe meine Stichwortzettel in eine sinnvolle Reihenfolge (roter Faden, Lesefieberkurve).
I Ich notiere auf Stichwortzetteln, wie die Geschichte weitergehen könnte.
T Ich verfasse mit Hilfe der in der Aufgabe genannten Reizwörter eine Geschichte, in der ich erzähle, durch welches Ereignis die Freundschaft zwischen Inger und dem Ich-Erzähler beginnt.
Die Reizwörter sollten in meiner Fortsetzung vorkommen.

Planen

2 Um die Geschichte fortzusetzen, muss man ihren Beginn sehr gut kennen.
Beantwortet knapp die folgenden Fragen zum Text:
a Wer erzählt die Geschichte?
b Wo und wann spielt die Geschichte?
c Wer sind Inger und Herr Wirtz?
d Was passiert?

3 Vom Beginn der Geschichte ist auch abhängig, wo und aus welcher Sicht ihr weitererzählt.
a Entscheidet mit Hilfe der folgenden Aussagen, wie ihr die Geschichte fortsetzen müsst.
b Notiert zu jedem Buchstaben die richtige schräg *(kursiv)* gedruckte Lösung ins Heft.

A Meine Geschichte schreibe ich in der Ich-Form aus der Sicht *Ingers/des Jungen.*
B Meine Geschichte *geht dort weiter, wo der Text aufhört/beginne ich noch einmal ganz neu.*
C Die Geschichte setze ich in der Zeitform *Präsens/Präteritum* fort.
D In meiner Geschichte *verändere ich die Figuren nicht/verändere ich die Figuren völlig.*

4 a Haltet fest, was ihr über Inger erfahrt, und überlegt, was Inger für ein Typ Mädchen ist, z. B.:
mutig, frech, vorwitzig, ...
b Notiert, was ihr aus dem Text über den Jungen erfahrt und wie ihr ihn euch vorstellt, z. B.:
neugierig, ordentlich, ...

5 a Notiert auf Stichwortzetteln Ideen,
- wie die Geschichte in der Klasse weitergehen könnte und
- wie Inger und der Ich-Erzähler Freunde werden.

b Ordnet eure Stichwortzettel zu einer sinnvollen Reihenfolge.
Tipp: Denkt an die Reizwörter (▸ S. 24), den roten Faden und die Lesefieberkurve (▸ S. 13).

Schreiben

6 Verfasst im Heft auf der Grundlage eurer Vorbereitungen die Fortsetzung der Geschichte. Ihr könnt den folgenden Lückentext nutzen und ihn durch eure Ideen ergänzen.
Tipp: Erzählt auch, was der Ich-Erzähler denkt, sagt, fühlt, sieht, riecht oder spürt.

Herr Wirtz holte tief Luft und ? .
In der großen Pause standen wir Jungen wie immer hinten auf dem Schulhof bei den Bäumen.
Sven fing als Erster mit dem Thema an: „ ? “, woraufhin alle lachten ? .
Und dann kam Lars plötzlich auf eine ziemlich blöde Idee. Er sagte nämlich: „ ? .“
Ich hatte irgendwie ein etwas mulmiges Gefühl dabei. ? Und da kam Inger! ?

Überarbeiten

7 a Lest euch in Partnerarbeit eure Geschichten vor.
b Gebt euch mit Hilfe der Checkliste Tipps, wie ihr eure Geschichten überarbeiten könnt.
c Prüft zum Schluss eure Rechtschreibung und Zeichensetzung.

Checkliste

Geschichten lebendig weitererzählen
- **Erzählform:** Wird in der Ich-Form aus der Sicht des Jungen erzählt?
- **Reizwörter:** Kommen die in der Aufgabe vorgegebenen Reizwörter vor?
- **roter Faden:** Knüpft die Geschichte sinnvoll an die Vorgeschichte an? Kann nachvollzogen werden, wie die Freundschaft zwischen Inger und dem Erzähler beginnt?
- **Lesefieberkurve:** Bauen die einzelnen Handlungsschritte aufeinander auf? Werden Spannungsmelder eingesetzt?
- **lebendiges Erzählen:** Gibt es in der Geschichte Dialoge? Wird erzählt, was der Erzähler denkt, sagt, fühlt, hört, sieht, riecht oder spürt?
- **Sprache:** Werden verschiedene, abwechslungsreiche Verben z. B. für „sagen“ oder „sehen“ verwendet? Sind die Adjektive treffend?

Schreibwörter ▸ S. 234

die Freundschaft	die Clique	der Sturzhelm	plötzlich	sich wehren
die Freundinnen	der Feigling	der Spielplatz	überraschend	zaghaft
das Kennenlernen	die Mutprobe	auf Zehenspitzen gehen	krächzen	erstarren

2 Wir einigen uns – Meinungen begründen

1 Klassenausflüge damals und heute: Stellt Vermutungen darüber an, wie sich die Klassenausflüge auf den Bildern unterschieden haben.

2 Auf welchem Ausflug wärt ihr lieber? Nennt Gründe.

3 Berichtet von Klassenausflügen, die ihr mitgemacht habt. Was war besonders schön? Wie habt ihr entschieden, wohin ihr fahrt?

In diesem Kapitel ...

- lernt ihr, eure Meinung sachlich zu begründen,
- übt ihr, Erwachsene schriftlich zu überzeugen,
- trainiert ihr, Begründungen durch Beispiele anschaulich zu machen.

2.1 Wohin geht der Klassenausflug? – Strittige Fragen diskutieren

Sachlich begründen

Jannick: Als Klassensprecher werden Samira und ich dafür sorgen, dass wir vernünftig miteinander sprechen, um zu einem Ergebnis zu kommen. Heute geht es um den Klassenausflug.

Samira: Wir haben die Möglichkeit, einen Radausflug zu machen oder zur Beachvolleyball-Anlage zu fahren. Wer möchte etwas dazu sagen?

Halima: Ich bin der Meinung, wir sollten Rad fahren, weil ein Radausflug umsonst ist. Dagegen müsste jeder für die Beachvolleyball-Anlage mindestens 4 Euro zahlen.

Lea: Ich bin auch für den Radausflug.

Arthur: Die Idee ist gut, denn ich habe gerade ein neues Fahrrad bekommen.

Elsa: Ich bin gegen den Radausflug, das ist doch was für Kleinkinder wie Halima und Arthur. So etwas haben wir schon in der Grundschule gemacht.

Tim: Rad fahren kann ich auch alleine. Daher bin ich für die Beachvolleyball-Anlage, denn da würden wir wirklich etwas zusammen ...

Gina: Eh, hör doch auf. Volleyball spielen doch nur Jungen. Ich bin dagegen.

Halima: Nein, nein, Tim hat schon Recht. Beim Beachvolleyball würden wir etwas zusammen machen. Und das ist ja wirklich der Sinn eines Ausflugs. Das überzeugt mich.

Nils: Ich bin anderer Meinung. Wir sollten Rad fahren, denn das hat die 6d auch gemacht.

Ilkan: Ich bin auch für den Radausflug. Das ist billig und nicht nur etwas für Sportfreaks.

Devin: Du schleimst doch nur rum, weil du weißt, dass Herr Vollmer für den Radausflug ist.

1 Lest das Gespräch mit verteilten Rollen.

2 a Wer ist für Beachvolleyball, wer für Radfahren? Nennt jeweils die Namen.
b Für welchen Vorschlag wird sich die Klasse wohl entscheiden? Begründet.

3 a Halima begründet in dem markierten Satz ihre Meinung. Ergänzt im Heft:

> *Halimas Meinung ist: ...*
> *Halimas Begründung (Argument) dafür ist: ...*

b Halima ändert später ihre Meinung.
Begründet, ob ihr dies für eine Stärke oder eine Schwäche Halimas haltet.

4 Welche Schüler begründen ihre Meinung unsachlich, indem sie z. B. andere beleidigen oder etwas Falsches behaupten (▶ Information)?
Wählt Aufgabe a oder b.

●●○ **a** Ergänzt im Heft: *… begründet seine/ihre Meinung unsachlich, denn …*

●○○ **b** Nennt die beiden richtigen Aussagen.

A Ilkan ist nicht sachlich, weil seine Begründung nicht zur Meinung passt.
B Devin ist nicht sachlich, weil er andere beleidigt.
C Gina ist nicht sachlich, weil sie etwas Falsches behauptet.
D Halima ist nicht sachlich, weil sie ihre Meinung ändert.

5 Wodurch wird ein Gespräch wie auf S. 28 gefördert, wodurch wird es blockiert?
Bearbeitet Aufgabe a oder b.

●●● **a** Übertragt die Tabelle ins Heft. Ergänzt mindestens zwei Punkte je Spalte.

Ich fördere ein Gespräch, wenn ich …	Ich blockiere ein Gespräch, wenn ich …
meine … sachlich …	*… beleidige*
…	…

●○○ **b** Übertragt die obige Tabelle ins Heft. Ordnet folgende Punkte richtig ein.
Tipp: Die entscheidenden Wörter stehen in Spiegelschrift.

… einen anderen unterbreche. … meine Meinung sachlich begründe.
… einen Mitschüler beleidige. … etwas sage, was gar nicht zum Thema gehört.
… einfach etwas Falsches behaupte. … den anderen aufmerksam zuhöre.
… gute Argumenten gelten lasse. … auf den Redebeitrag eines Mitschülers eingehe.

6 Spielt das Gespräch von S. 28 im Rollenspiel weiter. Am Ende soll eine Entscheidung fallen.
Tipp: Überlegt, während ihr weiterspielt, ob es auch einen Kompromiss geben könnte.

Information **Die eigene Meinung in einer Diskussion sachlich begründen**

- Wenn ich andere von der eigenen **Meinung** überzeugen will, muss ich **Begründungen (Argumente)** nennen, z. B.:
  Wir sollten lieber ins Spaßbad fahren, = **die Meinung**
  weil wir dort als ganze Klasse zusammen spielen können. = **die Begründung (das Argument)**
- Eine Begründung ist **sachlich,** wenn sie:
  – niemanden beleidigt,
  – nichts Falsches behauptet,
  – genau zur Meinung passt und
  – nachvollziehbare Gründe für die Meinung nennt.

Vorschläge begründet auswählen

1

2

6

Technik-Park
Klettergarten
Sommerrodelbahn
GPS-Rallye
Spieletag
Naturkundemuseum

3

5

4

1 a Wohin könnte der Klassenausflug gehen? Ordnet die Begriffe in der Mitte den Bildern zu.
b Überlegt: Welche Vorschläge wären für euch in eurer Gegend möglich? Gibt es weitere Möglichkeiten für euren Wandertag?

2 In einer Schule wurden für die Klassen 5 bis 8 die nebenstehenden Regeln für Tagesausflüge aufgestellt.
Bearbeitet Aufgabe a oder b.

●●● a Begründet schriftlich den Sinn der Regel 2, 3 oder 4, z. B.:
Die Regel, dass ..., ist sinnvoll, weil sonst ...

●○○ b Sucht die Regel, die zu der folgenden Begründung passt, und ergänzt im Heft:
Die Regel Nr. ? ist sinnvoll, denn auf einem Klassenausflug soll die Klassengemeinschaft gestärkt werden. Deshalb müssen alle Schüler ...

Regeln für Tagesausflüge der Klassen 5 bis 8
1. Der Ausflug muss für alle Schüler der Klasse geeignet sein.
2. Die Kosten pro Schüler dürfen 6 Euro nicht übersteigen.
3. Späteste Rückkehr: 17:00 Uhr.
4. Die Sicherheit aller Teilnehmer muss gewährleistet sein.

3 Jobel hat ihrer Klasse vorgeschlagen, am Wandertag zum Bungeejumping zu gehen. Erläutert, an welcher Regel der Vorschlag gescheitert ist.

4 Nennt Ausflugsziele, die für eure Klasse ausscheiden, wenn man die Regeln beachtet.

Andere überzeugen

Finja und Selim begründen ihren Vorschlag für den Wandertag im Klassenrat so:

Unser Vorschlag ist, am Wandertag in den Zoo zu fahren.
Die Bedingungen, die die Schule stellt, sind erfüllt:
Der Eintritt kostet für Schüler nur 3 Euro, wir sind nachmittags zurück und auch für Nick ist der Besuch kein Problem, denn die Wege im Zoo sind auch für Rollstuhlfahrer wie ihn geeignet.
Wir sind für einen Ausflug in den Zoo, weil dort erstens gerade zwei junge Elefanten geboren worden sind, die wir alle noch nicht gesehen haben.
Zweitens könnten wir uns dort in Gruppen aufteilen und jeder kann die Tiere sehen, die ihm besonders gefallen.
Und schließlich könnten wir für die Mittagspause alle etwas zu einem Picknick mitbringen und dann ein richtiges kaltes Büfett aufbauen.
Deshalb hoffen wir, dass ihr unserem Vorschlag zustimmt.

1 Finja und Selim bauen ihren Vorschlag geschickt auf. Wie sah wohl ihr Stichwortzettel aus? Bearbeitet Aufgabe a oder b.

a Ergänzt den abgebildeten Stichwortzettel im Heft.

b Schreibt den Stichwortzettel rechts ab und ergänzt ihn. Sucht dazu die richtigen Stichworte aus der Liste heraus.

Pinguine Elefanten Sicherheit im Zoo
nachmittags zurück in der Schule
hoffen, dass ihr zustimmt gutes Wetter
in Gruppen zu Tieren, die gefallen
für Rollstuhlfahrer (Nick) geeignet
Picknick wir machen alles zusammen

Vorschlag: Zoo
Bedingungen erfüllt:
– Eintritt 3 Euro
– ...
– ...
Begründungen:
1. junge ...
2. ...
3. ...
Deshalb: ...

2 Was schlagt ihr für den Klassenausflug eurer Klasse vor? Geht wie in der Methode vor.

Methode **Einen Vorschlag überzeugend vorstellen**

- **Allein nachdenken:** Schreibt einen Stichwortzettel für euren Vorschlag.
- **Austausch:** Sucht zwei oder drei Mitschüler und einigt euch auf einen eurer Vorschläge. Erstellt einen neuen Stichwortzettel für euren gemeinsamen Vorschlag.
- **Vorbereitung:** Legt fest, wie ihr den Vorschlag vorstellen könnt. Alle Schüler der Gruppe sollen etwas zum Vorschlag sagen.
- **Präsentation:** Stellt eure Vorschläge vor und entscheidet über euer Lieblingsziel.

Tipp: Ihr überzeugt besser, wenn ihr auf einer Folie Besonderheiten des Ausflugsziels zeigt.

Mit Minderheiten zu einer Meinung umgehen

In einer Klasse sind 30 Schüler: 20 Mädchen und 10 Jungen.
Alle Mädchen waren für eine Radtour, alle Jungen für Beachvolleyball.
Wie soll die Klasse mit dieser Mehrheit für den Radtour-Vorschlag umgehen?

Adrian: Mehrheit ist Mehrheit. Wir Jungen müssen uns den Mädchen beugen.
Bahar: Wir müssen so lange suchen, bis wir etwas finden, das sowohl bei Mädchen als auch bei Jungen eine Mehrheit findet.
Celina: Wir sollten machen, was die Mädchen wollen. Ein anderes Mal entscheiden die Jungen.

1 a Bildet in der Klasse ein Meinungsdreieck:

Hier stehen alle, die Adrians Meinung sind.

Hier stehen alle, die Bahars Meinung sind.

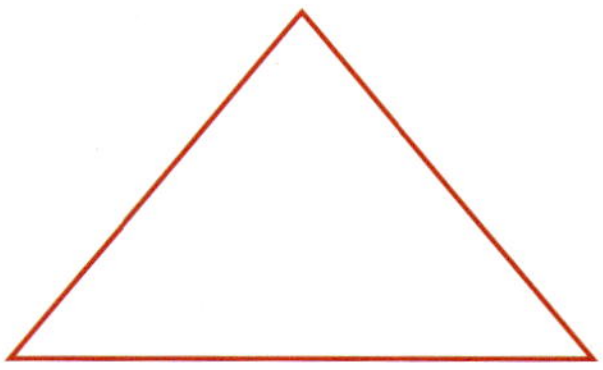

Hier stehen alle, die Celinas Meinung sind.

b Tauscht euch zunächst in eurer Meinungsgruppe aus:
Was spricht für euren Standpunkt? Welche Begründungen (Argumente) gibt es dafür?

c Hört euch dann bei den beiden anderen Meinungsgruppen um.
Stellt euch an eine andere Stelle, wenn ihr eure Meinung geändert habt.

2 Eine Fishbowl-Diskussion dient vor allem dazu, verschiedene Begründungen zu einer Meinung gegenüberzustellen und diese Begründungen zu bewerten.
Führt eine Fishbowl-Diskussion zum Thema „Mehrheit ist Mehrheit?“ durch.

Methode **Die Fishbowl-Diskussion**

1. Runde: In einem kleinen Stuhlkreis nennt jeder seine Meinung und begründet sie.
2. Runde: Alle im Stuhlkreis sagen etwas zu den Meinungen und Begründungen der anderen.

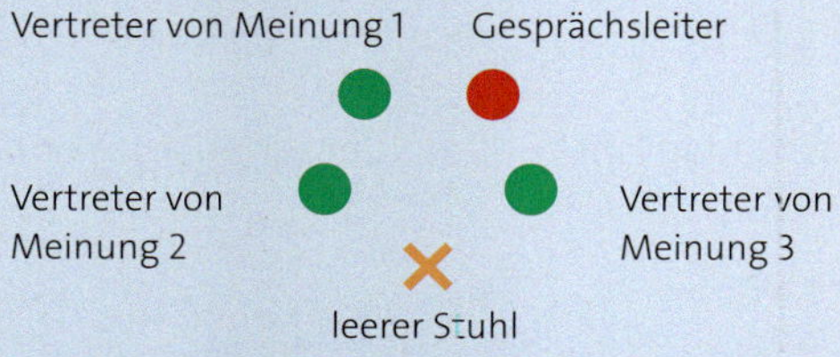

- **Ein Gesprächsleiter** nimmt die Teilnehmer dran. Er sorgt dafür, dass jeder ausreden kann.
- Auf einen **leeren Stuhl** kann sich ein Schüler aus der Klasse setzen, wenn er sich in die Diskussion einmischen will. Nach kurzer Zeit muss er den Stuhl wieder frei machen.
- **Beobachtungsauftrag** für die Zuhörer außerhalb des Stuhlkreises:
Wählt einen Teilnehmer und füllt im Heft eine Tabelle wie folgt aus.

Name des Teilnehmers	Meinung	Begründungen	Die Begründung ist gut/nicht gut

Bitte, auf den Ton kommt es an

1 Welcher der beiden Anrufer hat wohl eher eine Chance, eine freundliche Antwort zu bekommen? Begründet eure Meinung.

2 Entwickelt Tipps für eine Bitte an Erwachsene. Bearbeitet Aufgabe a oder b.

●○○ **a** Ergänzt die folgenden drei Tipps im Heft.

> Tipps für die Formulierung einer Bitte
> 1 Denke zu Beginn an die Begrü ? . Nenne am Telefon deinen ? .
> 2 ? „bitte".
> 3 Begründe ? .

●●○ **b** Die folgenden Tipps stimmen so nicht. Berichtigt sie in eurem Heft.

> 1 Am Telefon sollte niemand wissen, wer du bist. Nenne nicht deinen Namen.
> 2 Sag niemals „bitte". Das ist überflüssige Höflichkeit und reine Zeitverschwendung.
> 3 Begründe nicht, was du möchtest. Das Warum spielt für den anderen doch keine Rolle.

3 **a** Spielt im Rollenspiel einige der folgenden Situationen nach. Nutzt die Tipps aus Aufgabe 2.
b Denkt euch weitere Situationen aus und spielt sie nach.

> **A** Ich frage im Sekretariat nach einem Antrag für einen Klassenausflug. Mein Klassenlehrer hat mich geschickt.
> **B** Ich frage im Sekretariat, ob wir für unseren Klassenausflug die Erste-Hilfe-Tasche mitnehmen können.
> **C** Ich frage den Hausmeister, ob es möglich ist, am Mittwochnachmittag einen Spielenachmittag zu machen.
> **D** Ich rufe im Museum an und frage, ob es Sonderpreise für Gruppen gibt.

4 Schreibt einen Dialog, in dem ein unfreundlicher Anrufer mit seiner Bitte scheitert. Denkt euch eine ungewöhnliche Bitte und einen lustigen Gesprächspartner aus.

Teste dich!

Freizeitpark oder Waldrallye?

Arthur: **1** Ich bin gegen einen Ausflug in den Freizeitpark, **2** denn dort haben wir als Klasse gar nichts miteinander zu tun. **3** Bei einer Klassenfahrt geht es aber darum, dass wir die Klassengemeinschaft stärken.

Alina: Ich bin für den Freizeitpark, weil dort keine Langweiler wie Arthur rumlaufen.
Lea: Mir leuchtet Arthurs Begründung ein, denn wir können schlecht mit 30 Kindern ...
Tim: Aber darum geht es doch gar nicht.

1 Ordne den Fragen die richtige Antwort a, b oder c zu. Notiere deine Lösungen ins Heft.

Frage	Antwortmöglichkeiten		
1 Satz Nr. 1: Hier nennt Arthur ...	**a** eine Begründung.	**b** seine Meinung.	**c** die Meinung eines Mitschülers.
2 Satz Nr. 2: Hier nennt Arthur ...	**a** eine Begründung.	**b** seine Meinung.	**c** die Meinung eines Mitschülers.
3 Satz Nr. 3: Hier nennt Arthur ...	**a** die Meinung einer Mitschülerin.	**b** eine Ergänzung zu seiner Begründung.	**c** eine Frage an die Klasse.
4 Arthurs Meinung ist:	**a** Er ist für einen Ausflug in den Freizeitpark.	**b** Er ist gegen einen Ausflug in den Freizeitpark.	**c** Er hat sich noch keine Meinung gebildet.
5 Zu wem solltest du sagen: „Stopp, du begründest unsachlich“?	**a** zu Alina	**b** zu Lea	**c** zu Arthur
6 Wie könntest du den Stopp-Satz begründen?	**a** „denn du sprichst zu leise.“	**b** „Du hast die falsche Meinung.“	**c** „denn du beleidigst Arthur.“
7 Tims Beitrag blockiert das Gespräch, denn ...	**a** er stimmt Arthur zu.	**b** er ist anderer Meinung als Lea.	**c** er unterbricht Lea.
8 Leas Beitrag fördert das Gespräch, denn ...	**a** sie hat die Meinung des Lehrers.	**b** sie geht auf Arthurs Begründung ein.	**c** sie drückt sich kompliziert aus.

2 Kontrolliere: Die Großbuchstaben hinter den richtigen Antworten ergeben ein Lösungswort.

1a = R	2a = E	3a = G	4a = P	5a = S	6a = A	7a = K	8a = V
1b = T	2b = A	3b = S	4b = T	5b = L	6b = E	7b = R	8b = R
1c = B	2c = I	3c = E	4c = F	5c = R	6c = T	7c = A	8c = W

2.2 Erwachsene überzeugen – Begründungen auswählen und veranschaulichen

Gute Begründungen sammeln

1 Viele Lehrer und Eltern fragen sich Folgendes: „Dürfen Schüler auf einer Klassenfahrt in kleinen Gruppen ohne Aufsicht unterwegs sein?“ Was ist eure Meinung dazu?
- a Tauscht euch zu zweit aus, was gegen die Kleingruppen spricht und was dafür.
- b Überlegt, was auch aus Sicht von Lehrern und Eltern für Ausflüge in Kleingruppen sprechen könnte. Bedenkt auch die Aussagen in den Sprechblasen oben.
- c Stimmt ab: Wer ist dafür, dass etwas in Kleingruppen gemacht werden darf? Wer ist dagegen?

2 Zeichnet eine Begründungshand:
- a Legt die Hand, mit der ihr nicht schreibt, auf eine freie Seite des Heftes. Zeichnet dann eine Linie um die Hand.
- b Schreibt eure Meinung in die Handfläche.
- c Schreibt die Begründungen für eure Meinung in Stichworten auf die fünf Finger.

3 Arbeitet jeweils zu dritt oder viert zusammen:
- a Legt eine eurer Begründungshände aus Aufgabe 2 in die Mitte des Tisches.
- b Wählt ein bis zwei Begründungen aus, die für Erwachsene besonders überzeugend sind. Markiert sie mit einem Sternchen.
- c Tauscht euch in der gleichen Weise über die anderen Begründungshände aus.

Begründungen durch Beispiele veranschaulichen

1 **a** Im Gespräch mit ihrer Mutter sagt Helen deutlich ihre Meinung und begründet diese. Lest zunächst Helens Meinung vor. Nennt dann den Satz, mit dem sie ihre Meinung begründet.

b Im zweiten Teil führt Helen ein Beispiel an, um ihre Begründung zu veranschaulichen. Übertragt die Tabelle ins Heft und ergänzt:

Helens Meinung	Helens Begründung	ihr Beispiel dafür
...	...	...

2 Findet zu mindestens einer ausgewählten Begründung aus Aufgabe 3 b (► S. 35) ein Beispiel und schreibt es klein an den Finger.

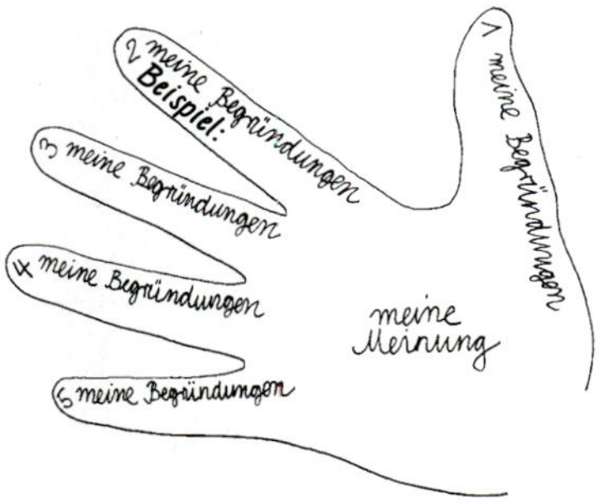

3 Wie könntet ihr eure Mutter, euren Vater oder einen anderen Erwachsenen überzeugen?
Schreibt einen kleinen Text zum Thema „Kleingruppen auf Klassenfahrten?". Es sollen eure Meinung, eine Begründung und ein Beispiel vorkommen.
Tipp: Nutzt die Formulierungshilfe in der Information.

Information **Verknüpft eure Meinung mit Begründungen und Beispielen**

Meinung und **Begründungen (Argumente)** werden oft durch Verknüpfungswörter verbunden, z. B.: *Wir sollten in Kleingruppen gehen dürfen,* ***denn*** *auf einer Klassenfahrt ...*

Meinung — Komma, Verknüpfungswort — Begründung

Weitere **Verknüpfungswörter** sind: *weil, da, damit.*
Neue Sätze könnt ihr so **verknüpfen:** *Dafür spricht (auch), Zudem, Außerdem.*
Beispiele können Begründungen veranschaulichen.
Wenn ihr ein Beispiel anführt, solltet ihr das deutlich machen:
Samira, Elsa, Jonas und ich würden ***zum Beispiel*** *gern ...*
Ilkan, Nils und Gina interessieren sich ***beispielsweise*** *für ...*

Einen Antrag in Form eines Briefes verfassen

Jungdorf, 12. Juni 2013

Sehr geehrter Herr Schröder,

wir möchten Sie darum bitten, in diesem Jahr eine Klassenfahrt machen zu dürfen. Wir bitten darum, weil wir in der 5. Klasse nicht fahren konnten, denn unser Klassenlehrer war lange krank. Außerdem wäre die Fahrt für unsere Klassengemeinschaft sehr wichtig. Wir haben zum Beispiel in diesem Schuljahr drei neue Schüler bekommen, die noch gar nicht richtig in der Klasse zu Hause sind. Und schließlich geht unser Klassenlehrer am Ende des Jahres in Pension, sodass dies die letzte Möglichkeit ist, noch einmal mit ihm wegzufahren.
Wir würden uns sehr freuen, wenn Sie uns die Fahrt ausnahmsweise genehmigen würden.

Mit freundlichen Grüßen
Für die Klasse 6 b: Joshua Klugmann (Klassensprecher)

1 a Ordnet den farbig markierten Sätzen die folgenden Begriffe richtig zu:
Meinung/Bitte – Begründungen – Beispiel – Schlusssatz: Wunsch
Der erste Satz ist eine ... Beim gelb markierten Satz handelt es sich um ...
b Erklärt, warum Joshua seine Meinung als Bitte formuliert.
c Benennt auch die Formulierungen am Briefanfang und Briefende, die nicht markiert sind.

2 Javier hat lange in Spanien gelebt und wundert sich über die Anrede *Sehr geehrter ...*. Joshua erklärt: „So spreche ich einen Erwachsenen an, den ich nicht gut kenne. Meinen Lehrer würde ich in einem Brief mit *Lieber Herr Cullmann* anreden und dich mit *Hallo Javier*."
Welche Anreden im Brief kennt ihr aus anderen Sprachen? Notiert möglichst viele.

Eine Bitte schriftlich begründen

1 Planen

Plant einen Briefantrag an die Elternversammlung eurer Klasse. In diesem Antrag bittet ihr, dass ihr auf einer Klassenfahrt in Kleingruppen ohne Aufsicht etwas unternehmen dürft. Übertragt die Tabelle ins Heft. Ergänzt Stichworte.

▷ Eine Hilfe zu Aufgabe 1 findet ihr auf Seite 39.

	Meine Stichworte
Bitte/Meinung	...
Begründungen	*1.* ... *2.* ... *3.* ...
ein Beispiel	*zu Begründung Nr. ...: ...*

Tipp: Zwei bis drei gute Begründungen reichen. Lasst schwächere Argumente einfach weg.

2 Schreiben

Schreibt eine erste Fassung des Briefs. Nutzt Verknüpfungswörter (► S. 36). Denkt daran, wie ein Brief beginnt und endet. Fangt z. B. so an:
..., *wir möchten Sie um Ihre Zustimmung dafür bitten, dass wir ...*

▷ Hilfe zu 2, Seite 39

3 Überarbeiten

a Überprüft eure erste Fassung mit Hilfe der Checkliste.

▷ Hilfe zu 3 c, Seite 39

b Lasst einen Mitschüler eure erste Fassung lesen. Er bewertet sie im Heft anhand der Checkliste, z. B.:
1, 4, 6 = ☺ = sehr gut gelungen 2, 3 = 😐 = verbesserungsfähig 5 = ☹ = noch nicht gelungen.

c Macht euch gegenseitig Verbesserungsvorschläge. Entscheidet, welche Vorschläge ihr nutzen wollt, und verbessert den Brief.

Checkliste

Eine Bitte in einem Brief begründen

1 Ort, Datum,	Über dem Text stehen Ort und Datum.
Anrede:	Der Text beginnt mit der Anrede; danach: Komma und Leerzeile.
2 Bitte/Meinung:	Du formulierst deutlich deine Meinung oder deine Bitte.
3 Begründungen:	Du nennst zwei bis drei Begründungen für deine Bitte/Meinung.
4 Beispiel:	Zu einer Begründung ist ein Beispiel genannt.
5 Schluss:	Du fasst deine Bitte/deinen Wunsch zusammen.
6 Gruß und Unterschrift:	Der Brief endet mit einem Gruß (davor leere Zeile) und deinem Namen (neue Zeile).

●○○ Aufgabe 1 mit Hilfe: Planen

Plant einen Briefantrag an die Elternversammlung eurer Klasse. In diesem Antrag bittet ihr, dass ihr auf einer Klassenfahrt in Kleingruppen ohne Aufsicht etwas unternehmen dürft.
Übertragt die Tabelle ohne die Tipp-Spalte ins Heft.
Ergänzt Stichworte.

	Meine Stichworte	Tipps: Das könnt ihr in die Tabelle eintragen
Bitte/Meinung	...	Bitten um Zustimmung, dass ...
Begründungen	*1.* ... *2.* ... *3.* ...	Notiert zwei oder drei gute Begründungen. Nutzt eure Begründungshände (▶ S. 35).
ein Beispiel	*zu Begründung* *Nr.* ...: ...	Nennt zu einer Begründung ein Beispiel: Was wäre in der Kleingruppe möglich? (▶ S. 36)

●○○ Aufgabe 2 mit Hilfe: Schreiben

Schreibt eine erste Fassung des Briefs.

Ort, Datum, Anrede	*..., den ...* *Liebe Eltern der Klasse ...,*
Meinung/Bitte	*wir möchten Sie um Jhre Zustimmung dafür bitten, dass wir auf unserer nächsten Klassenfahrt ... (oder: ich möchte Sie ...)*
Begründung 1	*Wir möchten in Gruppen ohne Aufsicht weggehen können, weil ...*
Beispiel	*So könnten diejenigen, die sich für ... interessieren, einen Ausflug ...* *Die Schüler, die Jnteresse an ... haben, könnten in der gleichen Zeit ...*
Begründung 2	*Außerdem hätten wir so die Möglichkeit ...*
Bitte oder Wunsch zusammenfassen	*Aus diesen Gründen möchten wir Sie bitten, ...*
Gruß, Unterschrift	*Mit freundlichen ...*

●○○ Aufgabe 3 c mit Hilfe: Überarbeiten

c Macht euch gegenseitig Verbesserungsvorschläge.
Entscheidet, welche Vorschläge ihr nutzen wollt, und verbessert den Brief, z. B.:

Problem	Mögliche Formulierungen
Meinung unklar	*..., dass wir auf unserer nächsten Klassenfahrt in kleinen Gruppen ohne Lehreraufsicht kleine Ausflüge unternehmen dürfen.*
nur eine **Begründung**	*Außerdem könnten wir so lernen, zuverlässig zu sein.*
Beispiel fehlt	*Beispielsweise interessieren sich nur Devin, Jobel und Max für ...*

2.3 Fit in ...! – Schriftlich begründen

Stellt euch vor, ihr bekommt in der nächsten Klassenarbeit die folgende Aufgabe gestellt:

Zimmerbelegung auslosen oder selbst bestimmen?

Euer Klassenlehrer/Eure Klassenlehrerin bittet euch, für die nächste Klassenfahrt über eine Frage nachzudenken: „Überlegt, wie die Verteilung der Zimmer aussehen soll: Wollt ihr die Zimmerbelegung unter euch auslosen oder möchtet ihr selbst entscheiden, wer sich mit wem ein Zimmer teilt? Jungen und Mädchen schlafen auf jeden Fall getrennt.
Bitte schreibt einen kurzen Brief an mich, in dem ihr die Lösung, die ihr wollt, begründet. Es reichen 2 bis 3 Begründungen."

Aufgabe
Schreibe den Brief.

Die Aufgabe richtig verstehen

1 Was verlangt die Aufgabe von euch? Schreibt die richtigen Buchstaben ins Heft:
Meine Aufgaben in der Klassenarbeit sind: ...
Tipp: Die fünf Lösungsbuchstaben kommen alle im Wort „Klassenarbeit" vor.

O Ich muss einen Brief an die Elternversammlung schreiben.
S Ich muss einen Brief an meinen Klassenlehrer/meine Klassenlehrerin schreiben.
N In dem Brief muss ich meine Meinung formulieren: Soll die Belegung der Zimmer auf der Klassenfahrt ausgelost werden oder wollen wir selbst bestimmen, wer sich mit wem ein Zimmer teilt? Meine Meinung formuliere ich als Bitte.
A Für meine Meinung muss ich mindestens zwei Begründungen nennen.
M In meinem Brief reicht es, wenn ich nur an mich denke und nicht darauf eingehe, was die Lösung für die gesamte Klasse bedeutet.
R Meine Begründungen sollen nicht unbedingt für die Mitschüler, sondern vor allem für den Klassenlehrer/die Klassenlehrerin überzeugend sein.
B Obwohl es nicht in der Aufgabe steht, sollte ich für mindestens eine Begründung ein Beispiel nennen.

Planen

2 a Klärt, zu welcher Frage ihr euch eine Meinung bilden sollt und was das Ziel eures Briefs ist. Lest den Text zur Aufgabe noch einmal durch und ergänzt im Heft, z. B.:
Es geht um die Frage, ob wir für die nächste Klassenfahrt ...
Das Ziel meines Briefs ist es, meinen Klassenlehrer/meine Klassenlehrerin ...

b Bildet euch zu der Frage eine Meinung:
Sammelt, was aus eurer Sicht für ein Auslosen spricht. Was spricht dagegen?

c Zeichnet eine Begründungshand ins Heft und tragt eure Meinung auf die Handfläche ein.

d Notiert eure Begründungen auf die Finger der Begründungshand (mindestens 2).
Tipp: Eure Begründungen müssen den Klassenlehrer/die Klassenlehrerin überzeugen.

e Schreibt zu einer Begründung ein Beispiel in einer anderen Farbe.

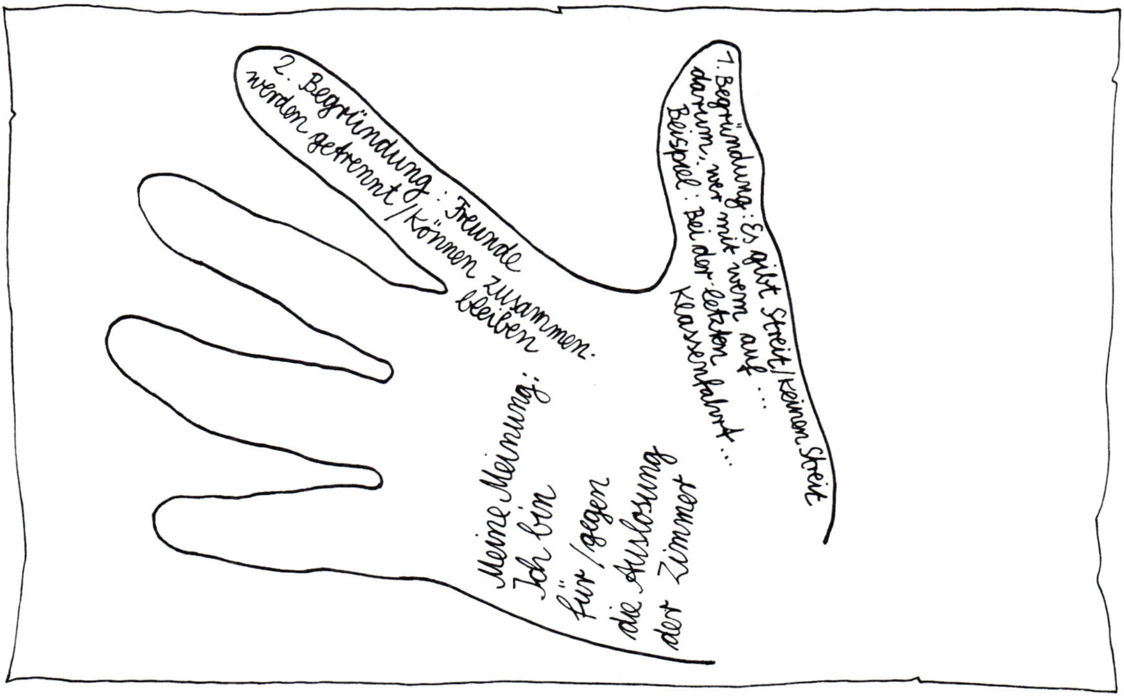

f Plant den Aufbau des Briefs.
Übertragt die folgende Tabelle ins Heft und füllt sie aus.

	Meine Stichworte
Meinung/Bitte	...
Begründungen	*1.* ... *2.* ... *3.* ...
ein Beispiel	*zu Begründung Nr. ...:* ...
Schlusssatz	...

Tipp für Profis: Wenn du ein Schreibprofi bist, dann brauchst du keine Tabelle anzufertigen. Folgendes genügt:
- Markiere auf deiner Begründungshand, welche Begründungen du nutzen willst, und
- füge ein gutes Beispiel für eine Begründung hinzu.

Schreiben

3 Formuliert den Brief.
Lasst nach jeder geschriebenen Zeile eine Zeile frei. So könnt ihr ihn später leichter verbessern.

Methode **Eine Meinung in einem Brief begründen**

1 Fangt auf einem neuen Blatt (im Heft) an.
Denkt an **Ort, Datum** und **Anrede,** z. B.: *Sehr geehrte/geehrter …* oder *Liebe/Lieber …*
2 Beginnt in der nächsten Zeile (Absatz) mit eurer **Bitte (Meinung).**
Worum bittet ihr? Z. B.: *… ich möchte Sie darum bitten, dass …*
3 Schreibt eure **erste Begründung.** Nutzt Verknüpfungen, z. B.: *denn …* oder *dafür spricht …*
4 Nennt **weitere Gründe.**
Beschränkt euch auf insgesamt zwei oder drei überzeugende Gründe.
5 Formuliert zu einer Begründung **ein Beispiel,** z. B.: *In unserer Klasse gibt es zum Beispiel …*
6 **Fasst euren Wunsch** nochmals **zusammen,** z. B.: *Daher würde ich mich freuen, wenn Sie …*
7 Beendet den Brief mit einem **Gruß** und eurer **Unterschrift.**

Überarbeiten

4 a Prüft euren Brief zunächst allein mit der Checkliste.
b Setzt euch zu zweit zusammen. Prüft eure Briefe gegenseitig mit der Checkliste.

Checkliste

Briefe schreiben, Meinungen begründen

Ort, Datum,	Stehen rechts über dem Text Ort und Datum?
Anrede	Beginnt der Text mit der Anrede?
	Folgen ein Komma und eine leere Zeile?
Meinung/Bitte	Formulierst du deutlich, um was du bittest?
Begründungen	Nennst du zwei bis drei Begründungen für deine Meinung/Bitte?
Beispiel	Formulierst du mindestens zu einer Begründung ein Beispiel?
Schluss	Fasst du am Ende deine Meinung/deinen Wunsch zusammen?
Gruß/Unterschrift	Endet der Brief mit Gruß und Unterschrift?
	Ist vor dem Gruß eine Zeile frei gelassen (Absatz)?
Rechtschreibung	Ist die Rechtschreibung fehlerfrei?
Satzzeichen	Endet jeder Satz mit einem Satzschlusszeichen (Punkt, Frage- oder Ausrufezeichen)?

c Überarbeitet den Brief. Nutzt die freien Zeilen.

Schreibwörter ► S. 234

die Klassenfahrt	Sehr geehrter	die Diskussion	Ich finde, dass	außerdem
sachlich, unsachlich	die Grüße	diskutieren	Ich meine, dass	zum Beispiel

3 Wer? Was? Wo? ...? – Über Ereignisse berichten

1 Das Foto zeigt Schüler beim Triathlon.

a Nennt die Sportarten, um die es bei einem solchen Wettkampf geht.

b Wer von euch hat schon einmal an einem sportlichen Wettkampf teilgenommen? Berichtet: Wo und wann fand der Wettkampf statt? Was habt ihr gemacht?

2 Oft wird in Zeitungen oder auf Schulwebsites von solchen Wettkämpfen berichtet.
Notiert in Partnerarbeit, welche Informationen eurer Meinung nach in einem Bericht über einen Schülertriathlon nicht fehlen dürfen.

In diesem Kapitel ...

– lernt ihr, wie man andere mit einem Bericht sachlich informiert,
– untersucht ihr einen Zeitungsbericht über Schüler, die sich für andere einsetzen,
– schreibt ihr eigene Berichte über besondere Ereignisse.

3.1 Knapp und genau! – Berichte verfassen

Richtig informiert?

Bei einem Triathlon müssen die Teilnehmer um die Wette schwimmen, Rad fahren und laufen.
Im Jahr 2011 fand in Hamburg ein Schülertriathlon statt.
Nach dem Wettkampf notiert ein Schülerreporter Aussagen von Zuschauern.

A „3600 haben diesmal mitgemacht!"
B „Die T-Shirts vom Wettkampf waren echt toll!"
C „Besonders spannend war am Freitag der Wettkampf der Klassen 10 bis 13: 200 m Schwimmen, 8 km Radfahren, 2 km Laufen!"
D „Ich fand's super! Alles war direkt bei mir um die Ecke, am Hamburger Stadtparksee."
E „Die meisten waren so stolz, als sie endlich ins Ziel liefen."
F „100 m Schwimmen, 4 km Radfahren und 1000 m Laufen – Respekt vor den Schülern 5 bis 9!"
G „Unsere Schule hat leider nicht gewonnen, sondern die in Blankenese. Schade!"
H „Das Wetter war bestens: Sonnenschein, kaum Wind!"
I „Am Donnerstag waren die Grundschüler dran."
J „Es waren viel mehr Zuschauer als letztes Jahr!"

1 **a** Stellt euch vor, ihr sollt eine Person informieren, die nichts von diesem Wettkampf erfahren hat. Notiert in Partnerarbeit:
- Welche der Aussagen A–J würdet ihr auswählen, um diese Person zu informieren?
- Auf welche Aussagen würdet ihr verzichten?

b Ordnet den Informationen, die ihr ausgewählt habt, jeweils eine passende W-Frage zu. Schreibt beides auf, z. B.:
- „am Hamburger Stadtparksee" = *Wo fand es statt?*
- ... = *Wie ...?*

Hannah, 13 Jahre

Ich hatte die ganze Nacht vor dem Wettkampf kein Auge zugetan. Mir war einfach nicht aus dem Kopf gegangen, was Lea gesagt hatte: „Das schaffst du nie!“
Und es fing wirklich schlecht an! Nach dem Schwimmen war ich so aus der Puste, dass ich dachte, ich muss aufhören. Aber Sinan hat mich dann so angefeuert, dass ich voller Energie aufs Rad gesprungen bin!

Erfolgreiche Hamburg City Kids

Hamburg. Am Freitag, dem 24.6., ging der siebte Hamburger Schülertriathlon, die Hamburg City Kids 2011, erfolgreich zu Ende. Im und am Naturpark Stadtparksee nahmen am Donnerstag 1700 Zweit- und Viertklässler bei besten äußeren Bedingungen am Wettkampf teil. Am Freitag starteten die Klassenstufen 5 bis 13 mit 1900 Schülern. Bei sehr guten äußeren Bedingungen standen Distanzen zwischen 100 m Schwimmen, 4 km Radfahren, 1000 m Laufen oder 200 m Schwimmen, 8 km Radfahren und 2 km Laufen an. Besonders erfolgreich war dieses Jahr die Gesamtschule Blankenese. Auf Grund der positiven Rückmeldungen treten die Schüler auch im nächsten Jahr wieder gegeneinander an.

2 Nach dem Triathlon beschreibt eine Teilnehmerin ihre Erlebnisse. Außerdem erscheint ein Bericht in der Zeitung.

a Lest die beiden Texte. Gebt wieder, was Hannah erlebt hat.

b Welche eurer W-Fragen aus Aufgabe 1 (▸ S. 44) beantwortet der Zeitungsbericht?

3 Vergleicht beide Texte. Bearbeitet Aufgabe a oder b.

●●● a Auf welche Weise wird in beiden Texten auf das Ereignis eingegangen? Notiert Unterschiede und Gemeinsamkeiten, z. B.:
Beide Texte haben gemeinsam, dass sie ... Sie unterscheiden sich vor allem darin, dass ...

●○○ b Wählt aus den folgenden Aussagen die zutreffenden aus. Übertragt sie ins Heft.
- Hannah stellt das Geschehen aus ihrer persönlichen Sicht dar.
- Hannah verwendet die wörtliche Rede, der Bericht nicht.
- Der Bericht stellt ein vergangenes Geschehen spannend und unterhaltsam dar.
- Der Bericht informiert sachlich über den Ablauf eines vergangenen Ereignisses.

4 Wer einen eigenen Bericht schreiben will, sollte wissen, wie er aufgebaut wird.

a Notiert, welche der folgenden W-Fragen der Bericht in welcher Reihenfolge beantwortet:
1. Wann geschah etwas? – „Am Freitag, dem 24.6.“ (Z. 1)
2. Was geschah? – „der siebte ...“ (Z. ...)

Wie ist etwas passiert oder abgelaufen? • **Wer** war beteiligt? • **Was** geschah? • **Welche** Folgen hatte etwas? • **Warum** geschah etwas? • **Wo** geschah etwas? • **Wann** geschah etwas?

b Erklärt, warum es wichtig ist, dass der Bericht bestimmte W-Fragen beantwortet.

5 Untersucht die Sprache im Zeitungsbericht (▸ S. 45). Wählt Aufgabe a/b oder c/d.

●●● **a** Wählt die Werkzeuge zum Thema „Sprache" aus, mit denen der Bericht verfasst wurde. Schreibt jeweils ein Beispiel aus dem Bericht dazu.

b Notiert weitere sprachliche Auffälligkeiten:

- *Fremdwörter werden verwendet, z. B.: „Distanzen" (Z. 8)*

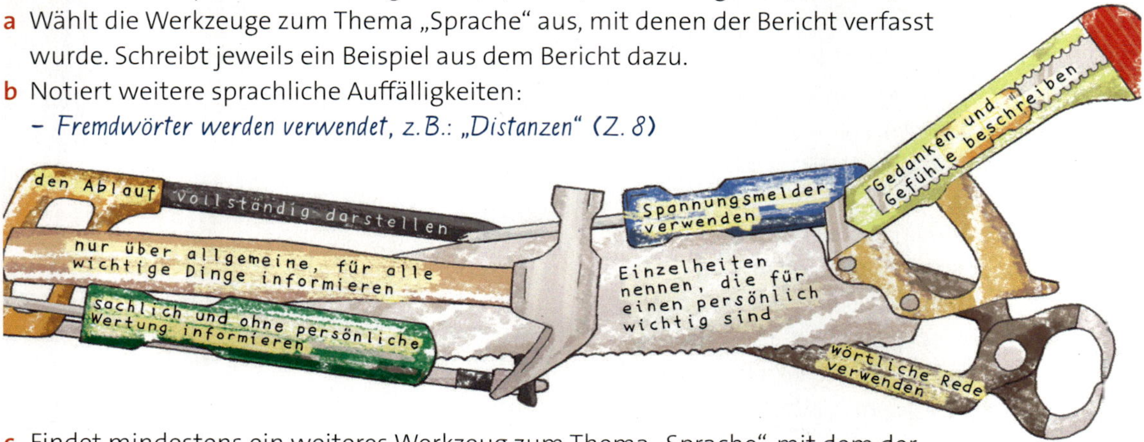

●○○ **c** Findet mindestens ein weiteres Werkzeug zum Thema „Sprache", mit dem der Bericht verfasst wurde, z. B.: – *den Ablauf vollständig darstellen*

– ...

d Überlegt, für welche Texte ihr die anderen Sprachwerkzeuge verwenden könnt.

6 Berichte werden in der Zeitform Präteritum (▸ S. 174–175) verfasst. Wählt Aufgabe a/b oder c/d.

●○○ **a** Sucht zu den folgenden Infinitiven die Präteritumformen aus dem Zeitungsbericht heraus:

(zu Ende) gehen   starten   teilnehmen   anstehen   sein

(zu Ende) gehen → ging (zu Ende), ...

b Unterstreicht in eurem Heft die Verben im Präteritum.

●●● **c** Schreibt alle Präteritumformen aus dem Bericht heraus, z. B.: *ging ... (zu Ende), ...*

d Unterstreicht im Heft die starken Verben blau, die schwachen Verben rot (▸ S. 175).

7 Welcher Satz steht nicht im Präteritum? Erklärt, warum er in einer anderen Zeitform steht.

Information **Einen Bericht verfassen**

In einem Bericht wird **knapp und genau** über ein **vergangenes Ereignis informiert.**

Aufbau

- Der **Ablauf** eines Geschehens wird möglichst **vollständig** dargestellt.
- Nur **Wichtiges** wird aufgenommen. Nebensächliches lässt man weg.
- **In der Regel** beantwortet ein Bericht folgende **W-Fragen** in dieser **Reihenfolge:**
  - **Beginn: Wo** geschah etwas? **Wann** geschah etwas? **Was** geschah?
  - **Wer** war beteiligt? **Wie** passierte etwas oder wie lief es ab? **Warum** geschah etwas?
  - **Schluss: Welche Folgen** hatte etwas?

Sprache

- Berichtet wird in der Zeitform **Präteritum** (▸ S. 174–175).
  Für zukünftige Ereignisse kann das Futur I oder das Präsens verwendet werden (▸ S. 177).
- Die Sprache im Bericht ist **sachlich.** Persönliche Wertungen oder Gefühle werden vermieden.
- Die wörtliche Rede gehört in der Regel nicht in einen Bericht.

Einen Bericht verfassen

- *Finale zwischen „Die Wilden Kerle“ und „Dreamteam“*
- *Fußballwochenende für Sechstklässler*
- *viele Besucher: neues Fußballwochenende für das nächste Jahr geplant*
- *Sportplatz der Berliner Erich-Kästner-Sekundarschule*
- *Foul in der 8. Minute (Rote Karte für Spieler der „Wilden Kerle“)*
- *zehn Teams spielten an zwei Tagen gegeneinander*
- *am vergangenen Wochenende, auch in der Nacht von Samstag auf Sonntag*
- *„Die Wilden Kerle“ besiegten „Dreamteam“ mit 3:2*
- *Erich-Kästner-Sekundarschule gegen Albert-Schweitzer-Sekundarschule*

1 Auf einer Website der Berliner Erich-Kästner-Sekundarschule soll ein Bericht über das „Fußballwochenende für Sechstklässler“ erscheinen. Erklärt, weshalb ein solcher Bericht für Leser interessant sein könnte.

Planen

2 Verfasst mit Hilfe der Notizen rechts oben einen Bericht für eine Schulwebsite.

a Plant den Aufbau eures Berichts.
Ordnet den wichtigen W-Fragen (▸ S. 46) Stichworte vom Notizzettel zu. Arbeitet im Heft:
- *Wo? ...*
- *Wer? Sechstklässler der Erich-Kästner-Sekundarschule und Albert-Schweitzer-Sekundarschule*

b Bringt die W-Fragen in eine sinnvolle Reihenfolge. Nummeriert sie in eurem Heft.

Schreiben

3 Schreibt mit Hilfe eurer Planung einen zusammenhängenden Bericht.

a Beantwortet zu Beginn die W-Fragen Wo?, Wann?, Was?, z. B.:
- *Am vergangenen Wochenende fand das Fußballturnier für Sechstklässler in der ...*
- *Auf dem Sportplatz der Erich-Kästner-Sekundarschule in Berlin fand ...*

b Beachtet die Zeitform Präteritum, z. B.:
- *Das Spiel fand auf dem Sportplatz statt.*
- *Zehn Teams traten gegeneinander an.*
- *„Die Wilden Kerle“ spielten gegen das „Dreamteam“.*

c Formuliert sachlich. Vermeidet persönliche Wertungen und Gefühle, z. B.:
In der 8. Minute gab es ein ~~fieses~~ schweres Foul an einem der ~~tollen~~ „Dreamteam“-Spieler.
Man bestrafte es ~~glücklicherweise gleich~~ mit einer Roten Karte.

d Ergänzt eine passende Überschrift, z. B.:
Fußballwochenende für Sechstklässler
„Die Wilden Kerle“ siegen

Überarbeiten

VORSICHT FEHLER!

Tolles Fußballwochenende!

Auf dem Schulsportplatz der Erich-Kästner-Sekundarschule in Berlin fand endlich wieder das Fußballwochenende für Sechstklässler statt. Auf diese hatte ich schon wirklich sehnsüchtig gewartet!

Diesmal trat die Erich-Kästner-Sekundarschule gegen die Albert-Schweitzer-Sekundarschule an. Bei dem Wettkampf kämpfen zehn Teams um den Sieg.

Dann endlich das Finale am Sonntag! Dabei spielten „Die Wilden Kerle“ gegen das „Dreamteam“. Hierbei kam es in der 8. Minute zu einem schweren Foul, das man mit einer Roten Karte für einen Spieler der „Wilden Kerle“ bestrafte. Das war meiner Meinung nach einfach sehr ungerecht. Schließlich besiegen „Die Wilden Kerle“ das „Dreamteam“ mit 3:2. „Echt spannend!“, meinte meine Freundin und: „So etwas habe ich schon lange nicht mehr gesehen.“

Da sich sehr viele Besucher einfanden, ist ein weiteres Fußballwochenende für das nächste Jahr geplant. Ich freue mich sehr darauf!

Wichtige W-Fragen werden beantwortet: Wo? Wann? Was? Wer? Wie? Warum? Welche Folgen?

Der Ablauf wird knapp und in der richtigen Reihenfolge wiedergegeben.

Das Präteritum als Zeitform wird eingehalten.

Nur Wichtiges wird genannt. Nebensächliches wird weggelassen.

Die wörtliche Rede wird vermieden.

Die Sprache ist sachlich, d. h. ohne persönliche Wertungen und Gefühle.

4 Dieser Text muss noch überarbeitet werden. Verbessert ihn in Partnerarbeit.

a Stellt fest, was an dem Text bereits gut gelungen ist. Nutzt die Prüfkarten neben dem Text.

b Stellt mit Hilfe der Prüfkarten fest, was an dem Bericht überarbeitet werden muss.
Tipp: In einigen Sätzen darf auch eine andere Zeitform stehen. So können z. B. bei Aussagen über die Zukunft das Präsens oder das Futur I verwendet werden (► S. 177).

c Überarbeitet den Text in eurem Heft.

5 Vergleicht eure Ergebnisse.
Tipp: Nutzt die Prüfkarten auch zur Korrektur eurer eigenen Berichte.

Einen Unfallbericht schreiben

Herr Peters: Hallo, Lisa! Was ist denn mit Clara passiert?
Lisa Meyer (6 a): Clara hat sich vorhin ziemlich weh getan. Aber Max tut das alles total leid!
Herr Peters: Was ist denn genau passiert?
Lisa: Ja, also, Clara hat sich an der Hand verletzt, als sie mit dem Einrad fuhr.
Herr Peters: Unsere Sekretärin hat mir erzählt, dass Claras Vater, Herr Fischer, seine Tochter abgeholt und zum Arzt gefahren hat. Wann ist denn der Unfall eigentlich passiert?
Lisa: Heute, am Anfang der ersten großen Pause. Es waren ja noch gar nicht so viele Schüler auf dem Hof, die kamen erst langsam raus. Wir waren fast die Ersten, weil wir mit unseren Einrädern ein Wettrennen veranstalten wollten.
Herr Peters: Ein Wettrennen?
Lisa: Ja, einmal quer über den Hof. Wer als Erste das andere Ende erreicht, hat gewonnen. Als wir losfuhren, lief Max aus der 6 c rückwärts in Clara hinein. Da ist sie dann hingeknallt.
Herr Peters: Und was ist dann passiert?
Lisa: Ich habe so einen Schreck bekommen! Ich dachte, Clara hat sich was gebrochen! Sie konnte aber aufstehen und Max und ich haben sie dann ins Krankenzimmer begleitet. Ihr hat nur die rechte Hand weh getan. Ich rufe sie nachher gleich mal an …

1 Was genau ist passiert?
- **a** Lest das Gespräch zwischen Lisa und ihrem Klassenlehrer mit verteilten Rollen.
- **b** Tragt zusammen, was ihr über den Unfall erfahrt.
- **c** Erklärt, warum man nicht sofort eine genaue Vorstellung vom Ablauf des Unfalls bekommt.

2
- **a** Stellt euch vor, ihr könntet Lisa befragen, sodass ihr den genauen Ablauf des Unfalls vor Augen habt. Arbeitet zu zweit.
  Tipp: Nutzt die W-Fragen des Berichts (Wo? Wann? Wer? Was? … ► S. 46), z. B.:

*Frage: **Wer** war denn alles an dem Unfall beteiligt?*
Antwort: Clara, Max und ich.
Frage: …
…

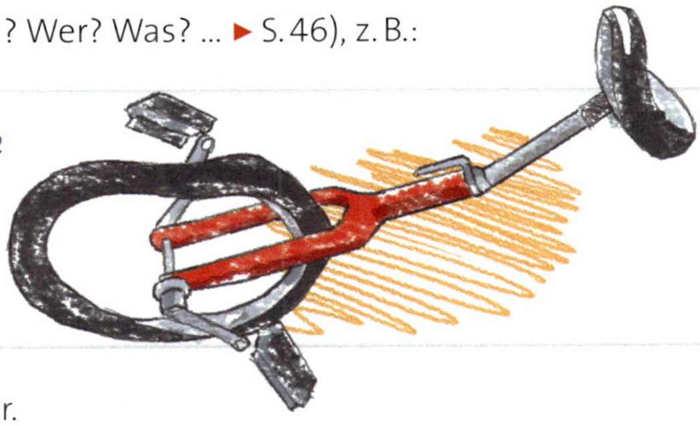

- **b** Lest oder spielt eure Texte mit verteilten Rollen vor.

3 Zeichnet eine Skizze, um den Ablauf des Unfalls zu verdeutlichen.

A

5 Name, Vorname des Versicherten	6 Geburtsdatum	Tag	Monat	Jahr
... *Fischer*		*2 2*	*0 7*	*2 0 0 1*

7 Straße, Hausnummer	Postleitzahl	Ort
Hauptstr. 7	*1 2 3 4 5*	*Berlin*

8 Geschlecht	9 Staatsangehörigkeit	10 Name und Anschrift der gesetzlichen Vertreter
☐ männlich ☒ weiblich	*deutsch*	*Herr und Frau Fischer, Hauptstr. 7, 12345 Berlin*

B

11 körperliche Verletzungen?	12 Unfallzeitpunkt: Tag	Monat	Jahr	Stunde	Minute	13 Unfallort (genaue Orts- und Straßenangabe mit PLZ)
☐ ja ☐ nein	*0 8*	*0 6*	*2 0 1 2*	*0 9*	*3 5*	*Goethe-Sekundarschule, Wiesenweg 2, 12345 Berlin ...*

C

14 Ausführliche Darstellung des Unfallhergangs (insbesondere Art der Veranstaltung, bei Sportunfällen auch Sportart)

4 Passiert ein Unfall, wird in der Regel ein Unfallbericht geschrieben, z. B. für eine Versicherung.
- **a** Fasst mit Hilfe der bisher auf dem Formular eingetragenen Informationen zusammen, was ihr über den Unfall erfahrt.
- **b** Welche Informationen fehlen bei A, B und C? Ergänzt mit Hilfe der vorigen Seite.
- **c** Warum kann es sinnvoll sein, dass ein solches Unfallformular ausgefüllt wird? Erläutert.

5 Verfasst zu dem Unfall auf S. 49 einen Bericht.
- **a** Plant den Aufbau mit Hilfe der W-Fragen (► S. 46).
  Ergänzt hinter jeder W-Frage passende Stichworte, z. B.:
  – *Wer? Lisa Meyer und Clara Fischer, beide 6 a, Max Ritter, 6 c*
- **b** Vergleicht in Partnerarbeit eure Stichworte. Wird nur das Wichtigste genannt?
  Streicht Informationen, die überflüssig sind.

6 Schreibt den Bericht. Nutzt eure Planung. So könntet ihr beginnen:
Unfall auf dem Pausenhof
Am Freitag, dem 08.06.2012, ereignete sich in der ersten großen Pause auf dem Pausenhof ...

7 Überarbeitet eure Texte. Ihr könnt die Textlupen-Methode nutzen (► S. 88). Prüft besonders, ob ihr die Zeitform Präteritum eingehalten habt, z. B.: *sich ereignen → es ereignete sich, losfahren → sie fuhren los, ...*

Information **Der Unfallbericht**

Häufig benötigt eine Versicherung einen Bericht über den Unfallhergang.
Mit Hilfe des Unfallberichts kann sie prüfen, wer für entstandene Schäden bezahlen muss.
- Im Bericht werden die **W-Fragen** in einer sinnvollen **Reihenfolge** beantwortet (► S. 46). Man gibt das Geschehen in genau der **Abfolge** wieder, wie es sich ereignet hat.
- Man berichtet nur **Tatsachen.** Das bedeutet, man äußert keine Vermutungen, unterlässt persönliche Wertungen und beschreibt keine Gefühle.
- Wörtliche Rede soll in einem Unfallbericht nicht vorkommen.
- Die Zeitform eines Unfallberichts ist das **Präteritum.**

Teste dich!

VORSICHT FEHLER!

Unfall auf dem Pausenhof

Am Dienstag, dem 15.05.12, ereignete sich in der ersten großen Pause ein Unfall auf dem Pausenhof. Beteiligt waren Ben Yilmaz (6 a) und Anna Steig (6 d). Die beiden Schüler trainierten auf der Fußballwiese und schossen einen Ball hin und her. Als Anna sehr fest zutrat, schoss der Ball über das Fußballfeld hinaus und traf Tim Heinrich (8 d) am Kopf. Er wurde total wütend und beschimpfte Anna und Ben lautstark. Tim wurde daraufhin von einem Freund ins Krankenzimmer gebracht. Dabei ist Anna eigentlich eine sehr gute Fußballerin, die nur sehr selten verschießt! „Wie konnte das nur passieren?“, fragte Ben fassungslos. Anna will sich nun bei Tim für ihren Fehlschuss entschuldigen.

1 Dieser Unfallbericht muss noch überarbeitet werden.

a Drei Sätze gehören nicht in den Bericht.
Stelle bei jedem gestrichenen Satz fest, warum er nicht in den Bericht gehört.
Die folgenden Formulierungen helfen dir.

Der Satz ...
- A enthält die wörtliche Rede.
- B enthält für einen Bericht unwichtige Informationen.
- C enthält eine persönliche Wertung.
- D geht auf Gedanken und Gefühle ein.
- E ist nicht sachlich genug formuliert.

b Schreibe den Bericht ohne die drei falschen Sätze in dein Heft.

c Von den folgenden Sätzen könnten zwei in den Bericht passen. Schreibe sie in dein Heft.

Außerdem wollen Anna und Ben in ihrer Klasse über sicheres Spielverhalten berichten.
In einem tollen Bogen flog der Ball pfeilschnell über den Schulhof.
Zudem wurden Tims Eltern über den Vorfall informiert.
Der Unfall war noch einige Zeit Gesprächsthema unter den Schülern.
Anna war ziemlich durcheinander und hatte ein schlechtes Gewissen.

2 **a** Notiere alle W-Fragen in der Reihenfolge, in der sie in der Regel in einem Bericht auftauchen.

b Prüfe, ob dein überarbeiteter Bericht alle W-Fragen beantwortet.
Notiere zu jeder W-Frage ein passendes Stichwort.

3 **a** Vergleiche deine Lösungen mit einem Lernpartner.

b Besprecht Zweifelsfälle in der Klasse.

3.2 Sport für einen guten Zweck – Einen Zeitungsbericht untersuchen und schreiben

Schüler liefen für guten Zweck

Twist, 22.11.2011. Im Rahmen der 225-Jahr-Feier der Gemeinde Twist veranstaltete die *Haupt- und Realschule Twist am See* einen Spendenlauf. Alle 500 Schüler waren aufgerufen, sich einen Spender zu suchen, der ihnen pro gelaufene Runde um den Schulsee einen bestimmten Geldbetrag zusicherte.

An der großen Summe, die erlaufen wurde, kann man sehen, wie viel Mühe und Einsatz die Beteiligten gezeigt haben, denn die meisten Schüler hatten sich nicht mit nur einem Spender begnügt, sondern gleich mehrere für die gute Sache gewonnen, darunter Firmen, Verwandte und Bekannte, sogar einige Mitschüler. Am Ende kamen 12.105,54 Euro zusammen. Selbst Schulleiter Nögel zeigte sich überrascht und freute sich über das unerwartete Ergebnis. Die Schüler Kevin Deters (7c) und Karol Kovacek (10b) liefen beide je 17 Runden in der Einzelwertung. Insgesamt bewältigten die Klassen 3347 Runden, umgerechnet also eine Strecke von 2677,60 Kilometern. Anhand der gespendeten Geldbeträge und der zurückgelegten Runden konnte sich eine Klasse besonders hervortun: die Klasse 7c.

Die eine Hälfte des durch die sportliche Leistung eingenommenen Geldes spendete man der Jugendfeuerwehr des Ortes. Die andere Hälfte bleibt in der Schule und kommt der Schulgemeinschaft zugute.

1 a Lest die Überschrift des Zeitungsberichts. Stellt Vermutungen zum Textinhalt an.
b Prüft eure Vermutungen. Lest den Zeitungsbericht und benennt, worum es geht.

2 a Was wusstet ihr bereits über das Thema „Spendenlauf"? Was ist neu für euch?
b Nennt die Informationen, die euch interessieren oder über die ihr gern mehr erfahren würdet.
c Habt ihr schon einmal an einem Spendenlauf teilgenommen? Berichtet davon.

3 a Prüft, ob der Zeitungsbericht wichtige W-Fragen (▸ S. 46) beantwortet. Notiert z. B.:
- *Wo? ...*
- *Wer war beteiligt? Schüler der Haupt- und Realschule Twist am See*

b Gibt es W-Fragen, die der Zeitungsbericht nicht beantwortet? Erklärt, warum diese vielleicht fehlen.
c Gebt euch gegenseitig den Inhalt des Textes wieder. Nutzt eure Notizen zu den W-Fragen, z. B.:
„In dem Zeitungsbericht geht es um einen Spendenlauf der Schüler der ... Dabei ..."

4
a Übertragt die nebenstehende Tabelle ins Heft.
b Ordnet die Verben aus dem Bericht (▶ S. 52) den Zeitformen zu.
c Notiert zu jedem Verb den Infinitiv.
d Vergleicht eure Ergebnisse.
e **Für Profis:** Unterstreicht die starken Verben blau, die schwachen Verben rot (▶ S. 175).

Zeitform: Präteritum	Zeitform: Präsens
– *veranstaltete → Infinitiv: veranstalten* – *waren → Infinitiv: sein* – …	– …

5 Erklärt, warum in zwei Sätzen des Berichts das Präsens verwendet wird.
Wählt Aufgabe a oder b.

●○○ a Begründet: Welche Aussage passt zur Formulierung „kann man sehen" in Z. 9?

A Das Präsens wird verwendet, wenn man etwas beschreiben will, das in der Zukunft liegt.
B Das Präsens wird verwendet, wenn man etwas ausdrücken will, das jetzt und immer gilt.
C Das Präsens wird verwendet, wenn man etwas wiedergeben will, was ein anderer gesagt hat.
D Das Präsens wird verwendet, wenn man etwas nicht wirklich richtig weiß.

●●● b Setze die beiden Sätze jeweils ins Präteritum. Beschreibe den inhaltlichen Unterschied.

6 Trifft die folgende Aussage auf den Zeitungsbericht (▶ S. 52) zu?

Ein Zeitungsbericht sollte sachlich informieren. Das bedeutet, man äußert keine Vermutungen, unterlässt persönlichen Wertungen und beschreibt keine Gefühle.

Begründet z. B. so:
- *Die Aussage trifft zu. Denn in dem Zeitungsbereicht stehen …*
- *Die Aussage trifft nicht zu. Denn in Zeile … steht: „…" Das ist für mich …*

Information **Der Zeitungsbericht**

Der Zeitungsbericht ist ein **Sachtext,** der über einen Vorgang oder ein Ereignis **informiert.** Dabei beschränkt er sich auf eine möglichst **genaue Darstellung** des Geschehens.

Aufbau
- In der Regel werden folgende **W-Fragen** in dieser Reihenfolge beantwortet:
  - **Beginn: Wo** geschah etwas? **Wann** geschah etwas? **Was** geschah?
  - **Wer** war beteiligt? **Wie** passierte etwas oder wie lief es ab? **Warum** geschah etwas?
  - **Schluss: Welche Folgen** hatte etwas?

Sprache
- Ein Zeitungsbericht ist in der Regel in der Zeitform **Präteritum** (▶ S. 174–175) verfasst. Für Hintergrundinformationen oder allgemein Gültiges kann das Präsens verwendet werden.
- Der Bericht sollte **sachlich** sein. Persönliche Wertungen oder Gefühle sind zu vermeiden.
- Auf die wörtliche Rede wird in vielen Zeitungsberichten verzichtet.

Über einen besonderen Schülertag berichten

- *Sozialer Tag 2012*
- *Maik (12): „Ich fand, das war eine super Aktion!“*
- *strahlender Sonnenschein am Sozialen Tag*
- *Besitzerin des Reiterhofs über Mithilfe erfreut*
- *in Burg auf Fehmarn*
- *Schüler erhalten für ihre Arbeit Lohn vom Reiterhof*
- *am vergangenen Mittwoch (08.06.12)*
- *Fünft- und Sechstklässler der Gemeinschaftsschule Burg*
- *Asja (13): „Mir hat es gut gefallen, dass wir uns für andere eingesetzt haben!“*
- *Schüler fuhren mit dem Bus zum Reiterhof*
- *Lohn für Arbeit wird für Kinder, die auf der Straße leben, gespendet*
- *Schüler lernen Umgang mit Tieren*
- *Schulsachen blieben an diesem Tag zu Hause*
- *für einen guten Zweck Hilfe auf einem Reiterhof: Zäune streichen, Ställe ausmisten, Wassereimer schleppen, Pferde putzen*

1 Lest die Stichworte. Erklärt euch gegenseitig, was an diesem Schülertag besonders war.

2 Stellt euch vor, ihr sollt über diesen Tag einen kurzen Bericht für die Jugendseite eurer Heimatzeitung schreiben.
Plant den Aufbau des Berichts. Schreibt aus der Liste passende Stichworte heraus und nummeriert sie.
Tipp: Prüft mit Hilfe der W-Fragen, auf welche Stichworte ihr auch verzichten könnt.

▷ Eine Hilfe zu Aufgabe 2 findet ihr auf S. 55.

3 a Verfasst mit Hilfe eurer Planung einen zusammenhängenden Text.
b Gebt eurem Bericht eine passende Überschrift.
Tipp: Beachtet die Hinweise in der Information (► S. 53).

▷ Hilfe zu 3, S. 55

4 Überarbeitet in Partnerarbeit eure Berichte.

▷ Hilfe zu 4, S. 55

5 a Schreibt einen Bericht über ein Ereignis, das ihr persönlich mitverfolgt habt.
b Überarbeitet eure Berichte in Partnerarbeit.

Aufgabe 2 mit Hilfe

Stellt euch vor, ihr sollt über diesen Tag einen kurzen Bericht für die Jugendseite eurer Heimatzeitung schreiben.

a Notiert alle W-Fragen, die ein Bericht beantworten sollte (► S. 53).

b Ordnet den W-Fragen passende Stichworte von S. 54 zu, z. B.:

- ...
- *Wer? Fünft- und Sechstklässler der Gemeinschaftsschule Burg*

c Vergleicht in Partnerarbeit.
Streicht Informationen, die nicht unbedingt in einem Bericht auftauchen müssen.

Aufgabe 3 mit Hilfe

a Verfasst mit Hilfe eurer Planung einen zusammenhängenden Text.
Nutzt folgende Formulierungen:

Fünft- und Sechstklässler der Gemeinschaftsschule in Burg auf Fehmarn setzten sich am vergangenen Mittwoch, dem 08.06.12, für einen guten Zweck ein. Am Sozialen Tag 2012 ...
Am Aktionstag fuhren die Schüler ... Dort ...
Die Schüler wollen den Lohn für ihre Arbeit ...

Tipp: Achtet darauf, dass ihr euren Bericht mit Verben verfasst, die in der Zeitform Präteritum stehen, z. B.:

setzten sich ein • halfen • strichen Zäune • misteten Ställe aus • ...

b Gebt eurem Bericht eine passende Überschrift, z. B.:

Stall statt Schule –
Schüler engagierten sich

Schuften für einen guten Zweck

Aufgabe 4 mit Hilfe

Überarbeitet in Partnerarbeit eure Berichte. Nutzt die Checkliste.

Checkliste

Einen Zeitungsbericht schreiben

- Habt ihr die **W-Fragen** in einer sinnvollen Reihenfolge beantwortet?
- Habt ihr den Ablauf des Ereignisses **genau und vollständig** dargestellt?
- Habt ihr **nur Wichtiges erwähnt,** Nebensächliches weggelassen?
- Habt ihr **auf persönliche Wertungen verzichtet** und **die wörtliche Rede vermieden?**
- Habt ihr das **Präteritum** eingehalten? (Ausnahme: Aussagen über zukünftige Ereignisse)
- Habt ihr die **Rechtschreibung und Zeichensetzung** überprüft?

3.3 Fit in ...! – Einen Unfallbericht schreiben

Stellt euch vor, ihr bekommt in der nächsten Klassenarbeit die folgende Aufgabe gestellt:

Aufgabe

Die Bilder zeigen dir den Ablauf eines Unfalls. Pias Eltern möchten nach dem Unfall für die Versicherung wissen, was genau passiert ist. Verfasse anhand der Bilder und der Notizen einen Unfallbericht.

- *Unfall am Dienstag, dem 14. 08. 2012, 14:30 Uhr*
- *Cem Schuster (11) und Pia Hansen (12)*
- *Telefonat mit Frau Hansen, holt Tochter in der Eichenstraße ab*

Die Aufgabe richtig verstehen

1 a Schreibt aus der Aufgabe (▶ S. 56) die Stichworte heraus, die euch deutlich sagen, was ihr machen sollt.

b Erklärt euch anhand der Stichworte abwechselnd, was ihr bei dieser Aufgabe tun sollt.

Planen

2 a Verdeutlicht euch den Ablauf des Unfalls.
Notiert in Stichworten, was passiert ist, z. B.:

1. *Cem und Pia fahren mit Fahrrad Straße entlang*
2. *Hund springt auf Straße*
3. *Cem muss ...*
4. *...*

b Vergleicht in Partnerarbeit eure Stichworte.
Erklärt euch gegenseitig mit Hilfe der Stichworte den Ablauf des Unfalls.

3 a Plant mit Hilfe der W-Fragen den Aufbau eures Berichts.
Beachtet auch den Stichwortzettel (▶ S. 56), z. B.:

- *Wo? ...*
- *...*
- *Wer? Beteiligt waren ...*
- *...*

b Überlegt anhand eurer Stichworte, welche der folgenden Verben ihr für euren Bericht verwenden könnt.
Bildet das Präteritum in der passenden Personalform, z. B.:

- *entlangfahren → Cem und Pia fuhren ... entlang.*
- *spazieren gehen → Eine alte Frau ging spazieren.*

hinlaufen anhalten springen auffahren hinfallen
stürzen laufen stoppen abholen helfen
telefonieren stehen bleiben entlangfahren trösten
(sich den Arm) halten informieren sich kümmern
spazieren gehen

Schreiben

4 Verfasst mit Hilfe eurer Planung einen zusammenhängenden Unfallbericht.

a Beantwortet zu Beginn die W-Fragen Wann?, Wo?, Was?, z. B.:
- *Am Dienstag, dem 14.08.2012, ereignete sich in der Eichenstraße ein Auffahrunfall, an dem ... beteiligt waren ...*
- *In der Eichenstraße kam es am Dienstag, dem 14.08.2012, zu einem Auffahrunfall. Beteiligt waren ...*

b Formuliert sachlich. Vermeidet Spannungsmelder, persönliche Wertungen und Gefühle, z. B.:
- *~~Plötzlich~~ sprang ein Hund auf die Straße und ~~vor lauter Schreck~~ musste Cem ~~einfach~~ anhalten.*
  → *Ein Hund sprang auf die Straße und Cem musste anhalten.*

c Verknüpft Sätze, wenn es sinnvoll und möglich ist, z. B.:

- *Ein Hund sprang auf die Straße. Cem musste anhalten.*
  → *Als ein Hund auf die Straße sprang, musste Cem anhalten.*
  → *Cem musste anhalten, weil ein Hund auf die Straße sprang.*
- *Cem kümmerte sich um Pia. Pia hielt sich den Arm.*
  → *Cem kümmerte sich um Pia, denn sie hielt sich den Arm.*

d Gebt eurem Bericht eine knappe und sachliche Überschrift, z. B.:
- *Auffahrunfall ...*
- *Fahrrad ...*

Überarbeiten

5 Überarbeitet eure Unfallberichte mit Hilfe der folgenden Checkliste.

Checkliste

Einen Unfallbericht verfassen
- Habt ihr die **W-Fragen** in der Reihenfolge beantwortet, in der sie in der Regel in einem Bericht stehen?
- Habt ihr die Ereignisse in der **richtigen Reihenfolge** wiedergegeben?
- Habt ihr **sachlich** berichtet, persönliche Wertungen und Gefühle sowie die wörtliche Rede vermieden?
- Habt ihr den Unfallbericht im **Präteritum** verfasst?
- Habt ihr eure **Rechtschreibung und Zeichensetzung** geprüft?

Schreibwörter ► S. 234

der Triathlon	der Notizzettel	die Schulwebsite	der gute Zweck
der Wettkampf	die Stichworte	die Fußballnacht	der Auffahrunfall
die Distanz	das Ereignis	die Information	stürzen
positiv	die Unfallanzeige	die Organisation	informieren

4 In Bewegung – Beschreiben

1 Waveboard, Skateboard, Fahrrad, Inlineskates ... Womit bewegt ihr euch am liebsten fort?

2 Stellt euch vor, einer von den beiden auf dem Foto verliert in der Schule sein Skateboard. Der Hausmeister, bei dem er nachfragt, bittet um eine genaue Beschreibung.
a Erklärt, warum es sinnvoll ist, dass der Hausmeister eine Beschreibung verlangt.
b Wiederholt euer Wissen: Was sollte der Junge bei seiner Beschreibung beachten?

3 Eine Person, die kein Skateboard fährt, möchte wissen, wie man sich darauf fortbewegt. Beschreibt, wie man darauf fährt, z. B.:
Um Skateboard zu fahren, ist es wichtig, dass man zuerst ...

In diesem Kapitel ...
- übt ihr, wie man Gegenstände treffend beschreibt,
- verfasst ihr Wegbeschreibungen,
- beschreibt ihr einen Zaubertrick so, dass man ihn nachmachen kann.

4.1 Gegenstände und Wege – Treffend beschreiben

Welche Merkmale hat der Gegenstand?

1 Jannis hat Geburtstag und wünscht sich von seinen Großeltern das Waveboard auf dem Foto. Die Großeltern bitten ihn um eine genaue Beschreibung.
Wählt Aufgabe a oder b.

●○○ **a** In der folgenden Liste finden sich drei Merkmale, die nicht dahin gehören. Sucht sie.

> rosa grün Pedale achtförmig schwarze Noppen zugespitzt silbern zwei Rollen Lenkstick Graffitimusterung zweiteilig

●●● **b** Nennt die Merkmale des Waveboards, die Jannis beschreiben sollte. Begründet.

2 Bei einer Beschreibung kommt es auf eine genaue Sprache an. Arbeitet zu zweit. Skizziert in euren Heften das Waveboard. Ordnet die nachstehenden Fachbegriffe zu.

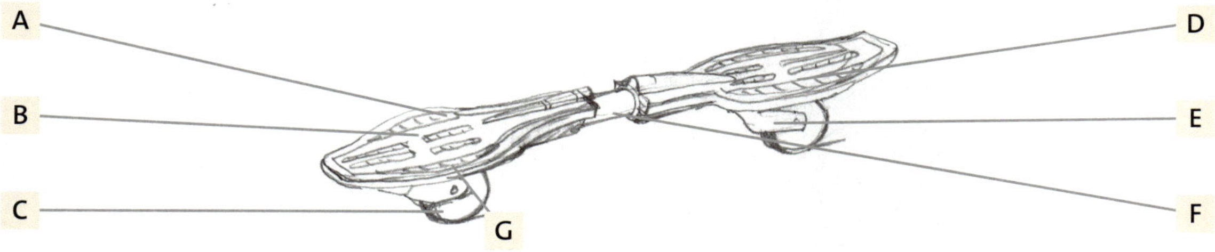

> die Inlinerollen • die Radaufhängung (der Caster) • das Vorderdeck • das Hinterdeck • die Verbindungsstange • das Griptape (die rutschfeste Trittfläche) • der Rutschhemmer aus Noppen

3 Wie lassen sich die einzelnen Merkmale des Waveboards genauer beschreiben?

a Übertragt die folgende Tabelle ins Heft.
Ordnet aus den Formulierungshilfen passende Wörter für Form, Materialien und Farben zu.

b Vergleicht eure Ergebnisse.

	Form	Materialien	Farben
das Deck	*achtförmig, leicht nach oben gebogen*	*stabiler/robuster Kunststoff*	…
die Radaufhängung	…	…	…
die Inlinerollen	…	…	…
die Rutschhemmer	…	…	…

Formulierungshilfen – Einen Gegenstand beschreiben

Die Form

achtförmig: 8 rund: ◯ abgerundet: ▢ eckig: □

oval: ⬭ wellenförmig: ∼ gerade: — schräg: /

nach oben gebogen: ◡ nach unten gebogen: ◠

Das Material

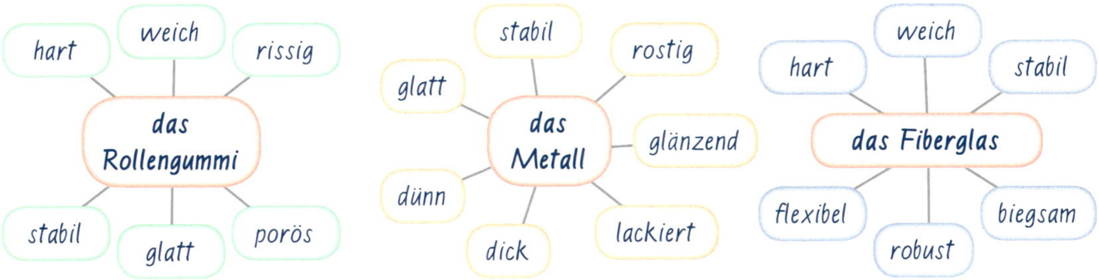

Die Farbe

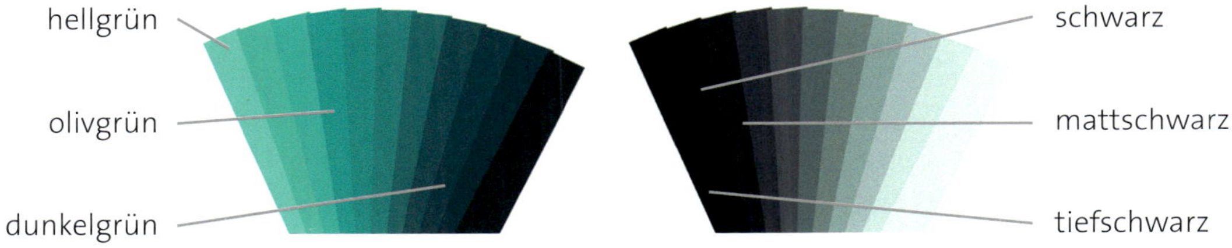

4 Erklärt, warum es sinnvoll ist, nicht alle Einzelheiten des Waveboards zu beschreiben.

5 **a** Prüft folgende Textanfänge: Welcher Text beginnt mit der allgemeinen Bestimmung des Gegenstandes? In welchem ist es genau umgekehrt?

> **A** *Das Waveboard ist etwa 50 cm lang und hat die Form einer Acht. Es besteht aus stabilem Kunststoff und ist überwiegend grün. Die Oberfläche der beiden Decks ist helllila, grün und rot gemustert. Die beiden Radaufhängungen ...*
>
> **B** *An dem Waveboard fallen die schwarzen, genoppten Rutschhemmer auf, die auf den Decks verteilt sind. Das Waveboard ist etwa 50 cm lang und ...*

b Warum ist es sinnvoll, zunächst den Gegenstand allgemein zu benennen und dann die weiteren Einzelheiten? Erklärt.

6 Beschreibt mit Hilfe eurer Vorarbeiten das Waveboard, das sich Jannis wünscht.
Plant den Aufbau eurer Beschreibung.
Ergänzt mit Hilfe eurer Stichworte aus Aufgabe 3 (► S. 61) den folgenden Schreibplan.
Tipp: Gliedert so, dass der Blick vom Allgemeinen zum Besonderen wandert.

Art des Gegenstands, Größe
– Waveboard (Marke), achtförmiges, leicht nach ...

Weitere Einzelheiten
– ...

Besonderheiten
– ...

7 Beschreibt in einem zusammenhängenden Text das Waveboard so, dass die Großeltern genau wissen, welches sie Jannis schenken sollen. Beginnt z. B. so:

> *Liebe Oma, lieber Opa,*
> *das Waveboard, das ich mir wünsche, ist etwa 50 cm lang und hat ein achtförmiges, leicht nach oben gebogenes Deck, das aus stabilem Kunststoff besteht. Auf der Unterseite ...*

8 Überarbeitet eure Beschreibungen in Partnerarbeit. Nutzt die folgenden Hinweise.

Methode **Einen Gegenstand beschreiben**

Damit andere sich eine genaue Vorstellung von einem Gegenstand (z. B. für einen Wunsch) machen können, solltet ihr ihn in einer sinnvollen **Reihenfolge treffend** beschreiben:

- Beginnt mit der **Art** des Gegenstands (z. B. der Marke), der **Größe,** der **Form,** dem **Hauptmaterial** und der **Hauptfarbe,** z. B.:
  Das Skateboard (der Marke) ... hat ein breites, stabiles Deck aus grauem, beschichtetem Holz.
- Beschreibt dann **weitere Einzelheiten** und deren **Farben, Formen** und **Materialien,** z. B.:
  An der Unterseite befinden sich die Radaufhängungen, an denen schwarze ...
- Nennt zum Schluss **Besonderheiten,** z. B.: *Besonders auffällig ist der rote Schriftzug auf ...*
- Schreibt im **Präsens** (Gegenwartsform, ► S. 260).

Üben – Eine Gegenstandsbeschreibung verfassen

der Rahmen das Sattelrohr der Lenker
der Sattel die Sattelstütze
das Schutzblech die Reifen die Speichen
die Bremse der Kettenschutz die Pedale
der Scheinwerfer die Gabel die Felge

Planen

1 a Wählt eines der drei Fahrräder aus, um es genau zu beschreiben.
Eure Mitschüler sollen anschließend erraten, welches ihr gewählt habt.

b Plant den Aufbau eurer Beschreibung.
Bringt die Merkmale, die ihr beschreiben wollt, in eine sinnvolle Reihenfolge.
Tipp: Benennt Formen, Materialien und Farben. Ergänzt passende Adjektive (▶ S. 171).

Art des Gegenstands, Größe ...
– *rotes Fahrrad, stabiler, auffälliger Stahlrahmen, ...*

Weitere Einzelheiten
– *schwarze, dicke Reifen, feine, silberfarbene Speichen, ...*

Besonderheiten
– *besonders auffällig: breite, rote Gepäckträger vorne und hinten, ...*

Schreiben

2 Verfasst eine Beschreibung des Fahrrads, das ihr ausgewählt habt. Nutzt für eure Beschreibung folgende Satzbausteine.

Mein Fahrrad hat einen stabilen, auffälligen Stahlrahmen. Dieser ist fast überall dunkelrot, nur ...
... Das Fahrrad hat vorne und hinten ein Schutzblech, das aus leichtem, hellrotem Metall hergestellt ist. Felgen und Speichen sind ... Vorne sieht man ...
Besonders auffällig ist an meinem Fahrrad, dass .../Bei meinem Fahrrad fällt der/die ... am ... auf ...

Vom Allgemeinen ↓ zum Besonderen.

Überarbeiten

3 Bevor ein Text fertig ist, sollte man prüfen, ob man ihn nicht noch verbessern kann. Wählt Aufgabe a oder b.

●●● **a** Überarbeitet eure Gegenstandsbeschreibungen mit Hilfe der Textlupen-Methode (► S. 88).

●○○ **b** Lest den folgenden Ausschnitt aus einer Beschreibung. Überarbeitet ihn mit Hilfe der folgenden Tipps in eurem Heft.

... Das Fahrrad hat einen schwarzen, breiten Ledersattel. Das Fahrrad hat eine lange vordere Gabel. Das Fahrrad hat einen roten Kettenschutz, der unten geöffnet ist ...

Tipps:
- Ersetzt Nomen durch Pronomen oder verwendet unterschiedliche Satzanfänge, z. B.:
  Das Fahrrad hat schwarzgraue, dicke Reifen.
  ~~*Das Fahrrad*~~ ***Es*** *hat ...*
  Das Fahrrad hat schwarzgraue, dicke Reifen.
  Außerdem *hat* ~~*das Fahrrad*~~ ***es*** *...*
- Verwendet abwechslungsreiche Verben, z. B.: sich befinden, erkennbar sein, auffallen, befestigt sein, ...
  Das Fahrrad hat einen besonderen Lenker.
  Auf der Lenkstange ~~*hat es*~~ ***befindet sich*** *...*

4 **a** Lest eure Beschreibungen vor. Die anderen erraten, welches Fahrrad ihr beschrieben habt.

b Gebt euch eine Rückmeldung. Begründet: Was hat euch geholfen, das Fahrrad zu bestimmen? Was war hinderlich?

Wege beschreiben

Hi Leo! Wir sind im Zoo am Nashorngehege. Hast du Lust, zu uns zu kommen?
Sinan und Tom

1 a Lest die oben stehende Nachricht.
b Leo beschließt, seine Freunde aufzusuchen. Da er sich im Zoo nicht auskennt, muss er nach dem Weg fragen. Formuliert Leos Frage.

2 Ein Zooangestellter beschreibt Leo, wie er am schnellsten zum Nashorngehege gelangt.
a Erarbeitet euch die folgende Wegbeschreibung zu zweit:
Einer liest den Text langsam vor. Der andere verfolgt mit dem Finger den Weg auf der Karte.

Du startest hier am Parkplatz an der Seilbahn und gehst zunächst rechts an der Wiese vorbei, bis du den Haupteingang auf der rechten Seite siehst. Durch diesen gehst du hindurch und biegst dann links in den Weg ein. Anschließend läufst du geradeaus weiter an den Flamingos und dem Zoo-Restaurant vorbei. An der ersten Abzweigung links biegst du ein, dann nach rechts. Zum Schluss läufst du nur noch ein bisschen geradeaus und siehst auf der rechten Seite das Nashorngehege.

b Schreibt alle Richtungsangaben aus der Beschreibung heraus.
Veranschaulicht jede Richtungsangabe durch eine kleine Zeichnung, z. B.:

– an ... vorbei →   – hindurch →

c War die Beschreibung des Zooangestellten hilfreich? Begründet.

3 Untersucht die Sprache in einer Wegbeschreibung.

a **Präpositionen** (► S. 178) können Richtungen und Aufenthaltsorte angeben. Nennt die Präposition, die in den beiden folgenden Sätzen verwendet wird.

A Wir gehen auf den Pausenhof.	**B** Wir stehen auf dem Pausenhof.

b Bestimmt den **Fall** (Kasus, ► S. 170). Ordnet jedem Satz eine der folgenden Fragen zu:

Dativ: Wo ...?	Akkusativ: Wohin ...?

c Formuliert zu folgenden Präpositionen sinnvolle Beispielsätze für eine Wegbeschreibung:

auf in an über unter vor hinter neben zwischen

d Bestimmt für eure Sätze den **Fall** (Kasus). Nutzt die Fragen aus Aufgabe b, z. B.:
- *Du läufst vor die Sporthalle.* → *Wohin? = Akkusativ*
- *Du stehst vor der Sporthalle.* → *Wo? = Dativ*

4 Schreibt aus der Wegbeschreibung auf S. 65 alle Wörter heraus, mit denen die **Reihenfolge** angegeben wird: *zunächst, ...*

5 Bestimmt die **Zeitform,** in der die Wegbeschreibung auf S. 65 verfasst ist.

6 Formuliert mit Hilfe der Zookarte (► S. 65) eigene Wegbeschreibungen. Bearbeitet Aufgabe a oder b.

●○○ a Beschreibt Leo den Weg vom Nashorngehege zum Bärengehege. Nutzt folgende Satzbausteine:

Du startest an ... und gehst zunächst ... • Anschließend läufst du ..., um dann in ... einzubiegen. • Danach ...

●●● b Stellt euch vor, ihr sollt euch einen Rundgang durch den Zoo ausdenken, bei dem man möglichst viel sehen und erleben kann. Beschreibt den Weg, den man eurer Meinung nach nehmen sollte.

c Stellt einander eure Ergebnisse vor.

Methode **Einen Weg beschreiben**

- Nennt zu Beginn den **Startpunkt (und das Ziel),** z. B.:
  Um von der Schule zur Sporthalle zu gelangen, ... *Von der Schule geht man ...*
  Man geht von der Schule aus zuerst ...
- Beschreibt den Weg in der **richtigen Reihenfolge** und formuliert abwechslungsreich, z. B.:
  zunächst, zuerst, zu Beginn, dann, danach, anschließend, schließlich, zuletzt, ...
- Verwendet sinnvolle **Richtungsangaben** und nennt **Orte,** die man leicht erkennt, z. B.:
  Man biegt am Tennisplatz zunächst links in ... ein, geht geradeaus die ... weiter, biegt an der zweiten Kreuzung rechts in ... ein, überquert die ..., läuft unter der Holzbrücke ... hindurch ...
- Formuliert im **Präsens** (Gegenwartsform, ► S. 260).

Teste dich!

Entwurf

L *Besonders auffällig ist ein witziger, grauer Ring in der Mitte der Gabel.*

A *An den Aluminium-Pedalen befinden sich schwarze Kunststoffpedale mit Reflektoren.*

M *Das 20-Zoll-Einrad hat eine supergelbe Gabel aus Chrom und einen schwarzen, dicken Gummireifen.*

A *Der schwarze, lustige Kunststoffsattel ist vorne und hinten leicht nach oben gebogen.*

T *Vorne und hinten sind zwei gelbe Griffe.*

E *Die stabile Sattelstütze steckt in einer Federung.*

I *Die Felgen und die Speichen des Einrads haben eine komische Farbe.*

R *Die Sattelstütze ist mit einer grauen Schraube in der Gabel befestigt.*

1 In einem Fachkatalog für Sporträder soll neben diesem Foto eines Einrads ein Text mit seiner genauen Beschreibung stehen.
Der Textentwurf ist noch nicht ganz gelungen.

a Prüfe Satz für Satz: Welche Adjektive passen nicht?
Tipp: Es sind vier Adjektive.
Notiere den entsprechenden Großbuchstaben vor dem Satz in dein Heft.

b Schreibe neben den Buchstaben eines der folgenden Adjektive, das sich besser eignet.

breit weiß groß lang weit beige schmal dünn schwer robust schön
langweilig hellgrau wellig rund sonnengelb eckig oval

c Ordne die Sätze des Entwurfs so, dass das Einrad in der richtigen Reihenfolge beschrieben wird. Schreibe den Text in dein Heft und ergänze die Adjektive aus Aufgabe 1b.
Tipp: Ihr könnt das Einrad am besten von oben nach unten und vom Allgemeinen zum Besonderen beschreiben.

d Richtig geordnet, ergeben die Großbuchstaben ein Lösungswort. Wie lautet es?

2 Vergleiche deine Arbeitsergebnisse mit einem Lernpartner.

4.2 Nichts leichter als das! – Vorgänge beschreiben

In der Zauberschule

1
a Wer von euch kann einen Zaubertrick und hat ihn schon einmal vorgeführt? Berichtet davon.
b Lest die Notizen rechts, die sich ein Schüler zu dem Trick mit dem magischen Riesenring gemacht hat. Nennt die Verben.
c Die folgenden Abbildungen zeigen euch, wie der magische Riesenringtrick funktioniert. Beurteilt: Geben die Notizen des Schülers alle Schritte in der richtigen Reihenfolge wieder?

Magischer Riesenring

1. 1 m langen und 4 cm breiten Papierstreifen zu Ring zusammenkleben
2. Ring dem Publikum präsentieren
3. Ring entlang der Mitte in zwei Hälften schneiden
4. beide Hälften in der Hand halten
5. ankündigen: Aus zwei Ringen wird einer!

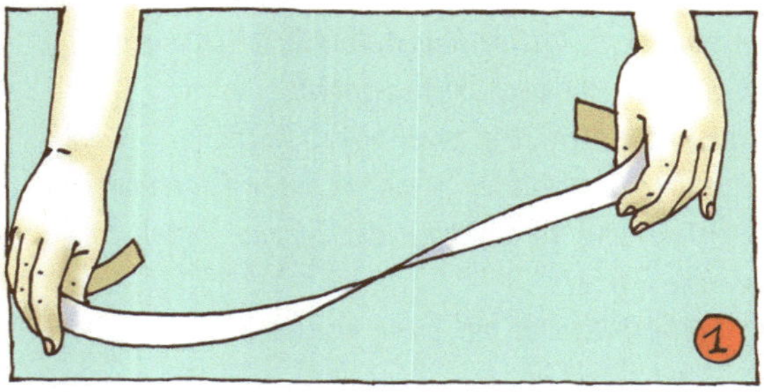

Schritt 1: Papierstreifen einmal in sich drehen

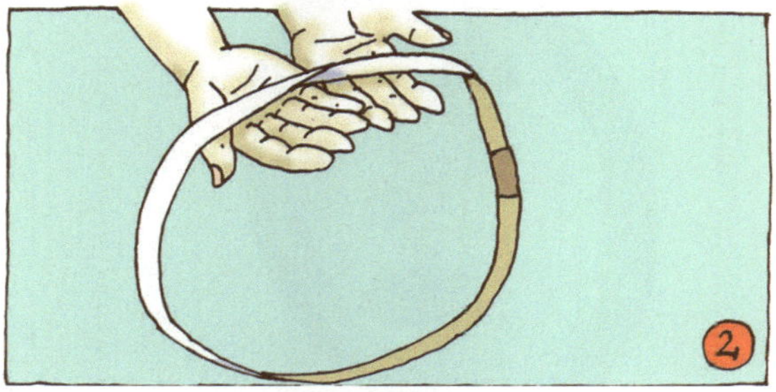

Schritt 2: verdrehten Papierstreifen zusammenkleben, Ring dem Publikum präsentieren

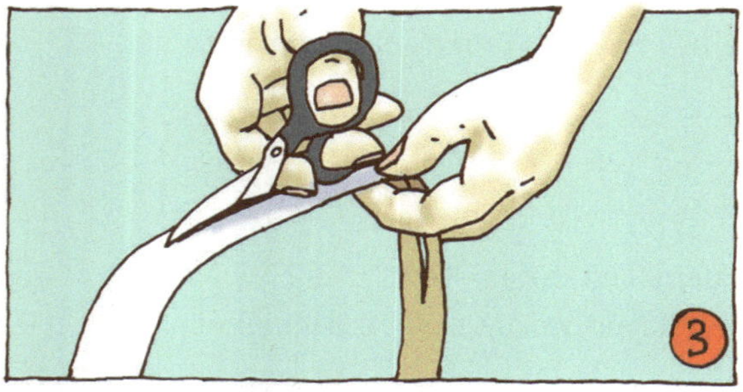

Schritt 3: Ring entlang der Mitte zerschneiden

Schritt 4: zerschnittenen Papierstreifen in der Hand halten

Schritt 5: Hand mit dem Papierstreifen hin- und herschwingen, Zauberspruch aufsagen

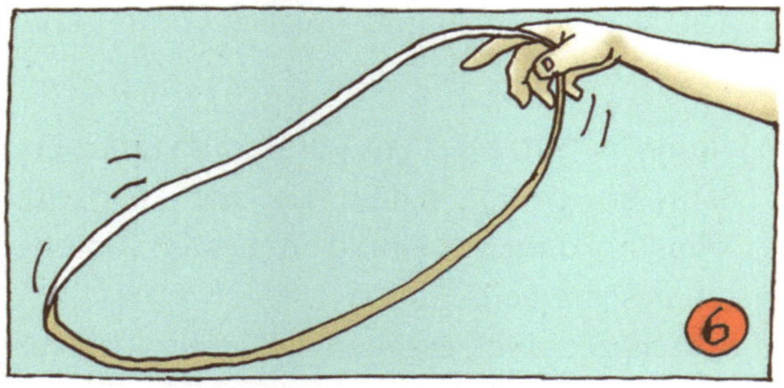

Schritt 6: einen Ring aus den Fingern gleiten lassen, beide Ringe werden zu großem Ring

Planen

2 Beschreibt den Ringtrick so, dass ihn eine andere Person nachmachen kann.

a Probiert den Trick zuerst selbst aus. Worauf müsst ihr dabei besonders achten? Notiert Punkte, die ihr in eurer Beschreibung erwähnen solltet.

b Plant den Aufbau eurer Beschreibung. Notiert Stichworte.
Tipp: Nutzt die Verben vom Notizzettel aus Aufgabe 1b (► S. 68).

Material: ein Papierstreifen (1 m x 4 cm), ...

1. Schritt: Papierstreifen ...

2. Schritt: ...

Schreiben

3 Verfasst mit Hilfe eurer Planung einen vollständigen Text. Nutzt die Wörter im rechten Kasten.
Tipp: Schreibt im Präsens. Beachtet die Methode „Einen Vorgang beschreiben".

Der magische Ring
Für den Trick mit dem Riesenring benötigt man einen Papierstreifen (1 m x 4 cm), Klebeband und eine Schere. Zunächst ...

zunächst am Anfang zu Beginn
danach später dann anschließend
nun jetzt nach einer Weile schließlich
zum Schluss am Ende

Überarbeiten

4 Überarbeitet eure Vorgangsbeschreibungen in Partnerarbeit.

5 Einrad fahren, Geheimtinte entwickeln, Riesenseifenblasen machen ...
Beschreibt einen Vorgang eurer Wahl und stellt ihn euren Mitschülern vor.

Methode **Einen Vorgang beschreiben**

Bei einer **Vorgangsbeschreibung** wird ein Vorgang so beschrieben, dass ihn **eine andere Person** nachmachen kann. Vorgangsbeschreibungen sind z. B.:
Bastelanleitungen, Spielanleitungen, Gebrauchsanweisungen oder Kochrezepte.

- Zuerst werden die **Materialien genannt,** die für den Vorgang benötigt werden.
- Danach sind die einzelnen **Schritte** des Vorgangs sachlich und **genau** und in der **richtigen Reihenfolge** zu beschreiben.
- Mit **unterschiedlichen Satzanfängen** kann die Reihenfolge der Schritte abwechslungsreich formuliert werden, z. B.: *Am Anfang ..., danach ..., zuletzt ...*
- Eine Vorgangsbeschreibung steht im **Präsens** (Gegenwartsform, ► S. 260).

Einen Münztrick beschreiben

Hallo Marek!

Heute wollte ich den Münztrick ausprobieren, den du mir beigebracht hast.
Als ich aber den Trick meinem Bruder vorführte, klappte er gar nicht.
Mein Bruder hat meine linke Hand einfach nicht aus den Augen gelassen.
Könntest du mir noch einmal beschreiben, wie man bei dem Trick vorgehen muss?

Viele Grüße
Lilly

1 (Partnerarbeit)
- **a** Gebt wieder, warum Lilly Marek schreibt.
- **b** Betrachtet die folgenden Bilder zum Münztrick. Erklärt euch in Partnerarbeit, wie der Trick funktioniert.
- **c** Erläutert: Was hätte Lilly tun müssen, damit ihr Bruder auf den Trick reinfällt?

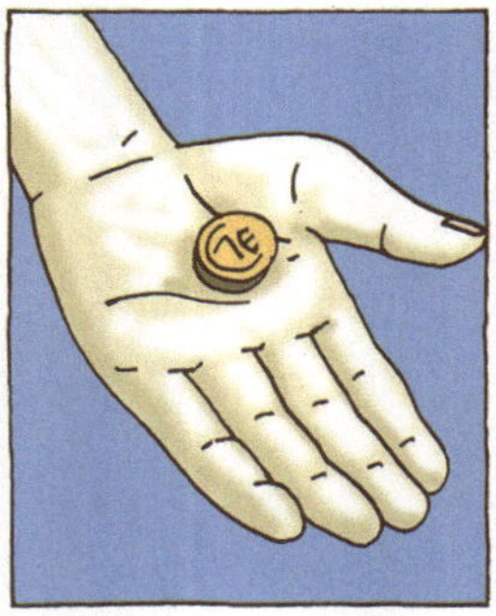

Münze nah an Daumen legen

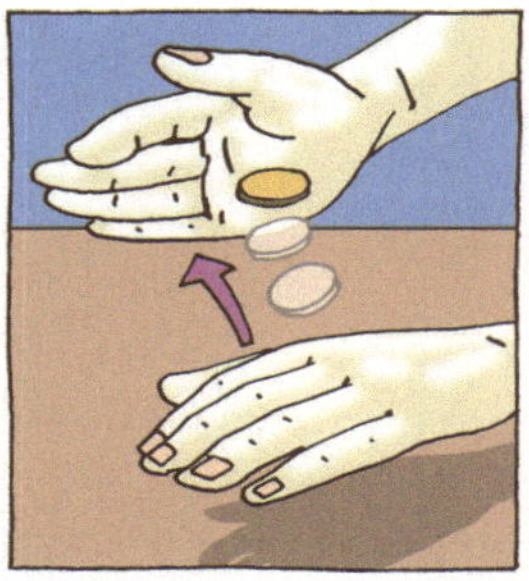

Hände umdrehen, Münze hinüberschnippen, Publikum (z. B. durch Zauberspruch) ablenken

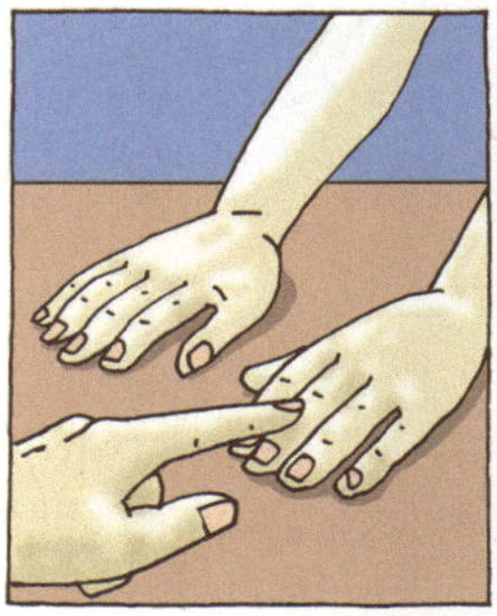

Zuschauer zeigt auf Hand

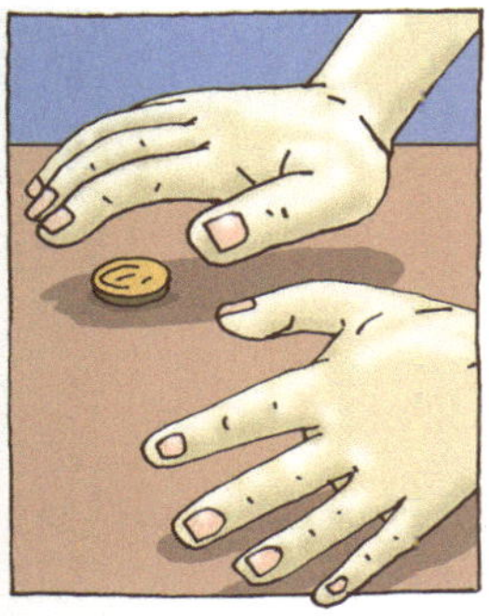

Münze aufdecken

2 ●●● Verfasst Mareks Antwort, in der er beschreibt, wie man bei dem Trick vorgeht.
- **a** Probiert den Trick aus. Notiert Punkte, die ihr in eurer Beschreibung erwähnen solltet.
- **b** Plant den Aufbau eurer Vorgangsbeschreibung.

▷ Eine Hilfe zu Aufgabe 2 b findet ihr auf Seite 71.

3 ●●● Formuliert einen zusammenhängenden Text. Nutzt z. B. Folgendes: *... danke für deine Mail. Mir fiel der Münztrick zuerst ..., aber mit ein bisschen ... geht es dann. Du brauchst dafür eine ... Am Anfang ...*

▷ Hilfe zu 3, Seite 71

4 ●●● (Partnerarbeit) Überarbeitet eure Texte in Partnerarbeit.

▷ Hilfe zu 4, Seite 71

Aufgabe 2 mit Hilfe

Verfasst Mareks Antwort, in der er beschreibt, wie man bei dem Trick vorgeht.

a Probiert den Trick aus. Notiert Punkte, die ihr in eurer Beschreibung erwähnen solltet.

b Notiert zum benötigten Material und zu den einzelnen Schritten passende Stichworte. Die folgenden Verben helfen euch.

legen umdrehen hinüberschnippen auffangen drehen festhalten öffnen

Material: eine Geldmünze (nicht zu groß), ...

1. Schritt: Münze in die Handfläche nah an den Daumen legen

2. Schritt: beide Handflächen schnell umdrehen, Münze unauffällig hinüberschnippen, ...

3. Schritt: ...

Aufgabe 3 mit Hilfe

Formuliert einen zusammenhängenden Text. Ihr könnt folgende Textteile verwenden:

... Für den Trick brauchst du eine nicht zu große Geldmünze. Am Anfang legst du die Münze in deine Handfläche nah an den Daumen. Dann drehst du beide Hände schnell um und schnippst unauffällig ...
... Mein Kartentrick klappt übrigens auch noch nicht so gut. Jch muss wohl noch ein bisschen üben.

Viel Spaß beim Münztrick!
Marek

Tipp: Mit diesen Wörtern könnt ihr die Reihenfolge der Schritte abwechslungsreicher formulieren:

danach anschließend schließlich zum Schluss

Aufgabe 4 mit Hilfe

Überarbeitet eure Texte in Partnerarbeit. Nutzt die Checkliste.

Checkliste

Einen Vorgang beschreiben

Habt ihr ...
- zu Beginn eurer Beschreibung alle **Materialien** genannt, die benötigt werden?
- den Vorgang **vollständig** beschrieben?
- die richtige **Reihenfolge** der Schritte eingehalten?
- **abwechslungsreiche** Satzanfänge verwendet?
- die Arbeitsschritte im **Präsens** (Gegenwartsform, ► S. 260) beschrieben?
- die **Rechtschreibung** und **Zeichensetzung** überprüft?

4.3 Fit in ...! – Einen Gegenstand beschreiben

Stellt euch vor, ihr bekommt in der nächsten Klassenarbeit die folgende Aufgabe gestellt:

Kickboard vermisst!
Gestern, am 08.12.12, habe ich mein Kickboard auf dem Sportplatz liegen lassen.

Es ist ...

Meldet euch bei Sahan (0176-1234567)
Danke im Voraus!

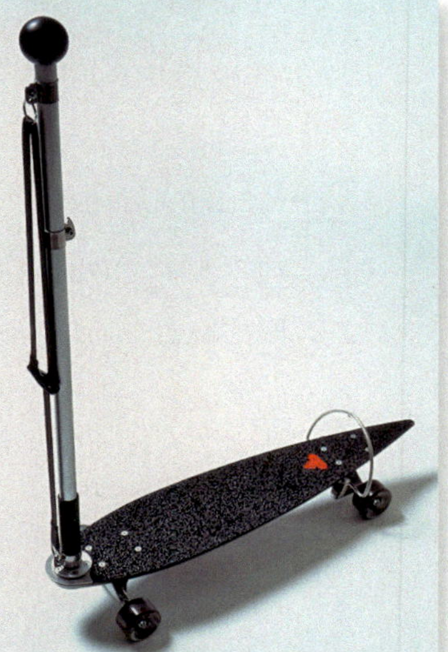

Aufgabe
Sahan hat sein Kickboard (siehe Foto) liegen lassen. Er möchte es in einer Suchanzeige so beschreiben, dass es eindeutig als sein Kickboard erkannt werden kann. Ergänze in Sahans Suchanzeige eine genaue Beschreibung des Kickboards.

Die Aufgabe richtig verstehen

1 a Was müsst ihr tun, um die Aufgabe zu lösen?
Sucht aus den folgenden Aussagen die richtigen heraus. Notiert die Buchstaben.
b Ordnet die Buchstaben zu einem Lösungswort. Es ist ein Fachbegriff.

Wir sollen ...	
D	... das Kickboard in einer bestimmten Reihenfolge beschreiben: vom Großen (von den allgemeinen Angaben) zum Kleinen (zu den wichtigen Einzelheiten).
A	... jede noch so winzige Einzelheit des Kickboards (z. B. Größe, Farbe und Form der Schrauben) genau beschreiben.
U	... die Suchanzeige mit einer passenden Beschreibung des Kickboards vollständig neu schreiben.
E	... die Merkmale des Kickboards anhand passender Adjektive für Form, Material und Farbe beschreiben.
C	... das Kickboard so beschreiben, dass es von einem Finder eindeutig erkannt werden kann.
K	... eine passende Beschreibung des Kickboards in die schon vorhandene Suchanzeige „einbauen", also den bisherigen Text übernehmen.

Planen

2 a Macht euch mit dem Kickboard vertraut. Zeichnet es ins Heft.
b Ordnet eurer Zeichnung die nachstehenden Fachbegriffe zu.

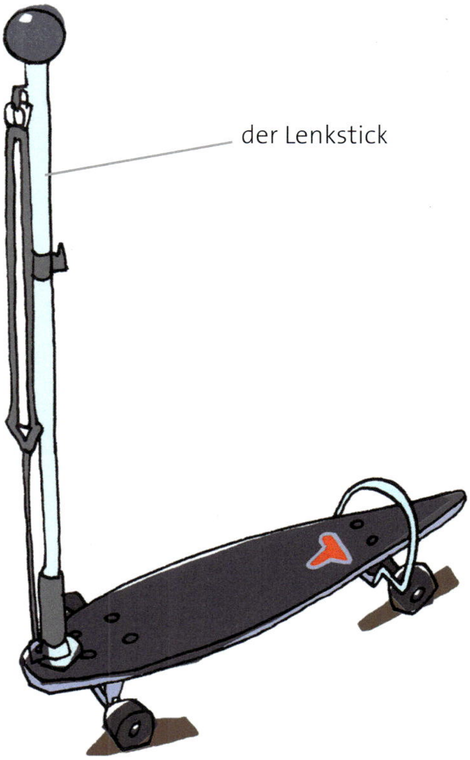

der Knauf • das Deck • der Lenkstick • die Hinterradbremse • die Rollen • das Griptape (die rutschfeste Trittfläche) • die Achse • der Bremszug • die Bremse

c Wählt aus der Tabelle passende Begriffe aus für ...
– die Materialien, aus denen das Kickboard besteht,
– das Aussehen dieser Materialien.
Ordnet diese Begriffe eurer Zeichnung richtig zu.

Materialien	Aussehen
das Holz das Aluminium das Gummi der Kunststoff	lang dünn stabil oval hinten zugespitzt klein schmal beweglich auffällig bunt zerkratzt beklebt glänzend matt schwarz grau silberfarben rot weiß

3 Plant den Aufbau der Beschreibung.
a Listet die Merkmale, die ihr beschreiben wollt, in einer sinnvollen Reihenfolge auf.
b Ergänzt passende Adjektive.

Art des Gegenstandes, Größe
- *schwarz-silberfarbenes Kickboard mit etwa 80 cm langem Lenkstick (Aluminium)*

Weitere Einzelheiten
- *schwarzer, glänzender Knauf aus Kunststoff*
- *mattschwarzes Deck aus Holz mit Trittfläche (robust)*
- ...

Besonderheiten
- *besonders auffällig: kleines rotes dreieckähnliches Zeichen am hinteren Teil des Decks*
- ...

Schreiben

4 Verfasst die Beschreibung für die Suchanzeige. Beachtet die Übersicht.

Überschrift	*Kickboard vermisst!*
Einleitungssatz	*Gestern, am 08.12.12, habe ich mein …*
Beginn der Beschreibung – Art des Gegenstands, Größe, Form, Hauptmaterial, Hauptfarbe – weitere Einzelheiten (Farben, Formen, Materialien)	*Es ist ein schwarz-silberfarbenes Kickboard …* *Am Ende des Lenksticks befindet sich ein schwarzer, …* *Vorn am Lenkstick …*
Schluss besondere Kennzeichen	*Besonders auffällig ist ein kleines …* *Ein kleines rotes Dreieck auf dem … fällt sofort ins Auge.*
Kontaktdaten	*Meldet euch bei Sahan (0176-1234567)*
Dank	*Vielen Dank für die Hilfe!* *Ich bin für jeden Tipp dankbar!*

Überarbeiten

5 Überarbeitet eure Suchanzeigen. Nutzt die Checkliste.

Checkliste

Einen Gegenstand für eine Suchanzeige beschreiben

Aufbau
- Habt ihr eine **passende Überschrift** formuliert?
- Gibt es einen **Einleitungssatz,** in dem steht, worum es geht?
- Habt ihr den Gegenstand so beschrieben, dass er wiedergefunden werden kann: vom **Allgemeinen zum Besonderen?**
- Nennt ihr zum Schluss **Kontaktdaten?**
- Formuliert ihr einen **Dank?**

Sprache
- Verwendet ihr für eure Beschreibung **treffende Adjektive** für Farben und Formen?
- Habt ihr eure Beschreibung im **Präsens** (Gegenwartsform, ► S. 260) verfasst?
- Habt ihr noch einmal **Rechtschreibung** und **Zeichensetzung** überprüft?

Schreibwörter ► S. 234

das Waveboard	oval	einbiegen	der Zaubertrick
das Skateboard	wellenförmig	überqueren	die Materialien
das Deck	achtförmig	entlanggehen	vorführen
eckig	quadratisch	anhalten	vollständig

5 Unglaublich! – Lügengeschichten lesen, vortragen und schreiben

1 a Auf dem Bild ist der Lügenbaron Münchhausen zu sehen. Überlegt euch eine Geschichte, die zu dem Bild passen könnte.
b Tragt sie mündlich in der Klasse vor.

2 Kennt ihr andere Abenteuer vom Baron Münchhausen? Erzählt ein solches Abenteuer.

3 Sammelt Gründe, warum Lügen erzählt werden. Welche Erfahrungen habt ihr mit Lügen in eurem Umfeld gemacht?

In diesem Kapitel ...

- untersucht ihr, an welchen Merkmalen ihr Lügengeschichten erkennt,
- übt ihr das Vorlesen von Lügengeschichten,
- schreibt ihr selbst Lügengeschichten.

5.1 Die Meisterlügner – Lügengeschichten untersuchen und vorlesen

Ingrid Uebe

Münchhausens Ritt auf der Kanonenkugel

Der Baron Münchhausen gehört zu den bekanntesten Erzählern von Lügengeschichten und hat wirklich gelebt (1720–1797). Seine Geschichten sind immer wieder neu erzählt worden.

Im Krieg war ich ein tapferer Soldat. Ich kämpfte immer in vorderster Reihe. Von da aus sah ich allen Feinden furchtlos ins Auge und dachte niemals an Flucht. So mancher General schätzte sich glücklich, mich in seiner Truppe zu haben. Und selbst der russische Zar sprach mir bei einem Besuch seine Bewunderung aus.

Jeder, der mich kennt, weiß, dass ich ein vorzüglicher Reiter bin. Ich bin es nicht nur zu Pferd, wie mein nächstes Abenteuer beweist.

Leider weiß ich nicht mehr, bei welchem Feldzug und in welchem Land die Geschichte passierte. Ich erinnere mich nur noch, dass wir eine Stadt belagerten, über die unser General gern Genaueres in Erfahrung gebracht hätte. Deshalb war er auf der Suche nach einem Spion. Der sollte herausfinden, wie viele Soldaten sich in der Festung aufhielten und wo sie ihre Waffen gelagert hatten. Die Stadt war jedoch so durch Mauern, Vorposten und Wachen gesichert, dass kein Kundschafter eindringen konnte. Selbst wenn es einen Durchschlupf gegeben hätte, so wäre niemand bereit gewesen, einen derartig gefährlichen Auftrag anzunehmen.

Ich aber hatte eine Idee! Mag sein, dass ich sie allzu schnell in die Tat umsetzte. Geradezu glühend vor Eifer und Mut ging ich zu der großen Kanone, mit der man die feindliche Stadt beschießen wollte. Unbemerkt duckte ich mich daneben. Und genau in dem Moment, als sie abgefeuert wurde, sprang ich mit einem einzigen großen Satz auf die heraussausende Kugel und ließ mich der Festung entgegentragen.

Es war ein toller Ritt! Die Kugel bewegte sich schneller als mein schnellstes Pferd. Ich stieß einen Jubelschrei nach dem anderen aus. Als ich die Hälfte der Strecke zurückgelegt hatte, kamen mir allerdings große Bedenken. Vor mir lag die Stadt, in die ich nun zweifellos ohne Weiteres hineinkommen würde. Aber wie sollte ich wieder herauskommen? Hinter den Festungsmauern lauerten die Feinde. Sicher würden sie mich auf den ersten Blick als Spion erkennen und sogar hinter Gitter bringen, vielleicht sogar an den Galgen hängen! Ich muss zugeben, dass mir eine Gänsehaut über den Rücken lief. In wenigen Sekunden würde ich mitten im Feindesland sein. Dennoch biss ich die Zähne zusammen und hielt die Augen nach einem Ausweg offen.

Ich tat es zu meinem Glück! Direkt vor mir flog

nämlich eine Kanonenkugel aus der Festung und nahm Kurs auf unser Lager. Genau in dem Augenblick, als sie an mir vorbeizischen wollte, schwang ich mich mit einem gezielten Sprung hinüber. Ich ritt auf der zweiten Kugel so gut wie auf der ersten und landete bald wohlbehalten bei unserer Armee. Zwar war mein Plan nicht ganz aufgegangen, aber ich war recht zufrieden, wieder bei meinen Kameraden zu sein. Und ich musste auch zugeben, dass ich doch lieber auf einem Pferd als auf einer Kanonenkugel saß.

1 Habt ihr euch eine ähnliche Geschichte zum Bild auf Seite 75 ausgedacht? Vergleicht.

2 Erläutert, worin Münchhausens wesentliche Lüge besteht.

3 Fasst den Inhalt der Geschichte in fünf Sätzen knapp zusammen.
Falls ihr eine Hilfe benötigt, könnt ihr zwischen Möglichkeit a oder b wählen.

●●○ a Lest Abschnitt für Abschnitt die Zeilen 1–8, 9–26, 27–35, 36–52 und 53–65 und notiert je Abschnitt in einem Satz, was geschieht.

●○○ b Lest nacheinander die folgenden Abschnitte der Geschichte und führt die angegebenen Satzanfänge in eurem Heft fort.

Zeile 1–8: Münchhausen ist immer schon ein tapferer Soldat und sehr guter ...
Zeile 9–26: Bei der Belagerung einer gut bewachten Stadt mit hohen Mauern ...
Zeile 27–35: Münchhausen hat eine Idee, er ...
Zeile 36–52: Doch bei seinem Ritt auf der Kugel kommen Münchhausen Bedenken: Wie ...
Zeile 53–65: Münchhausen sieht, dass eine ...

4 Alles gelogen? Der Lügenbaron Münchhausen versucht, dadurch glaubhaft zu wirken, dass er Lügen mit der Wirklichkeit vermischt.

a Listet in euren Heften auf, was euch an seiner Geschichte glaubhaft erscheint und was gelogen ist, z. B.:

gelogen	glaubhaft
– der Ritt auf der Kanonenkugel	*– Münchhausen ist Soldat und kann gut ...*
– ...	*– ...*
	– Ein Spion ...

b Vergleicht eure Ergebnisse.

5 Überlegt, wie sich der Erzähler Münchhausen seinen Zuhörern oder Lesern darstellt.
Welche Wirkung erzielt er? Ihr könnt folgende Stichworte nutzen:

macht sich lächerlich • erregt Aufsehen • macht neidisch • wirkt unglaubwürdig • will im Mittelpunkt stehen • will Freunde gewinnen • beschämt andere • will unterhalten • belehrt andere • will Bewunderung • will belustigen • wirkt wie ein Angeber

Sid Fleischman

McBroom und die Stechmücken

Ein moderner Nachfolger Münchhausens ist der amerikanische Farmer McBroom.
Mit seiner Frau und den Kindern lebt er auf einem Bauernhof („Einhektarhof").

Ich spreche es ja nicht gerne aus, aber manche Menschen haben wirklich nicht die geringste Achtung vor der Wahrheit.
Ein Fremder hat zum Beispiel behauptet, er sei auf einem Maultier an unserem wunderbaren Einhektarhof vorbeigeritten und von Spechten angegriffen worden. Das ist mal wieder glatt gelogen. Ehrlich! Es sind keine Spechte gewesen, sondern ganz gewöhnliche Präriestechmücken. Und noch dazu kleine. Diese Viecher werden hier draußen so groß, dass jedermann Maschendraht als Fliegengitter verwendet.
Aber ich darf wirklich nichts Unfreundliches über diese sirrenden, schwirrenden, wütigen Biester mit ihren Stecknadelnasen sagen. Sie haben schließlich unseren Hof vor dem Ruin gerettet. Das ist während der großen Trockenheit gewesen, die im vergangenen Jahr bei uns geherrscht hat.
Trocken? Ach du liebe Güte! Unsere Kinder haben Kaulquappen gefunden, denen haben sie erst mal das Schwimmen beibringen müssen. Es hatte so lange nicht mehr geregnet, dass die Froschbabys noch niemals Wasser gesehen hatten.
Das ist wirklich die reine Wahrheit, so wahr ich Josh McBroom heiße. Ehrlich, ich würde lieber ein Stinktier beim Schwanz packen, als die Unwahrheit zu sagen.
Na, ich schleich mich am besten in die Geschichte von der Trockenheit genauso ein, wie das die große Dürre bei uns gemacht hat. Ich kann mich noch daran erinnern, dass wir beim Pflügen waren, wie in jedem Frühling, und dass uns die Stechmücken wie immer geplagt haben. Diese blutdurstigen Räuber können ziemlich lästig werden, aber wir haben gelernt, wie man sie ablenkt.
Diese durstigen Dussel saufen nämlich alles, was nur rot ist.
„Willjillhesterchesterpeterpollytimtommarylarryundkleinclarinda!", rief ich. „Ich höre das Sirren der Stechmücken. Legt mal lieber ein Roterübenbeet an."
Sowie die Rüben reif wurden, schlugen die Stechmücken ihre spitzen Rüssel wie Strohhalme hinein. Und wie sie dann geschlemmt und geschmatzt haben! Sie saugten den Saft bis zum letzten Tropfen aus, sodass die Roten Beten erblassten und wir sie als weiße Rüben ernten konnten.

1 a Wie beginnt McBroom seine Geschichte? Wählt die richtige Antwort aus.

A McBroom beschwört die Wahrheit seiner Geschichte.
B McBroom bemängelt, wie wenig die Wahrheit geachtet wird.
C McBroom behauptet, dass alle Menschen außer ihm Lügner sind.
D McBroom sagt, dass er selbst ein Lügner ist.

b Erläutert, was McBroom mit diesem Beginn beim Leser bewirken möchte.
McBroom will dem Leser sagen, dass er …
Ihr könnt folgende Stichworte nutzen.
Tipp: Nicht alle Stichworte passen.

hinterhältig lügt ehrlich gemein
Wahrheit nutzlos aufrichtig
unglaubwürdig übertreibt

2 McBroom reiht wie in einer Kette viele Lügen aneinander.

a Zeichnet auf einer ganzen Seite eine Kette in euer Heft.

b Notiert an jedes Kettenglied eine Lüge McBrooms mit Zeilenangabe, z. B.:
Spechte als Präriestechmücken (Z. 9 ff.), Maschendraht … (Z. 12 ff.) …

c Vergleicht in Partnerarbeit eure Ergebnisse.

3 Untersucht die Lügenkette mit Hilfe des Werkzeugkoffers „Sprache".
Welche Sprachwerkzeuge verwendet McBroom, um seine einzelnen Lügen zu bilden?

4 Prüft, mit Hilfe welcher sprachlichen Ausdrücke McBroom beschwört, dass er die Wahrheit erzählt.
Wählt Aufgabe a oder b:

●●● a Erläutert, welche Ausdrücke ihr wählen würdet, um die Wahrheit zu bekräftigen.
Welche wählt McBroom?

„Genauso war es!" • „Ehrlich!" • „Ich bin mir nicht sicher!" •
„Das ist wirklich die reine Wahrheit!" • „Glaubst du etwa, dass ich lüge?" •
„Das hat mir aber ein Freund einer Freundin erzählt."

●○○ b Welche Ausdrücke oben verwendet McBroom? Lest die Textstellen vor.

5 Setzt McBrooms Geschichte fort. Bildet eigene Lügenketten und übertreibt richtig.
– Ein Schüler fängt an und erzählt McBrooms Lügengeschichte weiter.
– Wer eine Fortsetzungsidee hat, kommt als Nächster dran.
Tipp: Denkt daran, dass McBroom eine Geschichte über die große Trockenheit erzählt.

6 **Wettspiel:** Wer findet es zuerst heraus? Wie viele Kinder hat McBroom?
Tipp: Lest die Zeilen 41–42.

Ingrid Uebe

Münchhausen erzählt ein weiteres Abenteuer

Ich bin überall ein gern gesehener Gast. Bei den Herren genauso wie bei den Damen. Das liegt daran, dass sich in meiner Gegenwart niemand langweilt. Ich kann schließlich nicht nur wunderbare Geschichten erzählen, sondern auch ganz und gar einmalige Kunststücke vorführen.

Einmal war ich mitten im Sommer zu Besuch auf dem prächtigen Landsitz des Grafen von Prozobofsky. Ja, ich weiß, das ist ein schwieriger Name! Ich musste selbst eine Weile üben, bis ich ihn fehlerlos aussprechen konnte.

Wir waren eine große, vergnügte Gesellschaft. Nach dem Mittagessen saß ich lange Zeit mit den Herren zusammen. Doch als der Tee serviert wurde, setzte ich mich zu den Damen. Die jungen wie die alten waren sichtlich erfreut. Wir scherzten und plauderten, tranken Tee und knabberten köstliches Gebäck. Die Zeit verging dabei wie im Flug.

Die Herren waren unterdessen alle in den Hof hinuntergegangen. Sie wollten das neue Pferd bestaunen, das der Graf vor Kurzem gekauft hatte. Er war außerordentlich stolz auf das Tier, das aus einer berühmten Zucht stammte. Auch ich hätte den jungen Hengst gern begutachtet. Doch meine Höflichkeit verbot es mir, die Damen allein zu lassen.

Irgendwann hörten wir von draußen Hilferufe und lautes Geschrei. Sofort sprang ich auf und eilte die Treppe hinab. Auf dem Hof waren alle Herren in heller Aufregung versammelt. Ich drängte sie auseinander. Nun erblickte ich das Pferd. Es war wirklich sehr schön, benahm sich aber so wild, dass alle zurückwichen. Keiner der erfahrenen Reiter traute sich auf den Rücken des Pferdes. Ich überlegte nicht lange, sondern saß mit einem einzigen Sprung im Sattel. Angst und Bestürzung malten sich auf allen Gesichtern.

Der Hengst jedoch war so überrascht, dass er ganz plötzlich still stand. Er senkte den Kopf und gehorchte fromm wie ein Lamm dem Druck meiner Schenkel.

Bald darauf trug er mich in großen Runden willig und anmutig über den Hof. Die Damen standen am Fenster und klatschten verzückt in die Hände. Mit einer knappen Verbeugung zog ich meinen Hut und beschloss, ihnen ein weiteres Vergnügen zu gönnen. Ich gab ihnen mit der Hand das Zeichen, ein Stück vom Fenster zurückzutreten. Dann trieb ich den Hengst mit einem gewaltigen Sprung durch das offene Fenster mitten in den Salon hinein. Das Entzücken der Damen war groß.

Drinnen ritt ich ein paarmal durch das Zimmer [...]. Zum Schluss ließ ich mein Pferd auf den Teetisch springen. Es meisterte dieses Kunststück ohne Probleme und setzte seine Hufe so geschickt auf, dass weder Tassen noch Teller, weder Kannen noch Schüsseln zerbrachen.

Auf diese Weise zeigten wir unserem staunenden Publikum die ganze Hohe Schule der Reitkunst. Obwohl wir kein einziges Mal für unseren Auftritt geprobt hatten, machten wir nicht den kleinsten Fehler. Die Damen jubelten uns zu. Auch die Herren, die inzwischen ins Haus gekommen waren, spendeten reichlich Beifall.

Der Graf mit dem schwierigen Namen aber war so erfreut über die Begeisterung seiner Gäste, dass er mir den Hengst nach der Vorstellung voller Dankbarkeit zum Geschenk machte. Ich nahm das edle Tier gern an.

1 Gebt der Geschichte eine Überschrift, die den Inhalt erfasst. Wählt Aufgabe a oder b.
●●● a Formuliert eine eigene Überschrift. Begründet eure Entscheidung.
●○○ b Wählt zwischen folgenden Überschriften aus. Begründet eure Entscheidung.

Das Pferd auf dem Tisch • Zu Besuch bei Graf Prozobofsky • Der wilde Hengst • Die gefährliche Zähmung • Ein Kunststück für die Damen • Die Kunstdressur

2 Notiert, wie Münchhausen seine Lügengeschichte einleiten könnte, um die Wahrheit seiner Geschichte zu beschwören (▸ Textanfang, S. 78).

3 a Lest die Textstellen vor, die ihr am unwahrscheinlichsten findet.
b Wie sieht die Lügenkette in dieser Geschichte aus?
Ordnet die Textstellen in einer Tabelle wie folgt zu. Schreibt in euer Heft, z. B.:

Übertreibungen	Lügen	faustdicke Lügen
– *„... saß mit einem einzigen Sprung im Sattel." (Z. 38 f.)* – ...	– *„... trieb ich den Hengst mit einem gewaltigen Sprung durch das offene Fenster mitten in den Salon hinein." (Z. 52–54)* – ...	– ...

c Begründet, zu welcher Textstelle ihr ein Bild malen würdet.

4 Überlegt, wie Münchhausen seine Lügengeschichte beenden könnte, um zu sagen, dass alles wahr ist. Beginnt z. B. so: *Diese Geschichte ist ..., so wahr ich ... Dieses Ereignis ist ...*

5 In der folgenden Information werden die wichtigsten Merkmale von Lügengeschichten aufgelistet.
a Sucht euch in Partnerarbeit eine der drei Geschichten auf S. 76, 78 und 80 aus und prüft noch einmal, welche Merkmale sie enthalten.
b Vergleicht eure Ergebnisse in der Klasse.

Information **Merkmale von Lügengeschichten**

- Der Erzähler von Lügengeschichten will seine Zuhörer **nicht täuschen,** sondern **unterhalten.** Dabei gibt er vor, die Ereignisse selbst erlebt oder gesehen zu haben.
- Der **Erzähler einer Lügengeschichte übertreibt,** wo er kann. Meist werden zu Beginn der Geschichte noch einige wahre Begebenheiten erzählt, doch dann folgen schnell die Lügen.
- Dabei wird in der Regel eine Lüge nach der anderen erzählt. Man spricht von einer **Lügenkette,** da sich die einzelnen Lügen wie Glieder einer Kette aneinanderreihen.
- **Oft steigern sich die Lügen:** Auf eine Übertreibung folgen immer größere Lügen.
- Sprachlich leitet der Erzähler seine Lügen gern dadurch ein, dass er **überdeutlich betont,** die Wahrheit zu sagen, z. B.: *„Das ist wirklich die reine Wahrheit, so wahr ich Josh McBroom heiße. Ehrlich ..."* (▸ S. 78, Z. 26 f.). Der Leser merkt schnell, dass nicht die Wahrheit erzählt wird.
- Auch am Schluss kann in Lügengeschichten noch einmal in auffallender Weise die Glaubwürdigkeit der Geschichte betont werden, z. B.: *„So ist es wirklich geschehen!"*

Auf zum Vorlesewettbewerb

Peter Härtling

Wölkchen

Lasst mich vom Gewittermacher erzählen. Draußen wird der Himmel dunkel, von fern donnert es schon.
Die Nachbarin ruft: Es regnet!
Der Nachbar rollt die Markisen[1] vorm Laden ein. Die Luft riecht nach Wasser und feuchtem Staub. Die Leute fliehen in die Hauseingänge, stellen den Kragen der Sommerjacke hoch und schauen nach einem blauen Loch im schwarzen Himmel.
„Es geht schnell vorüber", sagt die Nachbarin.
Der Gewittermacher wüsste es. In der kleinen Stadt, in der ich aufwuchs, stand er immer an der Brücke. Er war, so wurde geredet, nicht richtig im Kopf, konnte keiner Arbeit nachgehen und hatte tagsüber seinen Standort an der Brücke. Dort traf man ihn, klein, selbst im Sommer mit einem Mantel um den gekrümmten Leib und einem Hut auf der Glatze. Er sah alt aus, aber wahrscheinlich war er noch gar nicht so alt.
Fortwährend redete er vor sich hin. Kinder trieben ihre Scherze mit ihm. Doch er blieb alle Zeit freundlich, und deshalb gaben sie es mit der Zeit auf. Wenn es schön war, begrüßte er die Leute stets mit dem Satz: „Kein Wölkchen am Himmel, gell?" Deshalb nannte man ihn Wölkchen, obwohl er nun gar nicht einer Wolke glich.
Merkwürdig war, dass er fast nur übers Wetter sprach. Über Sonne. Die Wölkchen. Den Regen. Natürlich auch über Gewitter. Die Gewitter, so behauptete er, könne er machen und dirigieren. Wenn es ihm zu blöd sei und zu viele Leute ihn geärgert hätten, hole er einfach ein Gewitter her. Auch dann, wenn es ihm im Rücken zu sehr schmerze. „Das kann ich", sagte er, nickte dazu und schaute an den Leuten vorbei.
Den Kindern, die an Nachmittagen, wenn die Schule aus war, oft um ihn herumstanden, fiel auf, dass er schaute und doch wieder nicht. Er war gewiss nicht blind, denn er sah alles, was auf der Straße geschah, aber er blickte über Menschen und Dinge hinweg oder durch sie hindurch. Das war nicht genau auszumachen.
„Der Wölkchen spinnt einfach", sagten die Erwachsenen, „das tut er schon seit fünfzehn Jahren. Seitdem steht er an der Brücke. Seit dem Kriegsende."
Er bettelte nicht, wenn ihm aber jemand eine Münze gab, bedankte er sich und sagte: „Es wird schön morgen."
Das musste nicht stimmen. Das sagte er offenbar dem Spender zuliebe.
Doch mit den Gewittern hatte er immer Recht. Darum glaubten ihm die Kinder, wenn er sagte: „Die Gewitter mache ich. Wenigstens die Gewitter in dieser Gegend."
Zu diesem Ruhm kam er nach und nach. Das erhöhte seine Glaubwürdigkeit.
Erst erzählten es die Kinder ihren Eltern, die über die Spinnerei von Wölkchen lachten. Kein Mensch kann Gewitter machen! Euer Wölkchen ganz bestimmt nicht!
Dann fiel den Eltern auf, dass – wann immer die Kinder atemlos nach Hause gerannt kamen und sagten: „Wir waren auf der Brücke bei Wölkchen, er hat arge Rückenschmerzen und muss ein Gewitter machen" – kurz darauf tatsächlich ein Gewitter niederging.
„Er ist eben wetterfühlig", erklärte der Doktor, „das kennt man."

1 Markise: Sonnen- und Regenschutz

An den Stammtischen wurde Wölkchen zum Hauptthema. Die Männer stritten sich über seine sonderbare Fähigkeit, und Freunde wurden wegen Wölkchen zu Feinden.

Den Kindern war es gleich. Sie holten sich bei Wölkchen Auskünfte und waren gut Freund mit ihm. Trotzdem nannte er nie eines von ihnen beim Namen, sondern rief sie entweder: „Du Bub!“ oder: „Du Mägdlein!“

Anfangs kicherten sie, schämten sich, dann gewöhnten sie sich daran. Es war eben eine der vielen Eigenheiten von Wölkchen.

Den Erwachsenen ließen die Gewittervorhersagen keine Ruhe. Aus den zahlreichen Stammtischkreisen entstand eine Haupt- und Dauerdiskutierrunde. In ihr trafen sich die beharrlichsten Wölkchenforscher. Und diese beschlossen, Wölkchen auf die Probe zu stellen.

An einem Tag, an dem kein Wölkchen am Himmel zu sehen war, die Wetterberichte in Radio und Fernsehen nur das Beste voraussagten, gingen sie zu Wölkchen, scharten sich um ihn, ein wenig befangen, stotterten eine Zeit lang herum, bis der Doktor, der alles auf Wölkchens Wetterfühligkeit schob, zu Wölkchen sagte: „Sie wissen, Sie haben den Kindern einen Floh ins Ohr gesetzt, Herr ... hm.“

„Wölkchen“, sagte Wölkchen.

„Also gut – Herr Wölkchen“, erwiderte unmutig der Doktor und fuhr fort: „Sie könnten, haben Sie den Kindern erzählt, wann immer Sie wollten, ein Gewitter machen. Das ist ja nun wirklich ein starkes Stück, Herr ... hm.“

„Wölkchen“, sagte Wölkchen.

„Also – Herr Wölkchen! Machen Sie mal ein Gewitter! Jetzt! Sehen Sie, kein Wölkchen ist am Himmel.“

„Nur ich“, sagte Wölkchen.

„Sie sind ein Mensch und stehen vor uns auf der Brücke.“

„Und doch bin ich das Wölkchen“, sagte Wölkchen. „Wollen Sie einen Augenblick mit mir warten?“

Alle sahen zum Himmel hinauf. Nichts war zu sehen.

„Nur ein wenig Geduld“, sagte der kleine Mann in dem weiten Mantel, sah keinen an, lachte vor sich hin. „In meinen Gliedern juckt es jetzt ganz erheblich.“

„Ach was“, sagte der Doktor, „lauter Unsinn.“

„Unsinn?“, fragte Wölkchen, legte den Kopf schief, blinzelte zum Horizont. Da quoll mit großer Geschwindigkeit eine tiefschwarze Wolke hoch, spie weitere Wolken aus, wuchs immer höher den Himmel hinauf, einen gelben Rand vor sich herschiebend.

„Jetzt müssen Sie aber rennen, dass Sie nicht nass werden“, sagte Wölkchen.

„Tatsächlich, Gewitterwolken“, riefen die Leute. „Das kann doch nicht wahr sein. Schnell! Schnell!“ Und sie rannten, jeder für sich, eilends nach Hause. Wölkchen lachte ihnen nach.

„Er hat Glück gehabt“, sagte später der Arzt. „Er hat es in seinen Gliedern gespürt. Mir kann keiner was vormachen. Gewittermacher gibt es nicht.“

„Doch, Vater“, sagte sein Sohn, der sich sonst nicht traute, seinem Vater zu widersprechen: „Wölkchen kann Gewitter machen!“

1 Von welcher unwahrscheinlichen Fähigkeit wird hier erzählt? Erläutert.

2 Um eine Geschichte z. B. bei einem Vorlesewettbewerb erfolgreich vorzutragen, sollte man sich vor allem die Hauptfiguren sehr gut vorstellen können. Ihr könnt zu zweit arbeiten.

a Fertigt einen Steckbrief für Wölkchen an: Name, Geschlecht, ungefähres Alter, Aussehen (Größe, Kleidung), Eigenarten im Verhalten ...

b Beschreibt, wie sich der Doktor verhält, wenn er mit Wölkchen spricht. Wählt aus folgenden Adjektiven aus. Begründet eure Wahl.
Der Doktor ist Wölkchen gegenüber ...

freundlich bösartig verständnislos
frech respektvoll

3 a Überlegt, wie Wölkchen und der Doktor miteinander reden (Z. 100–132). Bedenkt Lautstärke, Sprechtempo, Pausen und Tonlage.

b Übt das Gespräch (Z. 100–132) so ein, dass eure Zuhörer erkennen, dass es sich um zwei Figuren mit unterschiedlichen Gefühlen handelt.
Tipp: Versucht, jeder Figur eine eigene Stimme zu geben, z. B. Figur 1: alt, Figur 2: näselnd.

4 Wie sprechen der Erzähler und die Erwachsenen? Arbeitet zu zweit.

a Lest euch die ersten zehn Zeilen der Geschichte wirkungsvoll vor. Vergleicht eure Betonungen und entscheidet euch für eine Betonung.

b Übt die Zeilen 11 bis 39 ein.

5 Bereitet mit Hilfe der Methode die gesamte Geschichte für einen Vorlesewettbewerb vor.

Methode **Wirkungsvoll vorlesen, Betonungszeichen anwenden**

Legt eine Folie über den Text und markiert ihn sinnvoll mit Betonungszeichen:

- Wörter, die **lauter** ——— oder **leiser** .... gelesen werden sollen
- **Pausen,** z. B. bei spannenden Stellen: |
- **Stimme heben,** z. B. bei einer Frage: ↗
- **Stimme senken,** z. B. am Satzende: ↘

Tipp: Übt vor allem lange Wörter. Überlegt, welche Silbe ihr besonders betont, z. B. in: *Gewittermacher, Stammtischkreisen, Dauerdiskutierrunde, Gewittervorhersagen.*

6 Veranstaltet einen Vorlesewettbewerb. Prüft euch mit Hilfe des Bewertungsbogens.
Tipp: Jeder Zuhörer beobachtet nur zwei bis drei Punkte. Notiert ins Heft.

Der/Die Vorlesende ...	ja	teilweise	nein
liest deutlich, flüssig und sicher.	X		
setzt die Stimmlautstärke sinnvoll ein.		X	
wechselt das Lesetempo sinnvoll.	X		
setzt Pausen wirkungsvoll ein.			X
betont wichtige Wörter und Sätze.		X	
unterscheidet mit der Stimme, wer spricht.	X		

7 Bereitet eine andere Geschichte aus diesem Kapitel für einen Lesevortrag vor.

Teste dich!

Münchhausens Pferd auf dem Kirchturm

Mitten im tiefsten Winter reiste ich nach Russland. Ich suchte mir mit meinem Pferd einen Weg durch den tiefsten Schnee. Eines Abends stieg ich müde ab. Mein Pferd band ich an einem Ast fest, der aus dem Schnee herausragte. Dann schlief ich ein.

Als ich aufwachte, schien die Sonne. Ich musste mir die Augen reiben, denn wisst ihr, wo ich lag? Mitten auf einem Kirchhof in einem Dorf! Wo aber war mein Pferd? Ich hatte es doch neben mir an einem Ast angebunden. Da hörte ich es auch schon laut wiehern. Und zwar hoch über mir! Ich blickte also nach oben und kam aus dem Staunen nicht mehr heraus. Mein Pferd zappelte und wieherte, festgebunden an der Spitze des Kirchturms. Wie war es dort hinaufgekommen?

Ich kratzte mir den Kopf und begriff langsam, was geschehen war. Kirche und Dorf mussten in der Nacht, als wir ankamen, völlig eingeschneit gewesen sein. Das, was ich für einen Ast gehalten hatte, war nichts anderes als die Spitze des Kirchturms gewesen. Während ich schlief, war dann das Wetter umgeschlagen. Es hatte getaut. Nach und nach war der Schnee geschmolzen, sodass ich sanft zum Boden herabsank. Mein Pferd aber war angebunden gewesen, weshalb es oben bleiben musste. Doch nicht mehr lange. Ich griff zu meiner Pistole, und als ausgezeichneter Schütze schoss ich die Zügel entzwei. Als es sich wieder bei mir am Boden befand, schwang ich mich in den Sattel und wir setzten unsere Reise durch Russland fort.

1 a Wo übertreibt und lügt der Erzähler gewaltig? Schreibe die richtigen Aussagen ins Heft.
Der Erzähler übertreibt gewaltig, wenn er sagt,
- dass er im Winter nach Russland geritten ist.
- dass ein Dorf bis zur Kirchturmspitze eingeschneit gewesen war.
- dass er mit dem Schmelzen des Schnees sanft auf den Kirchhof herabsank.
- dass er ein guter Schütze ist.
- dass er sein Pferd vom Kirchturm herunterschoss.

b Bestimme die Anzahl der Lügen in dieser Geschichte: 1, 2 oder 3? Vergleiche deine Ergebnisse.

2 Du möchtest eine Geschichte wirkungsvoll vorlesen. Wie bereitest du dich vor?
Notiere die Großbuchstaben vor den zutreffenden Aussagen in dein Heft.
Tipp: Die sechs richtigen Großbuchstaben ergeben ein Lösungswort.

S Bevor ich vorlese, lese ich mehrmals still den Text, sodass ich den Inhalt sehr gut kenne.
U Ich lese grundsätzlich leise vor, damit alle Zuhörer möglichst still sind.
I Ich überlege, welche Gefühle die Figuren haben, wenn sie handeln und sprechen.
L Ich lese schnell, damit ich beim Wettbewerb wie in einem Rennen als Erster fertig bin.
E Ich markiere den Text mit Betonungszeichen, die zum Inhalt passen.
G Ich achte auf die Punkte des Bewertungsbogens für den Vorlesewettbewerb.
E Ich übe verschiedene Stimmen für die Figuren, damit man sie unterscheiden kann.
A Ich lasse zu lange Wörter weg, weil sie niemand versteht und sie meinen Lesefluss stören.
R Bei Fragen hebe ich die Stimme. Am Satzende senke ich in der Regel die Stimme.

5.2 Lügen wie gedruckt – Sprache untersuchen, Lügengeschichten schreiben

Lügen ist nicht gleich lügen?

flunkern mogeln austricksen schwindeln betrügen täuschen hinters Licht führen aus Not lügen Lügenketten bilden die Wahrheit verdrehen übertreiben

1 Für das Wort „lügen“ gibt es noch andere Ausdrücke.
Ordnet in Partnerarbeit die oben stehenden Ausdrücke aus dem Wortfeld „lügen“ in eure Tabelle ein und vergleicht eure Ergebnisse in der Klasse. Arbeitet im Heft.

unterhaltsam lügen	ein bisschen lügen	bösartig lügen
...	...	...

2 Kennt ihr aus anderen Sprachen Wörter für das Lügen? Schreibt diese Wörter auf.

3 Sprichwörter aus aller Welt haben auch das Lügen zum Thema. Wählt Aufgabe a oder b.

●○○ a Ordnet in Partnerarbeit die Sprichwörter ihren Erklärungen richtig zu. Schreibt in euer Heft.

Sprichwort

1 Ein Gähnen lügt nicht. (Italien)
2 Der Wahrheitsliebende wird aus der Stadt gejagt. (Türkei)
3 Klatsch und Lügen sind Geschwister. (Kamerun)
4 Lügen haben kurze Beine. (Deutschland)

Erklärung

A Gerede und Gerüchten sollte man nicht glauben.
B Wer die Wahrheit sagt, wird oft von anderen Menschen gehasst.
C Es lohnt sich nicht zu lügen, denn die Wahrheit kommt meist schnell heraus.
D Dein Körper zeigt, wie du dich in Wirklichkeit fühlst.

●●● b Sucht euch ein Sprichwort aus und erklärt es, z. B.:
China: Mit den „Alten“ sind die Erwachsenen gemeint; die „Jungen“ sind die ... Wenn die Erwachsenen lügen, dann lernen die Kinder das auch und werden zu ...
– Mit der Lüge kommst du durch die ganze Welt, aber nicht mehr zurück. (Russland)
– Wer einmal lügt, dem glaubt man nicht, und wenn er auch die Wahrheit spricht. (Deutschland)
– Die Lüge reitet, die Wahrheit schreitet, kommt aber doch zur rechten Zeit an. (Lappland)
– Wer große Reisen unternimmt, bringt große Lügen heim. (Spanien)
– Mehr als ein Speer verursacht die Lüge Schmerzen. (Nigeria)
– Sind die Alten nicht aufrichtig, so lehren sie die Jungen Schurken zu werden. (China)
– Eine halbe Wahrheit ist eine ganze Lüge. (Amerika)

Eine Lügengeschichte fortsetzen

A

B

1 Ordnet die beiden folgenden Textanfänge den Bildern A und B richtig zu.

Anfang 1: Ihr wollt wissen, warum ich heute Morgen zu spät gekommen bin? Ich will es euch erzählen. Und alles ist tatsächlich so passiert. Ich schwöre es!
Wie jeden Tag ging ich fröhlich aus dem Haus, um zur Schule zu gelangen. Wenn ich gehe, macht es mir Spaß, einen Stein oder eine Dose vor mir herzuschießen. Ich bin sehr gut darin. Doch plötzlich ging ein Schuss daneben. Der Stein, den ich schoss, landete im ...

Anfang 2: Seid ihr schon einmal im Urlaub gewesen? Na, da kann man ja eine Menge erleben. Was ich aber in meinem letzten Urlaub erfahren und gesehen habe, das müsst ihr einfach hören, um es zu glauben.
Denn als meine Eltern und ich mit dem Auto bei der Adresse des Hotels ankamen, war da gar nichts. Kein Hotel weit und breit. Wir glotzten in eine leere Landschaft und kratzten uns die Köpfe. Nach der ersten Überraschung aber sah ich einen Schatten auf dem Boden. Wo kam der her? Also schaute ich nach oben und sah am taghellen Himmel etwas schweben. Natürlich wisst ihr schon, was es war: das ...

2 Wählt eine Geschichte aus, die ihr fortsetzen wollt.

3 **Für Schreibprofis:** Überlegt euch eine eigene Lügengeschichte, z. B. zum Thema „Eine Entschuldigung erfinden“, und verfasst sie.

4 ●●● Notiert Ideen: Wie könnte die Geschichte weitergehen, die ihr ausgewählt habt? Überlegt z. B. für eure Fortsetzung von

- Anfang 1: Was geschieht, nachdem der Drachenballon zerplatzt ist? Welches unglaubliche Ereignis hält den Erzähler auf seinem Schulweg noch auf?
- Anfang 2: Wie gelangt man in das Hotel? Was passiert, wenn ein Sturm aufkommt?

▷ Eine Hilfe zu Aufgabe 4 findet ihr auf Seite 89.

5 ●●● Überlegt, ob ihr in eurer Fortsetzung eines der Sprichwörter von Seite 86 einbauen könnt. Sprecht den Leser dabei an, z. B.:

Man sagt, wer einmal lügt, dem glaubt man nicht, und wenn er auch die Wahrheit spricht. Da ich aber niemals lüge, glaubte mir meine Lehrerin natürlich jedes Wort. Ihr glaubt, eine halbe Wahrheit ist eine ganze Lüge? Wie gut, dass ich nur die ganze Wahrheit sage.

▷ Hilfe zu 5, Seite 89

6 ●●● Notiert zu euren Ideen aus Aufgabe 1 lustige Übertreibungen. So kann eure Geschichte unterhaltsamer werden, z. B.:

Der Hase wirbelte vom Bauch auf dem Rücken, denn auf beiden Seiten besaß er …
Das Hotel schwebte so hoch über der Erde, dass Flugzeuge …

▷ Hilfe zu 6, Seite 89

7 ●●● Setzt eine Lügengeschichte bis zum Ende fort. Formuliert auch eine Überschrift.

▷ Hilfe zu 7, Seite 89

8 ●●● Prüft eure Fortsetzungen mit Hilfe der Textlupen-Methode.

▷ Hilfe zu 8, Seite 89

Methode **Texte mit Hilfe der Textlupe prüfen**

Mit der Textlupe macht ihr euch gegenseitig Verbesserungsvorschläge für eure Texte.

1. Bildet Vierer- oder Fünfergruppen.
2. Listet auf einem eigenen Arbeitsblatt (der Textlupe) auf, was ihr bei euren Texten besonders prüfen wollt, z. B.: *die Überschrift, den Aufbau, die Lügenketten, die Rechtschreibung, …*
3. Jeder reicht seinen Text mit einem Textlupenblatt an einen Lernpartner weiter.
4. Der Lernpartner liest den Text und notiert auf dem Textlupenblatt, was ihm gefällt. Danach formuliert er seine Verbesserungsvorschläge.
5. Schließlich gibt er Text und Textlupe an den Nächsten in der Gruppe weiter. Am Ende haben alle in der Gruppe ihr Lob und ihre Kritik auf der Textlupe notiert.
6. Der Verfasser überarbeitet mit Hilfe der Notizen auf der Textlupe seinen Text.

Aufgabe 4 mit Hilfe

Notiert Ideen: Wie könnte die Geschichte weitergehen, die ihr ausgewählt habt?
Fertigt einen Ideenstern an, z. B.:

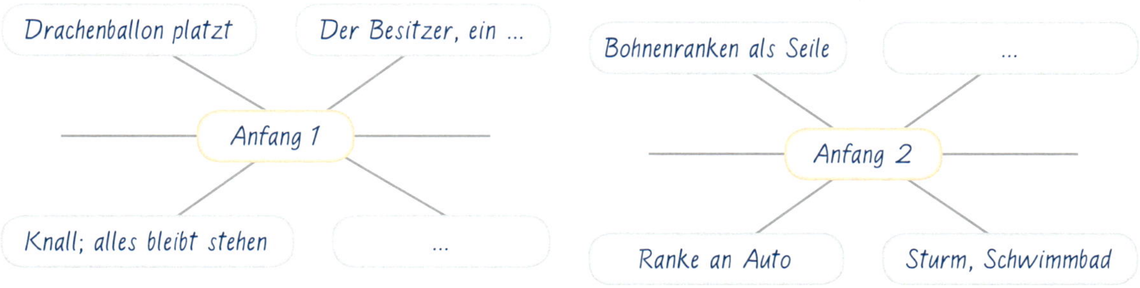

Aufgabe 5 mit Hilfe

Überlegt, ob ihr in eurer Fortsetzung eines der Sprichwörter von S. 86 einbauen könnt.
- In Anfang 1 könnte der Schüler seine Lehrerin so ansprechen:
  „Sie werden sagen, Lügen haben kurze Beine. Dass ich hier bin, ist der Beweis, dass ...“
- Anfang 2 könnte so beendet werden:
  Man sagt, wer große Reisen unternimmt, bringt große Lügen heim. Jch aber erzähle die reine Wahrheit.
- Weitere Möglichkeiten, den Leser anzusprechen:
  So etwas habt ihr noch nie gesehen ... War das nicht seltsam? So unglaublich das klingt, aber ...

Aufgabe 6 mit Hilfe

Notiert zu euren Ideen aus Aufgabe 1 lustige Übertreibungen. So kann eure Geschichte unterhaltsamer werden, z. B.:
Der Hase wirbelte vom Bauch auf dem Rücken, denn auf beiden Seiten besaß er ...
Das Hotel schwebte so hoch über der Erde, dass Flugzeuge ...
- Weitere Möglichkeiten, um Übertreibungen zu formulieren:
  blitzschnell, unbegreiflich, ungeheuerlich, so groß wie ..., so gefährlich wie ..., so lang, dass ...

Aufgabe 7 mit Hilfe

Setzt eine Lügengeschichte bis zum Ende fort. Formuliert auch eine Überschrift, z. B.:
Mein bestes ...   Das Hotel am ...   Eine ... Jagd   Himmlische ...

Aufgabe 8 mit Hilfe

Prüft eure Fortsetzungen mit Hilfe der Textlupen-Methode (▸ S. 88).
Nutzt für eure Textlupe die Checkliste.

Checkliste

Eine Lügengeschichte fortsetzen
- Habt ihr die **Reihenfolge der Handlung** zu Beginn der Geschichte beachtet und fortgesetzt?
- Habt ihr die Geschichte in der **Ich-Form** weitergeschrieben?
- Habt ihr **kräftig übertrieben,** sodass jeder Leser merkt, dass die Geschichte erlogen ist?
- Habt ihr alle Sätze mit einem **Satzzeichen** (Punkt, Fragezeichen, Ausrufezeichen) beendet?
- Habt ihr eure **Rechtschreibung** überprüft?

5.3 Fit in ...! – Eine Lügengeschichte untersuchen

Stellt euch vor, ihr bekommt in der nächsten Klassenarbeit folgende **Aufgabe:**

Untersuche die Münchhausen-Geschichte. Gehe so vor:
1. Schreibe in wenigen Sätzen auf, was in der Geschichte geschieht.
2. Nenne jeweils zwei Beispiele,
   - die in der Geschichte wahr sein könnten,
   - die bestimmt gelogen sind.
3. Beschreibe mindestens zwei Merkmale, an denen du erkennst, dass es sich bei der Münchhausen-Geschichte um eine Lügengeschichte handelt.

Ingrid Uebe

Münchhausen im Fischbauch

Ich erinnere mich an eine Geschichte, die ich ein paar Jahre später erlebte. Da hatte ich bereits viel von der Welt gesehen.
Inzwischen wuchs mir ein recht stattlicher Bart im Gesicht. Unser Schiff lag damals an Frankreichs Mittelmeerküste vor Anker. Ich hatte allein im Meer gebadet und ruhte nun nackt am Strand. Plötzlich vernahm ich ein gewaltiges Rauschen. Als ich den Kopf hob, sah ich einen riesigen Fisch mit bemerkenswerter Geschwindigkeit auf mich zuschießen. Ehe ich fortlaufen konnte, riss er sein grässliches Maul auf und schnappte nach mir. In meiner Verzweiflung rollte ich mich so klein wie möglich zusammen. Auf diese Weise rutschte ich ihm durch den Rachen direkt in den Magen. Da befand ich mich nun in völliger Dunkelheit und konnte nur hoffen, dass mich der Fisch so bald wie möglich wieder ausspucken wollte. Um einem solchen Verlangen nachzuhelfen, begann ich zu brüllen und um mich zu schlagen. Ich trat und boxte. Und schließlich tanzte ich einen wilden schottischen Volkstanz. Dem Fisch wurde es davon tatsächlich ziemlich übel. Laut stöhnend hob er sich mit seiner vorderen Hälfte aus dem Wasser.
Das sahen die Männer eines Handelsschiffs, das gerade vorbeisegelte. Sie erlegten ihn mit ihren Harpunen und zogen ihn nicht ohne Mühe an Bord.
Bald bemerkte ich zwischen Freude und Sorge, dass sie anfingen, dem Fisch den Bauch aufzuschneiden. Um ihren Messern zu entgehen, stellte ich mich in die Mitte des Magens und machte mich so dünn wie möglich. Sobald der erste Lichtstrahl hereindrang, begrüßte ich die Seeleute mit lautem Hallo. Schon meine Stimme versetzte sie in äußerstes Erstaunen. Aber als ich dann nackt und in voller Größe aus dem Fisch kletterte, fielen sie vor Verwunderung beinahe in Ohnmacht. Sie brauchten eine ganze Weile, um sich wieder zu beruhigen. Dann aber versorgten sie mich mit köstlichen Erfrischungen und hörten meinem Bericht atemlos zu.
Nachdem ich mich einigermaßen erholt hatte, machte ich einen Hechtsprung ins Meer. Zuerst spülte ich mich gründlich ab, dann schwamm ich eilig ans Ufer. Meine Sachen lagen immer noch dort, wo ich sie abgelegt hatte. Ein Blick auf meine Taschenuhr zeigte mir, dass ich nicht weniger als dreieinhalb Stunden im Magen des Fisches zugebracht hatte.

Die Aufgabe richtig verstehen

1 a Was müsst ihr tun, um die drei Teilaufgaben zu lösen?
Tipp: Wenn ihr die Buchstaben hintereinanderlest, ergeben sie ein Lösungswort.
b Auch die falschen Aussagen ergeben ein Lösungswort. Wie heißt es?

Wir sollen ...	
W	... den Inhalt der Geschichte knapp wiedergeben.
L	... den Text umschreiben.
Ü	... die Hauptfigur ausführlich beschreiben.
A	... Beispiele nennen, die in der Geschichte wahr sein können.
G	... einen Zeitungsartikel zu der Geschichte verfassen.
E	... eine eigene Lügengeschichte schreiben.
H	... prüfen, ob die Geschichte eine echte Lügengeschichte ist.
R	... Beispiele nennen, die in der Geschichte sicher gelogen sind.
N	... sämtliche Merkmale für eine Lügengeschichte auflisten.

Planen

2 Klärt, ob ihr den Text richtig verstanden habt.
Vervollständigt die Notizzettel zu den drei Teilaufgaben in eurem Heft.

1. Was in der Geschichte geschieht:
- *Münchhausen liegt in Frankreich vor Anker.*
- *ruht sich nach einem Bad im ...*
- *Da taucht ein riesiger ...*
- *...*

2. Was wahr und was gelogen ist:
- *wahr: trägt Bart, ...*
- *...*
- *bestimmt gelogen: wird lebendig von einem ...*
- *...*

3. Merkmale für eine Lügengeschichte:
- *Lügenkette*
- *Lügen steigern sich*
- *Übertreibungen, z. B.: ...*
- *...*

Schreiben

3 Um die Stichworte von den Notizzetteln in einen zusammenhängenden Aufsatz umzuwandeln, können euch folgende Textbausteine helfen. Trefft eine Auswahl und schreibt mit ihrer Hilfe einen vollständigen Text.

1. Was in der Geschichte geschieht:
- Münchhausen erzählt, dass er in Frankreich mit seinem Schiff ...
- Am ... ruht er sich nach einem Bad ...
- Da taucht ein ...
- Der ... schnappt nach ...
- Münchhausen macht sich ..., aber das hilft nichts.
- Als es im ... des Untiers ist, ... er ganz wild. Der ... soll ihn wieder ...
- Dem Fisch wird ...
- ...

2. Was wahr und was gelogen ist:
- An der Geschichte könnte wahr sein, dass ...
- Ich glaube, dass ...
- Wahrscheinlich ist, dass ...
- Ich glaube nicht, dass ...
- Es ist bestimmt gelogen, dass ...
- Münchhausen übertreibt. Es ist nicht möglich, dass ...

3. Merkmale für eine Lügengeschichte:
- Die Lügengeschichte hat folgende Merkmale: 1. ..., 2. ...
- Münchhausens Geschichte ist eine Lügengeschichte, weil ...
- Merkmale einer Lügengeschichte sind: ... Diese Merkmale hat auch diese Geschichte.

Überarbeiten

4 a Prüft mit Hilfe der Checkliste, wie ihr euren Aufsatz noch verbessern könnt.
b Überarbeitet euren Aufsatz mit Hilfe der Checkliste.

Checkliste

Eine Lügengeschichte untersuchen

Habt ihr ...
- den **Inhalt** der Geschichte **knapp wiedergegeben** (ca. 10–12 Sätze)?
- die **Reihenfolge der Handlung** beachtet?
- mindestens **zwei Beispiele** dafür genannt, was in der Geschichte **wahr** sein könnte?
- mindestens **zwei Beispiele** dafür genannt, was **bestimmt gelogen** ist?
- mindestens **zwei Merkmale für Lügengeschichten** beschrieben?
- alle Fragen in **ganzen Sätzen** beantwortet?
- alle Sätze mit einem **Satzzeichen** (Punkt, Fragezeichen, Ausrufezeichen) beendet?
- eure **Rechtschreibung** überprüft?

Schreibwörter ▶ S. 234

die Lügengeschichte	übertreiben	schwindeln	plötzlich
die Wahrheit	täuschen	betrügen	ehrlich
die faustdicke Lüge	flunkern	beschwören	wirklich

6 Helden und Ungeheuer – Sagen untersuchen, nacherzählen, gestalten

1 a Welche Heldinnen und Helden könnt ihr auf dem Bild erkennen? Benennt sie.
b Kennt ihr Geschichten von diesen Heldinnen und Helden? Erzählt sie.

2 Nennt eure persönlichen Heldinnen und Helden und erzählt von ihnen.

3 Was macht Helden zu Helden? Überlegt euch Eigenschaften, die sie haben.

In diesem Kapitel ...

- lest ihr berühmte Heldensagen aus verschiedenen Zeiten,
- denkt ihr darüber nach, woran man Helden und Sagen erkennt,
- erzählt ihr Sagen spannend nach,
- gestaltet ihr ein Hörspiel.

6.1 Superheld Herakles? – Sagen der Antike lesen und verstehen

Einen Helden beschreiben

Herakles ist ein berühmter Sagenheld aus der griechischen Antike (Zeitalter von etwa 800 bis 146 v. Chr.). Er ist der Sohn des Göttervaters Zeus und der Menschenmutter Alkmene. Schon als Neugeborener besitzt Herakles übermenschliche Körperkräfte. Bis heute erzählt man sich von seinen Heldentaten. Bekannt ist er auch unter seinem römischen Namen Herkules.

Herakles und die Hydra von Lerna

Die Götter wollen, dass Herakles einem König dienen soll. Dieser König befürchtet jedoch, dass Herakles ihn vom Thron stürzen würde. Um ihn loszuwerden, stellt der König dem Göttersohn zwölf gefährliche Aufgaben.
Bei seiner ersten Aufgabe kämpft er mit seiner Keule gegen den nemeischen[1] Löwen. Herakles besiegt das Tier. Als Zeichen dieses Sieges trägt er seitdem das Löwenfell als Umhang.

Als Zweites bekam Herakles vom König die Aufgabe, die furchtbare Hydra von Lerna[2] zu töten.
Die Hydra war ein riesiges Schlangentier mit neun Köpfen, wovon acht sterblich waren. Der neunte Kopf in der Mitte aber war unsterblich. Die Hydra war gefürchtet, denn sie griff in der Landschaft Argolis die Viehherden an, tötete viele Tiere und verwüstete die Felder der Bauern.
Herakles zögerte nicht lange, sondern machte sich mit seinem Neffen Iolaos auf den Weg. Iolaos lenkte den Pferdewagen und so ging es im Fluge nach Lerna. Dort fand Herakles die grausame Schlange in einer Höhle liegen. Zuerst schoss er mit Brandpfeilen auf sie, um sie aus der Höhle zu treiben. Die Hydra kam zischend hervor. Sie hatte ihre neun fürchterlichen Köpfe drohend aufgerichtet und ging auf Herakles los.
Doch jetzt schwang Herakles unerschrocken

Antikes Tongefäß: Herakles kämpft gegen die Hydra

seine Keule und begann, die Schlangenköpfe damit zu zerschmettern. Das war jedoch schwieriger als gedacht: Jedes Mal, wenn er ein Haupt zerschlagen hatte, wuchsen an dieser Stelle gleich zwei neue Köpfe.
Dennoch verließ den Helden nicht der Mut. Er befahl seinem Neffen, eine Fackel anzuzünden und ihm zu helfen. Das tat Iolaos: Immer, wenn Herakles einen Schlangenkopf zertrüm-

1 nemeisch: Herkunftsbezeichnung nach dem Ort Nemea. Dieser Ort liegt in der Region Argolis im Osten der Halbinsel Peloponnes (▶ Karte S. 95).
2 Lerna: antiker Ort in der Region Argolis

mert hatte, brannte sein Neffe diesen gleich mit der Fackel aus.
So gewannen die beiden die Oberhand.
Zuletzt schaffte es Herakles, auch das unsterbliche Haupt der Hydra vom Körper zu trennen. Das Untier war besiegt.
Ihren unsterblichen Kopf begrub Herakles am Wegrand und beschwerte das Grab mit mächtigen Steinen. Seine Pfeile tauchte er in das giftige Blut der Hydra. Von nun an waren diese Geschosse überall gefürchtet: Wer von einem Pfeil des Herakles auch nur geritzt wurde, war dem Tod verfallen.

1 Wie findet ihr Herakles als Helden? Begründet.

2 Was bedeuten die folgenden Formulierungen aus dem Text? Bearbeitet Aufgabe a oder b.
Z. 13 f.: „... so ging es im Fluge nach Lerna."
Z. 33: „So gewannen die beiden die Oberhand."
Z. 38 f.: „... und beschwerte das Grab mit mächtigen Steinen."

a Erklärt in eigenen Worten, wie ihr die Sätze versteht.

b Schreibt je Formulierung die Erklärung heraus, die am besten passt (A oder B).

Z. 13 f.:	**A** Sie flogen durch die Luft nach Lerna.	**B** Sie ritten in hohem Tempo nach Lerna.
Z. 33:	**A** Sie wurden allmählich stärker als die Hydra.	**B** Sie bezwangen die Hand der Schlange.
Z. 38 f.:	**A** Er klagte über die schweren Grabsteine.	**B** Er legte schwere Steine auf das Grab.

3 a Was ist Herakles für ein Held? Wählt drei treffende Beschreibungen aus. Sucht zu jeder Beschreibung eine passende Textstelle und lest sie vor.

mutig stark furchtlos gewalttätig ausdauernd geschickt schlau gnadenlos ideenreich

b Informiert euch über Herakles' Aussehen. Notiert eure Ergebnisse.
Tipp: Nutzt die Einleitung zur Hydra-Sage und das Bild (▸ S. 94).

4 a Wie wird die Hydra in der Sage beschrieben? Lest entsprechende Textstellen vor.
b Zeichnet und beschriftet die Hydra.

5 Findet mit Hilfe der Griechenlandkarte die Landschaft, in der die Hydra-Sage spielt.
Tipp: Lest noch einmal im Text nach.

Handlungsschritte ordnen

A

B
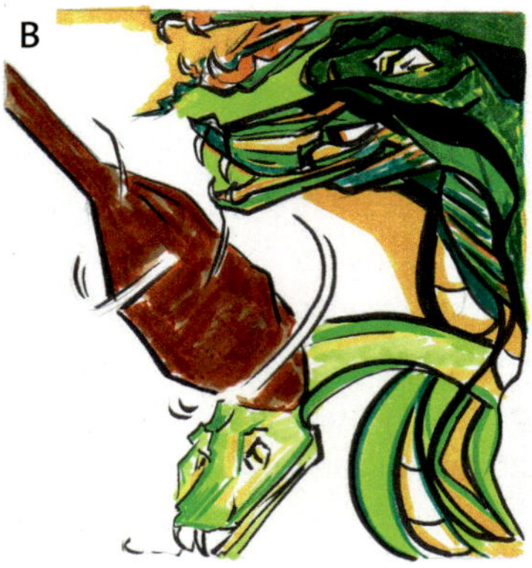

C
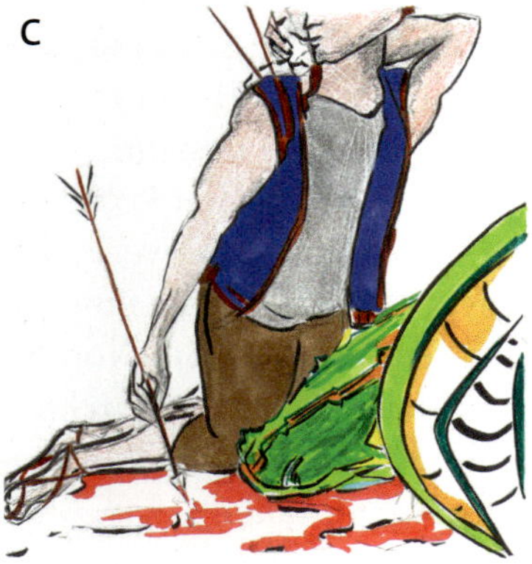

D
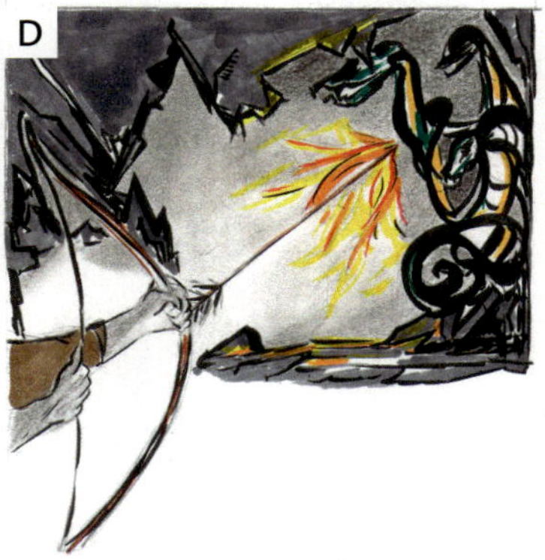

E
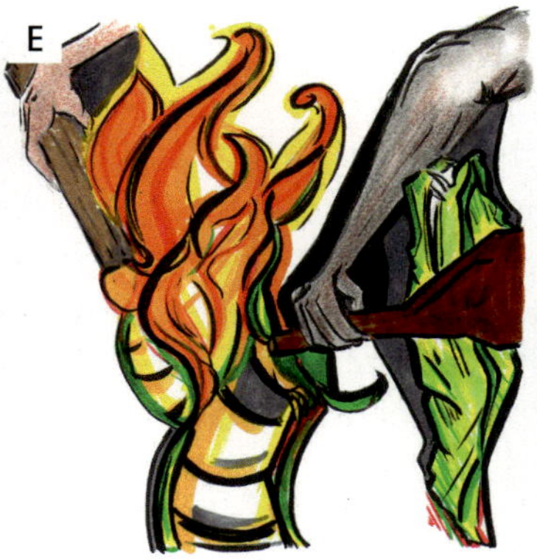

F

6 Die Bilder zur Hydra-Sage (▶ S. 94–95) sind durcheinandergeraten.
Bringt sie in die richtige Reihenfolge.
Wählt Aufgabe a/b oder c/d.

●●● **a** Ordnet in eurem Heft den sechs Bildern A–F die Textstellen mit Zeilenangabe zu:
A: Z. 37–…, B: Z. …

b Formuliert zu jedem Bild mit eigenen Worten eine passende Bildunterschrift.

●○○ **c** Ordnet die sechs Bilder A–F. Listet im Heft die Buchstaben untereinander auf.

d Welche der folgenden Bildunterschriften gehört zu welchem Bild?
Schreibt hinter die Bildbuchstaben A–F die passende Bildunterschrift.

1 Herakles lockt Hydra mit Brandpfeilen aus der Höhle.
2 Hydras Köpfe wachsen doppelt nach.
3 Iolaos brennt abgeschlagene Köpfe aus.
4 Herakles schlägt Hydras unsterbliches Haupt ab.
5 Herakles begräbt Hydras unsterblichen Kopf.
6 Herakles taucht seine Pfeile in das Schlangenblut.

Merkmale einer Sage erkennen

Herakles und der Augiasstall

Mit der fünften Aufgabe wollte der König seinen Untergebenen Herakles demütigen. Er befahl ihm, den Viehstall des Königs Augias vom Mist zu reinigen.
Augias, der König von Elis[1], hatte riesige Viehherden, die jahrelang in einer großen Umzäunung gestanden hatten. Nun sollte Herakles die ungeheure Menge Mist, die sich dort aufgehäuft hatte, an einem einzigen Tag beseitigen.
Als Herakles bei König Augias ankam, staunte der nicht schlecht: Vor ihm stand ein herrlicher Held mit einem Löwenfell bekleidet und bot ihm an, seinen Viehstall an einem Tag auszumisten.
Dass dies ein Befehl seines Königs war, erwähnte Herakles nicht. Augias fragte sich also, wie ein so edler Krieger sich zu einem solch unwürdigen Dienst erniedrigen konnte. Dass aber der Held die Arbeit an einem Tag schaffen würde, konnte sich der König erst recht nicht vorstellen. Er versprach ihm deshalb den zehnten Teil seines ganzen Viehs als Lohn, wenn er seine Aufgabe erfüllen würde.
Aber Herakles hatte gar nicht vor, sich zu erniedrigen und den Mist mit seinen eigenen Händen herauszukarren. Er hatte eine bessere Idee: Mit mächtigen Griffen riss er zuerst zwei Seiten des Viehstalls ein. Dann leitete er den nahe gelegenen Fluss Alpheios, der mit mächtigem Schwung von den Bergen kam, in einem Kanal herbei. So gelang es, dass der Fluss die ungeheuren Mistberge fortspülte. Überrascht blickte Augias auf dieses Tun.
Herakles' König, der den Helden hatte erniedrigen wollen, war über diesen Erfolg sehr enttäuscht, und er gab Herakles sogleich eine neue Aufgabe.

1 Elis: Region im Westen der Halbinsel Peloponnes (▸ Karte S. 95)

1 a Was geschieht in der Sage? Beantwortet folgende Fragen:
- Worin besteht die fünfte Aufgabe?
- Warum blickt Augias Herakles staunend an?
- Was verspricht Augias Herakles?

b Formuliert eigene Fragen zur Sage und lasst sie durch einen Lernpartner beantworten.

Herakles und der Augiasstall. Glasmalerei, Patrick Reyntiens (*1925)

2 Entscheidet, welche Aussage zu Herakles in der Augiasstall-Sage passt: A, B oder C?

A Herakles kann die Aufgabe nur durch seine übermenschliche Körperkraft lösen.
B Herakles beweist, dass er sowohl ein starker als auch ein ideenreicher und listiger Held ist.
C Herakles ist sich nicht zu schade, sich durch diese schmutzige Aufgabe selbst zu erniedrigen.

3 Stellt euch vor, ihr seid Herakles und kehrt zum König zurück, nachdem ihr seine Aufgabe gelöst habt. Was könntet ihr ihm zurufen? Beginnt z. B. so:
„Du konntest mich nicht erniedrigen! Ich sage dir, wie ich deine Aufgabe gelöst habe: …"

4 Prüft in Partnerarbeit: An welchen Merkmalen erkennt man, dass der Text „Herakles und der Augiasstall" (► S. 97) eine Sage ist?
Ordnet folgende Aussagen richtig zu. Notiert Buchstabe und Ziffer, z. B.: *A 4, B ...*

Eine Sage ...	„Herakles und der Augiasstall"
A erzählt von **Göttinnen, Göttern** und **Menschen,** die **von Göttern abstammen.**	**1** Elis ist eine Landschaft in Griechenland, die es tatsächlich gibt (Karte ► S. 95), ebenso wie den Fluss Alpheios.
B handelt von **Helden.**	**2** Herakles muss sich bei den Aufgaben bewähren, die der König ihm stellt. Er will z. B. den Stall an einem einzigen Tag vom Mist befreien.
C erzählt von **Kampf, Bewährung oder Abenteuer.**	**3** Herakles kann mit bloßen Händen einen Viehstall aufreißen und einen Fluss in einen Kanal umleiten.
D spielt an **wirklichen Orten.**	**4** Herakles ist als Sohn von Zeus ein Halbgott.
E erzählt von **übernatürlichen Dingen,** z. B. von übermenschlicher Stärke oder übernatürlichen Wesen.	**5** Herakles ist ein Held der griechischen Antike.

5 Untersucht, ob es sich bei dem Text „Herakles und die Hydra von Lerna" (► S. 94–95) um eine Sage handelt. Wählt a oder b.

●●● **a** Prüft, ob ihr die Sagenmerkmale aus der Tabelle „Eine Sage ..." der Hydra-Sage zuordnen könnt. Notiert ins Heft: *S. 94: Z. xx–yy → A   Z. aa–bb → ...   Z. mm–nn → ...*

●○○ **b** Findet heraus, welche der folgenden Aussagen auf den Text (► S. 94–95) zutrifft. Schreibt die richtigen Aussagen ins Heft.

1 Die Hydra ist ein übernatürliches Wesen, das damals angeblich lebte.
2 Die Sage spielt in einer Gegend in Griechenland, die es tatsächlich gibt.
3 Herakles ist ein gewöhnlicher Mensch, der einen starken Körper und einen klugen Kopf hat.
4 Herakles muss sich in einem Abenteuer, nämlich dem Kampf gegen die Hydra, bewähren.

6 Kennt ihr Heldengeschichten von heute, in denen die Heldin oder der Held ähnlich ist wie Herakles? Tauscht euch aus.

Information **Sagen**

- **Sagen** sind ursprünglich mündlich überlieferte Erzählungen, die später aufgeschrieben wurden. Sie **handeln** vom Anbeginn der Welt, von **Göttern und Helden** und ihren Taten.
- Erzählt wird von **Kampf und Bewährung, Sieg und Niederlage** und **abenteuerlichen Reisen.**
- Oft haben **Sagen** einen **wahren Kern.** In ihnen können im Unterschied zum Märchen **wirkliche Personen, geschichtliche Ereignisse** und **wirkliche Orte** vorkommen.
- In Sagen handeln auch **übernatürliche Wesen** wie Zauberinnen, Riesen und Ungeheuer.

Teste dich!

Herakles und der Kampf gegen den nemeischen Löwen

Die erste Arbeit, die Herakles für den König erledigen musste, war sehr schwierig: Er sollte den nemeischen[1] Löwen töten. Dieser Löwe verbreitete Angst und Schrecken, denn er hatte schon viele Tiere und Menschen angegriffen und gefressen. Er galt als unbesiegbar.

Tagelang suchte Herakles den Löwen in den Wäldern des Peloponnes. Schließlich fand er das Ungeheuer schlafend unter einem Baum. Sein Kopf und seine Mähne waren rot vom Blut seiner letzten Mahlzeit.

Herakles versuchte sofort, seine treffsicheren Pfeile in das Herz des Löwen zu schießen, aber vergeblich: Die Pfeile prallten einfach ab. Schließlich wurde der Löwe wach und sprang mit fürchterlichem Gebrüll auf Herakles zu. Der wehrte sich mit dem Schwert, doch auch das fügte dem Löwen nicht einen Kratzer zu. Jetzt war Herakles klar: Das Fell des Löwen war unverletzbar!

Deshalb stürzte er sich mit bloßen Händen auf das Tier, um es mit seiner Faust so fest auf den Kopf zu schlagen, dass es bewusstlos hinfiel. Dann erwürgte er den Löwen mit beiden Händen und brach ihm zum Schluss das Genick. Endlich war die Bestie tot.

Nun wollte Herakles dem Löwen das Fell abziehen, aber sein Messer glitt daran ab. So kam er auf die Idee, dafür die eigenen Krallen des Löwen zu verwenden. Und siehe da, mit den Löwenpranken ließ sich das Fell tatsächlich aufschlitzen. Herakles zog es sich über den Kopf und benutzte es seitdem als Mantel.

1 nemeisch: Herkunftsbezeichnung nach dem Ort Nemea (▸ Fußnote 1, S. 94)

1 Herakles ist übermenschlich stark. Schreibe eine Textstelle ab, an der das deutlich wird.

2 Die folgenden Handlungsschritte der Sage sind durcheinandergeraten. Ordne sie.
Tipp: Richtig im Heft geordnet, ergibt sich aus den Buchstaben ein Lösungswort.

R Herakles schießt mit Pfeilen auf den Löwen, die an dessen Fell abprallen.
H Der König beauftragt Herakles, den gefährlichen nemeischen Löwen zu töten.
K Herakles kämpft mit dem Schwert, das aber den Löwen nicht verletzen kann.
S Herakles zieht dem Löwen mit dessen Krallen das Fell ab und benutzt es als Mantel.
E Herakles sucht lange den Löwen und findet ihn schlafend unter einem Baum.
L Herakles schlägt den Löwen mit der Faust bewusstlos.
A Der Löwe wacht auf und springt Herakles an.
E Herakles erwürgt den Löwen und bricht ihm das Genick.

3 a Ordne in deinem Heft die markierten Textstellen diesen Sagenmerkmalen zu:

G übernatürliches Wesen = Z. …
S Kampf, Bewährung = Z. …
A realer Ort = Z. …
E ein Held und seine Tat = Z. …

b Wie lautet das Lösungswort? Die richtige Reihenfolge deiner Zuordnung sagt es dir.

6.2 Von Siegfried bis Harry Potter – Sagenhaftes nacherzählen und gestalten

Mündlich nacherzählen

Siegfried ist eine Heldenfigur der deutschen Literatur. Seine Abenteuer wurden zunächst lange mündlich erzählt, bevor sie um das Jahr 1200 im „Nibelungenlied" aufgeschrieben wurden.

Wie Siegfried den Drachen tötete

Nach vielen Tagesreisen erreichte Siegfried den Ort mit dem Namen Gnitaheide. Er bat einen Köhler, der im Wald seine Holzkohle herstellte, ihn dahin zu führen, wo der Drache hauste. Erschrocken weigerte sich der Köhler: „Geh nur allein, du kannst ihn nicht verfehlen. Zu schrecklich ist der Drache, als dass ich mit dir gehen möchte."
So ging Siegfried allein weiter. Abends kam er an einen Felsenquell, der sich zu einem Teich staute. Da fand er endlich eine Spur des Drachen, den man Fafner nannte. Einen breiten Weg hatte sich das Tier durch Wald und Gebüsch zum Teich gebrochen, wo es morgens zu trinken pflegte. Oberhalb des Quells verlor sich die wüste Bahn im gähnenden Schlund einer finsteren Höhle. Am Quell wartete Siegfried auf den kommenden Morgen.

Am nächsten Tag stieg die Sonne aus dem feuchten Nebeldunst. Da vernahm Siegfried ein fernes Pfeifen und Zischen. Bald schwoll es zu einem gewaltigen Schnauben, Rasseln und Schleifen an: Der Drache kam. Und dann sah er ihn. Kurze, gekrümmte Krallenfüße schoben den gewaltigen Echsenkörper: Zackig zog sich ein grässlicher Stachelkamm vom Nacken bis zur Schwanzspitze. Dicke, schuppige Hornplatten schützten den schwarz-grünen Leib. Nur unten am Bauch ließen weißliche Streifen ahnen, wo das Ungeheuer verwundbar war. Nach links und rechts pendelte der platte Kopf auf dem dicken Hals. Grässlich starrten die Zahnreihen im geöffneten Rachen. Siegfrieds Herz raste vor Erregung, seine Faust presste den Schwertgriff. Jetzt hielt das Ungeheuer an, zog zischend den Atem ein: Es hatte

den Menschen gewittert. Feuerdampf stießen die Nüstern aus, wütend schwoll sein Rückenkamm. Dann wälzte sich das Tier auf den Stein zu, hinter den Siegfried sich geduckt hatte.

Doch der sprang seitwärts aus seinem Versteck weg und suchte Fafner von der Flanke her anzugreifen. Blitzschnell wendete sich der Drache um und nun begann ein furchtbarer Kampf. Fafner war entsetzlich, giftig sein Geifer, brennend sein Atem, tödlich der Schlag seines Schwanzes und der Hieb seiner Klauen. Aber schnell und geschickt war Siegfried, scharf sein Blick, rasch und sicher sein Arm. Die Gnitaheide erbebte vom Gebrüll Fafners und von den Schwertschlägen, die wirkungslos an seinem Schuppenpanzer abprallten. Ringsum war der Boden zerstampft und durch den feurigen Atem des Drachen versengt. Da! Eine unbedachte Wendung reißt den Drachen auf die Seite. Für einen Augenblick zeigt sich der weiße, weiche Bauch, und tief stößt Siegfried sein Schwert in den Leib des Ungeheuers. Dickes Blut schießt in mächtigem Strahl hervor, der Feueratem vergeht, das Tier bäumt sich auf, bis es sich streckt, ein letztes Mal zuckt und still liegen bleibt. – Fafner war tot.

Ein blutiger Bach floss zum Quellteich. Ohne an etwas zu denken, tauchte Siegfried seinen Finger hinein und leckte ihn ab. Da verstand er plötzlich die Sprache der Vögel. Erstaunt lauschte er, als eine Graumeise ihm zusang, dass das Drachenblut die Haut unverwundbar mache. Schnell streifte er sich die Kleider vom Leib und tauchte seinen ganzen Körper in den Bach. Er merkte nicht, dass dabei ein Lindenblatt auf seinen Rücken zwischen die Schulterblätter gefallen war. An dieser Stelle blieb er verwundbar wie die anderen Menschen. Sein übriger Körper aber war fortan gegen Hieb und Stich geschützt.

1 Lest die Geschichte mit Hilfe der folgenden Methode.

Methode **Wechselseitiges Lesen in der Gruppe**

Mit dem wechselseitigen Lesen unterstützt man sich gegenseitig, um einen Text zu verstehen.
- Bildet **Vierergruppen.**
- Jeder in der Gruppe liest still für sich den **ersten Textabschnitt.** Der übrige Text wird abgedeckt.
- Lest den Abschnitt ein zweites Mal. Jeder schreibt für sich **Schlüsselwörter** (▸ S. 162, 163) heraus.
- Arbeitet dann in der Gruppe. Verteilt die folgenden **Rollen A–D:**
  A fordert zu **Erklärungen** unbekannter oder schwieriger Wörter und unklarer Textstellen auf.
  B stellt **Fragen,** die mit dem Text beantwortet werden können. Die anderen beantworten die Fragen von B, z. B.: *Wo spielt die Sage? Wie besiegt Siegfried Fafner?* usw.
  C formuliert eine **Zusammenfassung** des Textabschnitts. A, B, D ergänzen und korrigieren.
  D versucht **vorherzusagen,** was in dem nächsten Textabschnitt passiert.
- Lest den **zweiten Textabschnitt** in Einzelarbeit. Schreibt Schlüsselwörter heraus.
- Arbeitet erneut in der Gruppe. **Wechselt die Rollen** A, B, C, D im Uhrzeigersinn.
- Geht für die weiteren Textabschnitte auf die gleiche Weise vor.

2 Vergleicht in der Klasse eure Gruppenergebnisse.

3 Wer erinnert sich an den Inhalt der Sage am besten? Schließt das Buch und die Hefte. Gebt die Handlungsschritte mit eigenen Worten wieder.

4 Zwei Schüler haben den Kampf Siegfrieds gegen den Drachen mündlich nacherzählt, um auszuprobieren, wie die Sage über Jahrhunderte weiter überliefert worden ist.
Gefällt euch Ausschnitt A oder B besser? Begründet.

A *„... Und dann kam Siegfried zu dem Drachen. Der Drache war ziemlich schrecklich. Dennoch konnte ihn Siegfried durch einen Trick besiegen. Er rammt ihm einfach sein Schwert in den Bauch. Mit dem Drachenblut konnte sich Siegfried fortan schützen ..."*

B *„Lange suchte Siegfried den schrecklichen Drachen. Jn einem Wald traf er einen Köhler. Der wusste zwar, wo sich die Höhle des Drachen Fafner befand. Aber er hatte solche Angst, dass er Siegfried nicht dahin führen wollte. ‚Geh allein', sagte er zitternd, ‚du wirst ihn schon finden.' Es war bereits Abend, als der Held zu einem Teich an einer Quelle kam: Endlich! Eine Spur! ..."*

5 Bereitet eine eigene mündliche Nacherzählung zu Siegfrieds Drachenkampf vor.
Wählt Aufgabe a/b oder c/d.

●●● a Formuliert auf vier Karteikarten je Textabschnitt eine eigene Überschrift.

b Ergänzt auf den Karteikarten in verschiedenen Farben Folgendes:
Namen und Orte, Aussehen, Handlungen, Ideen für wörtliche Rede, Satzanfänge.

●○○ c Überlegt: In welcher Reihenfolge müssten die folgenden Karteikarten zum Inhalt stehen?

d Übertragt die Karteikarten auf eigene Karten. Ergänzt sie sinnvoll in Partnerarbeit.

Der Schutz
- Bach und Drachenblut
- Siegfried probiert
- Vogel: „Du verstehst mich jetzt. Wisse, dass ..."
- Bad, doch ein ....
- Fortan bis auf ...

Auf der Suche
- Gnitaheide
- Köhler: „Geh allein. Jch habe zu viel Angst!"
- ...

Die Begegnung
- Fafners Aussehen: ...
- Die verwundbare Stelle: ...
- Siegfried im Versteck: aufgeregt
- Fafner: ...

- Fafners Waffen: ...
- Siegfried kämpft
- Da! Drache ...
- ....

6 a Erzählt die Sage mündlich nach.
Tipp: Übt mit Hilfe eurer Karteikarten und der Checkliste den Vortrag mehrmals.

b Gebt euch mit Hilfe der Checkliste ein Feedback.

Checkliste

Mündlich nacherzählen
- Wurde die **Reihenfolge** der Ereignisse eingehalten?
- Wurden die **wichtigen Handlungsschritte** bzw. Zusammenhänge nacherzählt?
- Sind möglichst **eigene Worte** verwendet worden?
- Wurde auch die **wörtliche Rede** verwendet, um die Nacherzählung lebendiger zu gestalten?
- Sind **abwechslungsreiche Satzanfänge** formuliert worden?
- Wurde die **Zeitform der Textvorlage** eingehalten?

Schriftlich nacherzählen

Joanne K. Rowling

Harry Potter und der Feuerkelch – Die erste Aufgabe

In einem magischen Turnier muss der Zauberlehrling Harry Potter, ein Held aus Jugendbüchern von heute, gegen einen Drachen kämpfen. Harrys Aufgabe besteht darin, einem Drachenweibchen aus seinem Nest ein goldenes Ei wegzunehmen. Hunderte von Zuschauern beobachten Harry dabei. Sie stehen rund um den eingezäunten Kampfplatz, die Umfriedung. Harrys Kampf gegen das Drachenweibchen, einen Ungarischen Hornschwanz, beginnt.

[...] jeden Augenblick war Harry selbst dran. Er stand auf und nahm verschwommen wahr, dass seine Beine aus Gummi zu bestehen schienen. Er wartete. Und dann hörte er den Pfiff. Als er hinausging, überschwemmte ihn Panik wie eine eiskalte Welle. Er ging an den Bäumen vorbei und durch eine Öffnung in der Umfriedung.

Er sah alles vor sich wie in einem grellbunten Traum. Viele hundert Gesichter sahen von den Tribünen, die sie inzwischen herbeigezaubert hatten, auf ihn herab. Und da war das Hornschwanz-Weibchen, am anderen Ende der Koppel, gedrungen über seinem Nest kauernd, die Flügel halb eingezogen, die bösartigen Augen auf ihn gerichtet – eine monströse, schuppige schwarze Echse, die mit ihrem dornenbesetzten Schwanz auf den Boden peitschte und meterlange Furchen in die Erde schlug. Die Zuschauer machten einigen Lärm, doch ob sie ihn anfeuerten oder ausbuhten, es war Harry nun gleich. Jetzt war es an der Zeit zu tun, was er tun musste ... ausschließlich und mit aller Kraft an das zu denken, was seine einzige Chance war ... Er hob den Zauberstab.

„Accio Feuerblitz!“[1], rief er.

Er wartete, und jede Faser seines Körpers hoffte, flehte ... vielleicht war es misslungen ... vielleicht kam er nicht ... er sah alles wie durch eine schwimmende, durchsichtige Mauer, durch einen Hitzeschleier, der das Gehege und die Hunderte von Gesichtern um ihn her merkwürdig verschwimmen ließ ...

Und dann hörte er ihn. Hinter ihm rauschte er durch die Luft. Harry drehte sich um und sah den Feuerblitz am Waldrand entlang auf ihn zuschwirren, er schoss in das Gehege und kam

1 Accio: Zauberspruch: „Ich rufe herbei“; Feuerblitz: Harrys Reitbesen

in Hüfthöhe neben ihm zum Halt, bereit, von Harry bestiegen zu werden. Die Menge tobte jetzt ... Bagman[2] rief irgendetwas ... doch es erreichte Harrys Ohren nicht ... Zuhören war unwichtig ...
Er schwang ein Bein über den Besen und stieß sich vom Boden ab. Und eine Sekunde später geschah etwas Wundersames ...
Als er in die Höhe schoss, als der Wind durch sein Haar blies und die Gesichter der Menge zu bloßen fleischfarbenen Stecknadelköpfen wurden und der Hornschwanz auf die Größe eines Hundes schrumpfte, da wurde ihm klar, dass er nicht nur den Erdboden hinter sich gelassen hatte, sondern auch seine Angst ... er war wieder da, wo er hingehörte ...
Dies hier war nur ein Quidditch-Spiel[3], ganz einfach ... nur noch ein Quidditch-Spiel, und der Hornschwanz war nichts weiter als eine dieser gemeinen gegnerischen Mannschaften ...

Er spähte hinunter auf das Gelege und sah das goldene Ei, das sich schimmernd von den zementfarbenen Eiern abhob, geborgen zwischen den Vorderbeinen des Drachen. „Gut", sagte sich Harry, „Ablenkungstaktik ... los geht's ..."
Er schoss senkrecht in Richtung Erde. Der Kopf des Hornschwanzes folgte ihm; er wusste, was der Drache tun würde, und riss sich im letzten Augenblick aus dem Sturzflug; ein Feuerstoß hatte die Luft verbrannt, genau dort, wo er gewesen wäre ... doch Harry war es gleich ... das war nichts anderes, als einem Klatscher[4] auszuweichen ... „Meine Güte, der kann fliegen!", rief Bagman durch das Kreischen und Seufzen der Menge. „Sehen Sie das [...]?"
Harry zog sich wie auf einer weiten Spirale nach oben; der Hornschwanz folgte ihm mit den Augen, sein Kopf rotierte auf dem langen Hals – wenn er das durchhielt, würde es dem Drachen ganz schön schwindelig werden –, doch sollte er es besser nicht zu weit treiben, sonst würde das Biest wieder Feuer speien.
Harry stürzte sich genau in dem Moment in die Tiefe, als der Hornschwanz das Maul aufriss, doch diesmal hatte er weniger Glück – er entging zwar den Flammen, doch der Schwanz peitschte nach ihm, und als er seitlich ausbrach, streifte ein langer Dorn seine Schulter und zerfetzte seinen Umhang.
Er spürte einen stechenden Schmerz, er hörte die Schreie und das Stöhnen der Menge, doch der Riss schien nicht besonders tief zu sein ... er schwirrte über dem Rücken des Hornschwanzes herum, und da fiel ihm etwas ein ...

Der Hornschwanz schien offenbar nicht fliegen zu wollen, das Drachenweibchen sorgte sich zu sehr um seine Brut. Es zuckte zwar und wand sich, spannte die Flügel und rollte sie wieder ein und verfolgte Harry unablässig mit den Furcht erregenden gelben Augen, doch hatte es Angst, sich zu weit von seinen Eiern zu entfernen ... aber genau dazu musste er den Drachen unbedingt bringen, oder er würde nie an das Gelege herankommen ... der Witz war, es ganz vorsichtig, ganz allmählich zu tun ...
Er flog vor dem Kopf des Drachen hin und her, weit genug entfernt, damit er kein Feuer spuckte, um ihn zu verjagen, doch immer noch als drohende Gefahr, die er nicht aus den Augen lassen durfte. Den Kopf hin- und herschwenkend verfolgte er ihn mit den Augen, beobachtete ihn aus seinen senkrechten Pupillen, die Fangzähne gebleckt ...
Er stieg höher. Der Drache reckte den Hals, bis es nicht mehr ging, und noch immer schwenkte er den Kopf hin und her wie eine Schlange vor ihrem Beschwörer ...
Harry stieg noch ein paar Meter höher und der Drache brüllte wütend auf. Für ihn war er wie eine Fliege, eine Fliege, die er in rasendem Zorn totklatschen wollte; wieder schlug er mit dem Schwanz aus, doch jetzt konnte er ihn

2 Ludo Bagman: Kommentator des magischen Turniers

3 Quidditch: Sportart in Potters Zauberwelt, die auf fliegenden Besen gespielt wird. Harry ist sehr gut in Quidditch.

4 Klatscher: große schwarze, verzauberte Eisenkugeln; greifen Spieler an, die ihnen am nächsten sind

nicht mehr erreichen ... er spie einen Feuerball nach Harry, doch Harry wich ihm aus ... das Maul öffnete sich weit ... „Komm schon", zischte Harry und drehte Kreise über dem Drachenkopf, um ihn noch weiter zu reizen, „komm nur, schnapp mich doch ... steh auf, mach schon ..."

Und dann bäumte sich der Drache auf, spannte endlich seine großen schwarzen ledrigen Flügel, lang wie die eines kleinen Flugzeugs – und Harry stürzte sich hinab. Bevor der Drache wusste, was Harry getan hatte oder wohin er verschwunden war, raste Harry, so schnell er konnte, auf die Erde und auf die Eier zu, die jetzt nicht mehr von den klauenbesetzten Pranken beschützt waren – er nahm die Hände vom Feuerblitz – und packte das goldene Ei –
Und mit einem gewaltigen Spurt floh er, raste er über die Tribünen hinweg, das schwere Ei sicher unter den unverletzten Arm geklemmt. Und in diesem Augenblick schien jemand die Lautstärke hochgedreht zu haben – zum ersten Mal wurde ihm klar bewusst, welchen Lärm die Zuschauer machten, die so laut wie die irischen Anhänger bei der Weltmeisterschaft schrien und klatschten – [...]

1 a Tauscht euch aus: Wie gefällt euch Harry Potter in dieser Situation?
b Was wisst ihr sonst noch über Harry Potter? Erzählt.

2 Prüft, ob ihr die Geschichte aufmerksam gelesen habt.
a Entscheidet, ob folgende Aussagen zutreffen.

A Das Drachenweibchen schafft es nicht, Harry zu verletzen.
B Der Drache ist wütend auf Harry, da der Junge ihn wie eine lästige Fliege ärgert.
C Harry hat Angst davor, seine Aufgabe zu lösen und dem Drachen das Ei wegzunehmen.
D Harrys Ablenkungsmanöver glückt und der Drache lässt die Eier kurz ungeschützt.
E Auch auf seinem Besen Feuerblitz hat Harry immer noch Angst vor seiner Aufgabe.

b Korrigiert die falschen Aussagen in eurem Heft.

3 Gibt es im Text Wörter oder Sätze, die ihr nicht versteht? z. B.: *Koppel* (Z. 14), *rotierte* (Z. 77), ...
Versucht, diese Wörter oder Sätze aus dem Textzusammenhang zu erklären.

4 Beschreibt, wie es Harry schafft, dem Drachen das goldene Ei zu stehlen. Beginnt z. B. so:
Harry ruft seinen Reitbesen Feuerblitz. Mit seiner Hilfe will er den Drachen ablenken. Dazu fliegt er vor den Augen des Drachen steil ...

5 a Ist für euch Harry Potter in dieser Situation ein Held? Begründet.
b Vergleicht Harry Potter mit Herakles (► S. 94–98).
Was haben sie gemeinsam? Was unterscheidet sie?

1 Der Text „Die erste Aufgabe“ (S. 103–105) ist in fünf Sinnabschnitte unterteilt.
Formuliert für jeden Sinnabschnitt eine knappe Zwischenüberschrift, z. B.:
Sinnabschnitt 1: Harrys Furcht vor dem Kampf
Sinnabschnitt 2: ...

▷ Eine Hilfe zu Aufgabe 1 findet ihr auf Seite 107.

2 Mit Hilfe eines Schaubilds kann man die einzelnen Handlungsschritte eines Geschehens veranschaulichen. Arbeitet zu zweit.

a Zeichnet das nebenstehende Schaubild für den ersten Sinnabschnitt ins Heft. Nutzt eine ganze Seite.

b Ordnet die folgenden Schlüsselwörter dem Flussdiagramm sinnvoll zu:
Harry Zuschauer Zauberstab Drachengehege Drachenweibchen ~~Panik~~.

c Entwerft auch für die Sinnabschnitte 2 bis 5 ähnliche Schaubilder.

▷ Hilfe zu 2, Seite 107

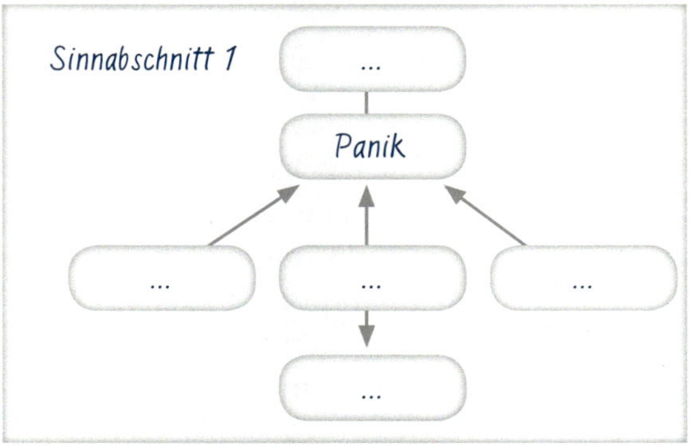

3 Mit Hilfe eurer Vorarbeiten habt ihr nun den Inhalt des Textes gut vor Augen.
Das ist wichtig, wenn man eine Geschichte schriftlich nacherzählen will, z. B. für jemanden, der diese Geschichte nicht kennt.
Verfasst eine schriftliche Nacherzählung zu Harry Potters „erster Aufgabe“.
Tipp: Nutzt die nebenstehenden Wörter für eure Satzanfänge. Beachtet die Methode unten.

▷ Hilfe zu 3, Seite 107

zuerst dann danach anschließend
da nach einer Weile als nachdem
während bis bevor daraufhin
später schließlich zuletzt

4
a Prüft, was an diesem Ausschnitt einer Nacherzählung nicht gelungen ist.
Tipp: Achtet auf die verwendete Zeitform und die Satzanfänge.

b Überarbeitet eure eigenen Nacherzählungen.

▷ Hilfe zu 4, Seite 107

... Dann schoss Harry mit seinem Besen in die Luft. Und dann versucht er, mit einem Sturzflug den Drachen abzulenken. Fast verletzt dieser ihn mit einem Feuerstoß. Dann flog Harry wieder nach ...

Methode **Schriftlich nacherzählen**

- Führt euch **Inhalt und Ablauf der Geschichte** genau vor Augen, z. B. mit Hilfe von **Karteikarten** (▸ S. 102) oder einem **Schaubild.** Haltet euch an den Handlungsablauf.
- Verwendet möglichst eure **eigenen Worte.** Behaltet aber die **Zeitform der Textvorlage** bei.
- Nutzt die **wörtliche Rede,** um die Nacherzählung lebendiger zu gestalten (▸ S. 120).
- Achtet auf **abwechslungsreiche Satzanfänge.**

Aufgabe 1 mit Hilfe

Der Text „Die erste Aufgabe“ (S. 103–105) ist in fünf Sinnabschnitte unterteilt.
Ordnet jedem Sinnabschnitt die folgenden Sätze zu: *Satz A gehört zu …*

- **A** Harry zauberte seinen Feuerblitz herbei, flog mit ihm in die Luft und verlor so seine Angst.
- **B** Schließlich folgte der Drache Harry in die Luft, der dann in einem Sturzflug das goldene Ei packen konnte.
- **C** Harry begann auf dem Besen sein Ablenkungsmanöver, wobei ihn der Drache an der Schulter verletzte.
- **D** Beobachtet von vielen Zuschauern, betrat Harry voller Angst das Drachengehege.
- **E** Um den Drachen vom Nest wegzulocken, ärgerte Harry das Tier, indem er um es herumflog.

Aufgabe 2 mit Hilfe

Mit Hilfe eines Schaubilds kann man die einzelnen Handlungsschritte eines Geschehens veranschaulichen. Arbeitet zu zweit.

a In dem folgenden Schaubild sind die Schlüsselwörter für den ersten Sinnabschnitt nicht richtig zugeordnet.
Verbessert das Schaubild.

b Zeichnet das von euch berichtigte Schaubild ins Heft. Nutzt eine ganze Seite.

c Entwerft auch für den Abschnitt 2 ein Schaubild. Nutzt folgende Schlüsselwörter:
Warten auf den Besen *Feuerblitz*
losfliegen *keine Angst mehr*

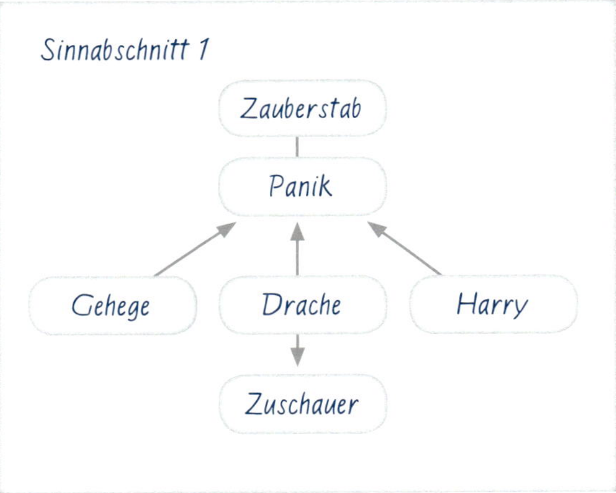

Aufgabe 3 mit Hilfe

Mit Hilfe eurer Vorarbeiten habt ihr nun den Inhalt des Textes gut vor Augen.
Das ist wichtig, wenn man eine Geschichte schriftlich nacherzählen will.
Verfasst eine schriftliche Nacherzählung zu Harry Potters „erster Aufgabe“, z. B.:

Harry überfiel …, als die Reihe an ihn kam. Die vielen … und der … im Gehege machten ihm … Was blieb ihm übrig? Also nahm er seinen … und rief … Doch der … nicht. Wo blieb sein Zauberbesen bloß? Da! Endlich, … erschien und Harry konnte … Plötzlich hatte er auch keine …

Aufgabe 4 mit Hilfe

a Prüft, was an diesem Ausschnitt einer Nacherzählung nicht gelungen ist.
Tipp: Achtet auf die bereits markierten Zeitformen und Satzanfänge.
… Dann hob Harry seinen Zauberstab. Dann ruft er seinen Besen. Erst kommt der Besen nicht, doch dann erschien er endlich. Und Harry konnte hochfliegen. Und so gelingt es ihm, den Drachen …

b Überarbeitet eure eigenen Nacherzählungen. Beachtet die Methode (▸ S. 106).

Hörspielszenen gestalten

Harry Potters Abenteuer lassen sich gut als Hörspiel gestalten.

1 a Tauscht euch aus: Welche Hörspiele kennt ihr?
b Überlegt, was das Besondere an einem Hörspiel ist. Was unterscheidet ein Hörspiel z. B. von einem geschriebenen Text oder einem Film?

2 Geräusche machen ein Hörspiel lebendig.
a Beschreibt das Geräusch auf dem Bild. Zu welchem Textabschnitt auf S. 103–105 passt es?
b Überlegt, welche Geräusche ihr für Harrys Drachenkampf benötigt. Wie könnt ihr sie erzeugen?

3 Wandelt den Text von S. 103–105 in eine Hörspielszene um.
Tipp: Arbeitet in fünf Kleingruppen. Jede Gruppe übernimmt einen Sinnabschnitt.
a Prüft, wie viele Sprecher ihr für euren Abschnitt benötigt.
Wird ein Erzähler benötigt, der die Szene einleitet oder das Geschehen näher beschreibt?
b Sammelt Ideen: Wie könnt ihr Harry Potters Wahrnehmungen, Gedanken und Gefühle ausdrücken, ohne dass ein Erzähler sie wiedergibt?
c Fertigt einen Hörspielplan wie folgt an.
Tipp: Probt regelmäßig eure Sprechtexte. Überarbeitet sie gegebenenfalls.

Hörspielplan zu Sinnabschnitt 1:

Sprechtexte	*Geräusche und Musik*
Erzähler: *Jmmer wieder steckt Harry Potter in neuen Schwierigkeiten. Heute muss er ...*	*schnelle, leise Trommelschläge*
Harry: *Nicht auch das noch. Wie die Zuschauer brüllen. Jch habe solche Angst. Da vorn, der ...*	*Jubeln/Pfiffe der Zuschauer (ganze Klasse)* *Drachenfauchen (in Papiertüte schnauben)*
Bagman: *Ah, da kommt Harry! Wird er ...?*	*durch Papiertrichter gesprochen*
Harry: *Wie soll ich das nur schaffen? Mir ...*	*...*

4 Nehmt euer Hörspiel auf. Legt fest, wer welche Aufgabe übernimmt:
Wer spricht die Texte? Wer führt Regie? Wer macht die Geräusche und wer die Aufnahmen?

Information **Das Hörspiel**

Bei einem Hörspiel muss **alles,** was der Zuhörer erfahren soll, **hörbar gemacht werden.**
Die Zuhörer sehen keine Figuren wie bei einem Bühnenstück und lesen auch nichts mit.

- Was die **Figuren** sehen, denken und fühlen, lernt man durch deren **Gespräche (Dialoge)** und **Selbstgespräche (Monologe)** kennen. Manchmal führt auch ein **Erzähler** durch das Geschehen.
- Das **Hintergrundgeschehen und die Stimmungen** werden insbesondere durch **Geräusche** (z. B. Donner, Glockenschlagen, Ausrufe oder Stimmengewirr) und **Musik** in Szene gesetzt.

6.3 Projekt – Spider-Man & Co.

Brian Bendis u. a.

Spider-Man – Die Geheimidentität

1 a Was wisst ihr über Spider-Man?
b Beschreibt die Comic-Bilder. In welcher Situation befindet sich Spider-Man?

2 Was ist Spider-Man für ein Held? Begründet anhand des Comics. Er ist z. B. ...

mutig stark furchtlos gewalttätig zweiflerisch geschickt schlau ideenreich

3 Legt im Heft eine Tabelle an und vergleicht in Partnerarbeit:
Was unterscheidet Spider-Man von Herakles und Harry Potter? Was haben sie gemeinsam?
Tipp: In der letzten Tabellenzeile könnt ihr einen Helden eurer Wahl ergänzen.

	Aussehen	Aufgabe	Denken, Fühlen
Spider-Man	...	*Menschen retten*	...
Harry Potter	*Mal auf Stirn, ...*	...	*ängstlich, aber ...*
Herakles	...	*dient einem ...*	...
...	...	...	...

4 Es gibt auch Helden des Alltags. Welche fallen euch ein? Beschreibt Situationen.
Tipp: Denkt z. B. an Ärzte, Feuerwehrleute, Freunde, Verwandte oder Nachbarn.

5 Erfindet eine kleine Geschichte, die zum Spider-Man-Comic (▶ S. 109) passen könnte.

a Notiert in eurem Heft Stichworte in Form eines Ideensterns:
Was ist vorher passiert? Wie geht es nachher weiter?

b Ordnet eure Stichworte zu einer sinnvollen und spannenden Reihenfolge.
- Nummeriert die besten Stichworte oder
- zeichnet zu jedem ausgewählten Stichwort einen Bildrahmen ins Heft – wie für einen Comic.

Tipp: Schreibt in die Bildrahmen die Stichworte mit Bleistift. So könnt ihr sie später ausradieren und übermalen.

c Erzählt oder zeichnet die Vor- und Nachgeschichte.
Tipp: Ihr könnt auch zu zweit arbeiten: Einer zeichnet und der andere ergänzt die Texte in den Sprech- und Denkblasen.

6 Überlegt, wie ihr eure Comic-Geschichten präsentieren wollt, z. B.
- als Heft oder
- als kleine Plakatausstellung in der Klasse.

Schreibwörter ▶ S. 234

die Heldin/der Held	unerschrocken	mutig	schließlich
das Ungeheuer	gewalttätig	geschickt	plötzlich
der Drache	listenreich	daraufhin	während

7 Tiere handeln wie Menschen – Fabeln verstehen und verfassen

1 a Benennt die Tierpaare, die auf dem Bild abgebildet sind.
b Sucht euch ein Tierpaar aus und nennt die Eigenschaften, die man zumeist mit jedem Tier verbindet, z. B.: *stark, groß, schnell, schlau, schwach, langsam, dumm, listig, …*

2 Kennt ihr Geschichten, in denen sich zwei verschiedene Tiere begegnen? Erzählt die Geschichten.

3 Vielleicht wisst ihr, dass man eine bestimmte Art von Tiergeschichten „Fabeln" nennt. Welche Merkmale von Fabeln könnt ihr nennen?

In diesem Kapitel …

- lernt ihr Fabeln kennen und verstehen,
- findet ihr heraus, an welchen Merkmalen man eine Fabel erkennt,
- schreibt ihr selbst Fabeln.

7.1 Von Füchsen und anderen Tieren – Merkmale von Fabeln kennen lernen

Fabeln untersuchen

Jean de La Fontaine

Der Rabe auf dem Baum

Ein Rabe saß auf einem Baum und hielt im Schnabel einen Käse, den er in aller Ruhe verzehren wollte.
Da kam ein Fuchs daher, der vom Geruch des Käses angelockt worden war.
„Guten Tag, verehrter Herr Rabe!“, rief der Fuchs. „Wie wunderbar Sie aussehen! Wenn Ihr Gesang ebenso schön ist wie Ihr Gefieder, dann sind Sie von allen hier der Größte im Wald!“
Das schmeichelte dem Raben, und das Herz schlug ihm vor Freude höher.
Um nun auch seine schöne Stimme zu zeigen, machte er den Schnabel weit auf. Da fiel der Käse hinunter.
Der Fuchs schnappte den Käse auf und sagte: „Danke für die Bescherung. Ein Schmeichler wie ich lebt von denjenigen, die artig auf ihn hören. Diese Lehre ist wohl diesen Käse wert.“
Der Rabe war bestürzt und beschämt und schwor, dass ihm so etwas nie wieder passieren würde.

1 Erläutert, wie der Fuchs den Raben hereinlegt. Ihr könnt folgende Formulierungen verwenden:

> In der Fabel treffen sich ... Rabe hockt mit Käse auf einem Baum Käseduft
> Fuchs schmeichelt ... Rabe freut sich und ... Fuchs erbeutet ...

2 In Fabeln haben die Tiere, die sich begegnen, meist gegensätzliche menschliche Eigenschaften, z. B.: frech ↔ brav, klug ↔ dumm, ...
Ordnet dem Raben und dem Fuchs aus der Fabel je drei Eigenschaften aus der folgenden Liste zu. Begründet eure Zuordnung.

> listig eitel einfältig selbstverliebt gemein frech gerissen feige mutig unklug

3 Was hat der Rabe am Ende gelernt? Tauscht euch aus.

1 a Seht euch die Abbildung an. Überlegt, worum es in der Fabel gehen könnte.
b Lest den folgenden Anfang der Fabel.

Äsop

Der Fuchs und der Storch

Ein Fuchs hatte einen Storch eingeladen und setzte ihm die köstlichsten Speisen vor. Der Fuchs verwendete jedoch nur ganz flache Schüsseln, aus denen der Storch mit seinem langen Schnabel nichts fressen konnte. Gierig fraß der Fuchs alles allein. Dennoch bat er den Storch unaufhörlich, es sich schmecken zu lassen.
Der Storch fühlte sich betrogen, blieb aber trotzdem fröhlich. Er lobte sogar die außerordentlich gute Bewirtung.

2 a Beschreibt, wie sich der Fuchs als Gastgeber verhält.
b Was könnte der Storch an welcher Stelle der Fabel denken und sagen?
Ordnet die Sprech- und Denkblasen den richtigen Zeilen zu oder erfindet eigene.

Deine Speisen sind wirklich sehr lecker.

Das ist ganz schön gemein. Ich kann gar nichts essen.

3 Am nächsten Tag treffen sich die beiden Tiere beim Storch.
a Stellt Vermutungen darüber an, was sich beim zweiten Treffen zwischen Storch und Fuchs abspielen könnte.
b Lest die Fabel zu Ende.

Am nächsten Tag bat der Storch den Fuchs zu sich zum Essen.
Als der Fuchs zum Storch kam, fand er ebenfalls die leckersten Gerichte aufgetischt – jedoch nur in Gefäßen mit langen Hälsen und schmaler Öffnung.
„Mache es so wie ich“, sprach der Storch, „und fühle dich wie bei dir.“
Und er schlürfte mit seinem Schnabel alles allein, während der Fuchs nur die guten Düfte roch.
Hungrig stand er vom Tisch auf und musste sich eingestehen, dass ihn der Storch für seinen Streich ausreichend gestraft habe.

4 a Beschreibt, wie der Storch als Gastgeber auftritt.
b Notiert: Was könnte dem Fuchs durch den Kopf gehen? Was könnte er sagen?

5 Am Ende einer Fabel steht meist eine Lehre. Der Leser soll etwas Wichtiges verstehen und sein eigenes Verhalten überdenken.
Wie könnte die Lehre für die Fabel „Der Fuchs und der Storch“ lauten? Wählt a oder b.

●●● **a** Formuliert die Lehre. Ihr könnt folgende Satzbausteine nutzen:

> Die Fabel zeigt, dass ... Überlege dir genau, ob ...
> Wenn man selbst nicht hereingelegt werden will, dann ...

●○○ **b** Wählt eine Lehre aus. Welche passt am besten?

> **A** Wenn man einen Streich zweimal spielt, hat jeder etwas davon.
> **B** Man darf einem Storch nicht trauen.
> **C** Man sollte niemandem etwas antun, das man selber nicht erleben möchte.
> **D** Wer einem Fuchs glaubt, erlebt nichts Gutes.

Auch die folgende Fabel stammt von Äsop. Dieser Dichter gilt als der erste Fabeldichter. Er lebte in Griechenland im 6. Jahrhundert vor Christus. Da Äsop ein Sklave war, konnte er nicht offen sagen, was er über menschliche Schwächen und gesellschaftliche Missstände dachte. Also erfand er Fabeln, in denen Tiere an Stelle von Menschen handeln und sprechen.

Äsop

Der Fuchs und der Bock im Brunnen

Ein Fuchs, der in einen Brunnen gefallen war, mochte sich noch so sehr bemühen und noch so hoch springen, er konnte sich nicht aus seinem Gefängnis befreien.
Nach einiger Zeit kam ein Ziegenbock zum Brunnen und sah den Fuchs unten hocken.
„Ist das Wasser gut?“, fragte der Ziegenbock den gefangenen Fuchs.
Der Fuchs spitzte die Ohren und ließ sich nichts von seiner Verlegenheit anmerken.
„Ah, Ziegenbock!“, rief er mit seiner sanftesten Stimme. „Das Wasser ist frisch und kalt. Komm zu mir und versuche es!“
Der Ziegenbock zögerte nicht lange und sprang zu dem Fuchs hinunter. Das Wasser war, wie der Fuchs gesagt hatte, frisch und kalt, aber nachdem der Ziegenbock getrunken hatte, wusste er nicht, wie er wieder aus dem Brunnen herauskommen sollte.
„Lass mich nur machen“, befahl der Fuchs. „Stemm dich mit deinen Vorderbeinen gegen die Mauer und mache deinen Hals recht lang. Ich klettere über deinen Rücken und über deine Hörner hinauf. Wenn ich oben bin, helfe ich dir.“
Der Ziegenbock richtete sich auf, stemmte seine Vorderbeine gegen die Mauer und reckte den Hals in die Höhe. Der Fuchs hüpfte auf den Rücken des Ziegenbocks, kletterte auf seine Hörner und sprang mit einem mächtigen Satz über den Rand des Brunnens.
Als er selbst in Sicherheit war, dachte er nicht

daran, seinem Gefährten zu helfen. Er lief um den Brunnen herum und verhöhnte den Ziegenbock.
„Warum hältst du nicht dein Wort?“, jammerte der Ziegenbock. „Ich habe dir geholfen, warum hilfst du nicht mir?“
„Ziegenbock, alter Ziegenbock“, spottete der Fuchs, „wenn du so viel Verstand in deinem Kopf hättest wie Haare in deinem Bart, dann würdest du nirgends hinunterspringen, bevor du nicht weißt, wie du wieder herauskommst!“

1 a Erläutert, wie sich der Fuchs und der Ziegenbock in der Fabel verhalten.
b Wen findet ihr sympathischer? Begründet eure Meinung.

2 Am Ende der Fabel belehrt der Fuchs den Ziegenbock über sein Verhalten. Was will er dem Ziegenbock sagen? Begründet eure Wahl.

A Schadenfreude ist die allerschönste Freude.
B Der Klügere gibt nach.
C Man muss nachdenken, bevor man sich auf etwas einlässt.
D Manchmal entwickeln sich die Dinge eben nicht so, wie man gern möchte.

3 Lest die Fabel mit verteilten Rollen, sodass die Eigenschaften von Fuchs und Bock deutlich werden. Geht so vor:
a Bildet Gruppen. Entscheidet, wer welche Rolle übernimmt (Erzähler, Fuchs, Bock).
Tipp: Legt eine Folie über den Text und unterstreicht die einzelnen Sprechrollen.
b Überlegt, welche Eigenschaften Fuchs und Bock zeigen. Nutzt die Liste auf S. 112 unten.
c Probt, wie ihr diese Eigenschaften durch eure Stimmen ausdrücken könnt. Sprecht z. B.:
hoch oder tief, laut oder leise, schmeichlerisch, bestimmt, unterwürfig, spöttisch, …
d Übt die Fabel mehrmals mit verteilten Rollen, bis ihr sie sicher beherrscht.
e Tragt euer Ergebnis in der Klasse vor. Nutzt den Feedback-Bogen auf S. 132.

Information **Die Fabel**

Eine **Fabel** ist eine **kurze, lehrhafte Erzählung.** Sie hat folgende **Merkmale:**
- Die **Figuren** sind in der Regel **Tiere,** z. B.: *Fuchs, Rabe, Storch, Ziegenbock* usw.
- Die Tiere haben **menschliche Eigenschaften.** Sie **handeln und sprechen** wie Menschen.

Und so wird erzählt:
- Zu **Beginn** einer Fabel treten mindestens zwei **Tiere mit gegensätzlichen Eigenschaften** auf. Das eine Tier versucht, das andere Tier **in einer besonderen Situation zu überlisten bzw. zu besiegen.** Das andere Tier reagiert dumm oder schlau.
- Am **Schluss** der Fabel ist oft eine **Lehre** formuliert. Der Leser soll etwas Wichtiges über ein bestimmtes Verhalten lernen, z. B. in Form einer Lebensweisheit:
Wer anderen eine Grube gräbt, fällt selbst hinein.
Der Satz bedeutet: Es ist nicht gut, jemandem eine Falle zu stellen. Meist tappt man selbst hinein und schadet sich selbst.

Fabeln vergleichen

Eine Fabel aus Afrika

Das Wettrennen

Ein Elefant begegnete einst einem Chamäleon. „Wie klein du bist!“, spottete der Elefant.
„Ich bin klein“, antwortete das Chamäleon. „Dafür bin ich flinker als du.“
Der Elefant trompetete ärgerlich: „Zur Strafe für diese Unverschämtheit sollte ich dich mit meinem Rüssel erschlagen!“
„Lass uns lieber morgen früh ein Wettrennen veranstalten!“, schlug das Chamäleon vor.
Dem Elefanten erschien diese Herausforderung lächerlich, doch er nahm sie an.
Das Chamäleon rief seine Brüder zusammen und sprach: „Wir wollen dem Elefanten beweisen, dass Klugheit oft mehr vermag als Stärke. Verteilt euch morgen früh am Weg entlang und wartet auf den Elefanten.“
Als der Morgen graute, kam der Elefant und fing sofort an zu laufen. Das Chamäleon aber kletterte, ohne dass der Elefant es merkte, auf dessen Schwanz.
Schon nach kurzer Zeit begegnete der Elefant einem Chamäleon. Es war natürlich nicht jenes, das auf seinem Schwanz saß. Der Elefant fragte: „Wie? Du bist schon hier? Bist du nicht müde?“
„Nein“, antwortete das Tierchen und lief eilig ein kurzes Wegstückchen.
So ging es weiter. Der Elefant strengte sich sehr an, aber stets erwartete ihn nach kurzer Zeit ein Chamäleon. Er lief und lief, aber er konnte das Chamäleon – wie er glaubte – nicht überholen.
Endlich fiel er erschöpft nieder. Das Chamäleon kletterte von dessen Schwanz und fragte: „Nun, wie steht es mit dem Wettrennen?“
„Du hast mich besiegt“, gab der Elefant zu.

1 Wählt das Gegensatzpaar, das die Eigenschaften der beiden Tiere am besten trifft.

unhöflich und höflich	dumm und listig
überheblich und bescheiden	frech und brav

2 Wie gelingt es dem Chamäleon, das Rennen zu gewinnen? Bearbeitet Aufgabe a oder b.

●●● **a** Erklärt mit eigenen Worten die List des Chamäleons. Ihr könnt so beginnen:
Das Chamäleon weiß, dass es selbst und seine … für andere alle gleich … Also …

●○○ **b** Die folgende Erklärung ist durcheinandergeraten. Ordnet sie richtig.

- **A** Das Chamäleon schmiedet gemeinsam mit seinen Brüdern einen Plan.
- **B** Das Chamäleon sitzt aber während des ganzen Wettkampfs auf dem Schwanz des Elefanten.
- **C** Der Elefant fällt auf die Täuschung herein. Er hält jeden Bruder für das Chamäleon, mit dem er das Wettrennen verabredet hat. Er strengt sich noch mehr an, es einzuholen.
- **D** Der Plan ist: Die Brüder sollen sich entlang der Rennstrecke aufstellen. Da sie alle gleich aussehen, können sie so den Elefanten täuschen.

3 Überlegt in Partnerarbeit, wie die Lehre der Fabel lautet. Wählt Aufgabe a oder b.

●●● **a** Wie könnte das Chamäleon den Elefanten zum Schluss der Fabel belehren?
Formuliert einen Satz, z. B.: *„Ich habe dich besiegt, weil …“*

●○○ **b** Die Lehre der Fabel steht bereits im Text. Sucht den Satz und lest ihn vor.
Betont das Wort im Satz, das euch besonders wichtig erscheint.

Äsop

Die Schildkröte und der Hase

Eine Schildkröte und ein Hase stritten sich, wer der Schnellste sei. Sie legten eine Strecke fest und liefen los. Der Hase machte sich keine Sorgen um den Wettlauf, weil er ja von Natur aus sehr schnell war. Also legte er sich am Waldrand nieder und schlief.

Die Schildkröte aber war sich ihrer Langsamkeit bewusst und lief immer weiter. Und so lief sie schließlich am schlafenden Hasen vorbei und kam als Siegerin ins Ziel.

Die Fabel zeigt, dass oft Mühe und Arbeit das sorglose Talent besiegen.

1 Erklärt, warum der Hase nicht siegt. Wählt Aufgabe a oder b.

●●● a Lest die Textstelle vor, die deutlich sagt, was für einen Fehler der Hase macht. Erläutert die Textstelle, z. B: *Der Hase glaubt, dass … Sein Fehler ist …*

●○○ b Wählt die Aussage, die die Niederlage des Hasen am besten erklärt.

> A Der Hase verliert, weil er nicht weiß, dass der Wettlauf sofort losgeht.
> B Der Hase verliert, weil er ein Träumer und einfach viel zu faul ist.
> C Der Hase verliert, weil er nur seiner körperlichen Überlegenheit vertraut.
> D Der Hase verliert, weil er glaubt, dass Schildkröten nicht laufen können.

2 Was haltet ihr von der Schildkröte? Begründet eure Meinung.

3 Vergleicht in Partnerarbeit Äsops Fabel mit der afrikanischen Fabel (► S. 116).

a Legt in euren Heften die folgende Tabelle an.

b Ergänzt weitere Gemeinsamkeiten und Unterschiede.

	Afrikanische Fabel	**Äsops Fabel**
Tiere	*Elefant, Chamäleon*	*Hase, …*
Eigenschaften/ Gegensätze	*großer Elefant/ … Chamäleon*	*schneller Hase/…*
die Situation	*Elefant verspottet das Chamäleon, weil es so klein ist. Sie verabreden ein Wettrennen.*	*Sie verabreden … Hase schont …*
die List/die Reaktion	*Das Chamäleon und … sehen alle …*	*… strengt sich an und …*
die Lehre	*Elefant strengt sich an, aber … Der Kluge kann den …*	*Talent allein … Man muss sich auch …*

Teste dich!

1 Übertrage in dein Heft die richtigen Aussagen über die Merkmale von Fabeln.

A In allen Fabeln kommen Zaubersprüche vor.
B In Fabeln kommen sprechende Tiere vor.
C Aus Fabeln sollen die Leser etwas lernen.
D In Fabeln kommen immer Menschen vor.

R „Verzeihe mir", flehte das Mäuschen, „meine Unvorsichtigkeit, und schenke mir mein Leben. Ich will dir ewig dafür dankbar sein. Ich habe dich nicht stören wollen." Großmütig schenkte der Löwe ihm die Freiheit und sagte lächelnd zu sich: „Wie will wohl ein Mäuschen einem Löwen dankbar sein?"

O Ein Mäuschen lief über einen schlafenden Löwen. Der Löwe erwachte und ergriff es mit seinen gewaltigen Tatzen.

M Der Löwe und das Mäuschen

A Kurze Zeit darauf hörte das Mäuschen das fürchterliche Gebrüll des Löwen. Neugierig lief es zu ihm hin und fand seinen Wohltäter in einem Netz gefangen. Sofort zernagte es einige Knoten des Netzes, sodass der Löwe mit seinen Tatzen die übrigen Maschen zerreißen konnte. Auf diese Weise dankte das Mäuschen dem Löwen für seine damalige Großzügigkeit.

L Selbst unbedeutende Menschen können sich bisweilen für Wohltaten großzügig bedanken. Behandle deshalb auch den Geringsten nicht übermütig.

2 Die einzelnen Teile dieser Fabel von Äsop sind durcheinandergeraten. Ordne sie.
Tipp: Notiere das Lösungswort. Mit diesem Wort kann man auch die Lehre einer Fabel bezeichnen.

3 Welches Gegensatzpaar passt am besten zu den beiden Tieren in der Fabel? Begründe.

mächtig ↔ ohnmächtig   mutig ↔ ängstlich   groß ↔ klein   schlau ↔ dumm

4 Die Lehre der Fabel lautet: *„Selbst unbedeutende Menschen können sich bisweilen für Wohltaten großzügig bedanken. Behandle deshalb auch den Geringsten nicht übermütig."*
Überlege, welcher der beiden folgenden Sätze die Lehre besser erläutert.

A Die Lehre drückt aus, dass auch Kleine manchmal den Großen helfen können.
B Die Lehre soll daran erinnern, dass jeder Mensch einmal in Not geraten kann.

5 Vergleiche deine Ergebnisse mit einem Lernpartner.

7.2 Schreibwerkstatt – Fabeln verfassen

Eine Fabel zu Bildern schreiben

Der Wolf und der Reiher

Planen

1 Betrachtet Bild 1. Notiert Antworten zu folgenden Fragen:
- a In welcher besonderen Situation begegnen sich der Wolf und der Reiher?
  Wolf hat einen … Reiher kommt gerade …
- b Welche Eigenschaften würdet ihr dem Wolf und dem Reiher zuordnen? *gefährlich ↔ …*
- c Wie fühlt sich der Wolf in dieser Situation? *Sonst fühlt er sich … Jetzt ist er …*
- d Was erwartet der Wolf vom Reiher? *Der Reiher soll …*

2 Was wird der Wolf in seiner Notlage wohl sagen? Wählt aus.

A „Auuuaaa!“	**C** „Bitte hole einen Arzt!“
B „Hilf mir! Ich belohne dich auch dafür.“	**D** „Tiere müssen Tieren helfen!“

3 Was geschieht in den Bildern 2 bis 6?
Übertragt die Fragen in euer Heft und notiert Stichworte für eure Antworten.
Tipp: Lasst zwischen den Fragen mindestens fünf Zeilen Platz.
- Bild 2, 3, 4: Wie reagiert der Reiher? Was könnte er sagen? Was möchte er vom Wolf?
- Bild 5: Wie reagiert der Wolf? Mit welcher Begründung schickt er den Reiher weg?
- Bild 6: Wie fühlt sich der Reiher? Was muss er aus der Situation lernen?

4 Wählt eine passende Lehre zu der Bildergeschichte aus.
- **A** Glaube nie an die Versprechungen eines Wolfes.
- **B** Sorge auch für die anderen.
- **C** Vertraue nie den Starken.
- **D** Hilf anderen, aber erwarte keinen Dank.

Schreiben

1 a Beschreibt die Situation, in der sich der Wolf und der Reiher zu Beginn begegnen, z. B.:
Ein Wolf hatte einen Knochen verschluckt, der ihm nun im Hals steckte. Er brauchte Hilfe. Da ...
b Verwendet die wörtliche Rede. Beachtet Aufgabe 2 (▸ S. 119) und die folgenden Sprechblasen:

Tipp: Achtet bei der wörtlichen Rede auf die richtige Zeichensetzung (▸ Information).

2 Erzählt, was der Reiher unternimmt (Bilder 2–4).
Nutzt eure Notizen aus Aufgabe 3 (▸ S. 119) sowie die folgenden Satzbausteine:
Der Reiher beschloss, dem ... Der Wolf sperrte seinen Rachen auf und ... In seinem Hals sah ...
Er entfernte ... Nachdem der Reiher ..., forderte er: „...“ Der Wolf lachte: „...“

3 Schreibt auf, wie der Wolf reagiert (Bild 5). Denkt daran,
- dass der Wolf ein großes, starkes und gefährliches Tier ist,
- dass er so gut wie nie auf die Hilfe kleinerer Tiere angewiesen ist,
- dass er den Lohn nicht zahlen möchte, z. B.:
  Aber der Wolf dachte gar nicht daran, ... Stattdessen verspottete er den Reiher: „...“

4 Verfasst den Schluss der Fabel (Bild 6).
Verwendet eure Notizen sowie die von euch gewählte Lehre (▸ Aufgabe 4, S. 119).
Am Ende fühlte sich der Reiher ...
Die Fabel lehrt: ...

Information **Zeichensetzung bei der wörtlichen Rede**

- Die **wörtliche Rede** steht in **Anführungszeichen,** z. B.: ***„****Bitte, hilf mir!****“***
- Bei der wörtlichen Rede kann ein **Redebegleitsatz** stehen. Dieser Redebegleitsatz drückt aus, **wer etwas auf welche Art sagt,** z. B.: *Der Wolf flehte: „...“ Der Reiher forderte: „...“*
- Der **Redebegleitsatz** kann vor, nach oder zwischen der wörtlichen Rede stehen:
  - **vor:** Der Redebegleitsatz wird durch einen **Doppelpunkt** von der wörtlichen Rede abgetrennt, z. B.: *Der Wolf heulte****: „****Hilf mir! Ich belohne dich auch dafür!****“***
    Redebegleitsatz → Doppelpunkt → Anführungszeichen
  - **nach:** Der Redebegleitsatz wird durch ein **Komma** von der wörtlichen Rede abgetrennt, z. B.: ***„****Was fehlt dir denn?****“,*** *fragte der Reiher.*
    Anführungszeichen → Komma → Redebegleitsatz
  - **zwischen:** Der Redebegleitsatz wird durch **Kommas** von der wörtlichen Rede abgetrennt, z. B.: ***„****Bitte****“,*** *jammerte der Wolf****, „****ich halte es nicht mehr aus!****“***
    Anführungszeichen → Komma → Redebegleitsatz → Komma → Anführungszeichen

Überarbeiten

Ein ? Wolf hatte ein Schaf erbeutet. Der ? Wolf verschlang das Schaf so schnell, dass er dabei einen Knochen verschluckte. Er war in ? Not und suchte jemanden, der ihm helfen konnte. Als der leidende Wolf auf einen ? Reiher traf, bat er ihn, den Knochen herauszuholen. Er versprach dem ? Reiher dafür einen Lohn.

1 Der Anfang dieser Fabel eines Schülers könnte durch treffende Adjektive (Eigenschaftswörter) noch anschaulicher werden. Übertragt den Text in euer Heft. Ergänzt die Lücken, z. B.:

groß stark mächtig gefährlich böse gemein hinterlistig hungrig gierig überheblich klein hilfsbereit freundlich

Der Reiher machte, was der Wolf wollte. Zuerst bat er ihn, seinen Rachen weit aufzumachen. Der Wolf machte es sofort. Dann steckte der Reiher seinen Kopf in den Rachen des Wolfes. Das kleine Tier machte seine Arbeit gut. Es gelang ihm, den Knochen herauszumachen. Nach gemachter Arbeit forderte der Reiher seinen Lohn.

2 Welches Verb (Tätigkeitswort) wird in dieser Beschreibung sehr oft wiederholt? Ersetzt dieses Verb sinnvoll durch andere Verben, z. B.:

erledigen aufsperren ausführen entfernen tun

Tipp: Beachtet, dass ihr die Verben in die richtige Zeit- und Personalform setzen müsst.

Aber der Wolf sagte: „Dass ich nicht lache."
„Was soll denn das nun bedeuten?", sagte der Reiher.
„Ich verstehe", sagte er, „du willst mich tatsächlich nicht belohnen."
„Das hast du schon richtig verstanden", sagte der Wolf. Und er sagte, dass …

3 Für das Verb „sagen" kann man auch andere Wörter finden. Ersetzt sie sinnvoll, z. B.:

äußern fordern entgegnen erwidern spotten fragen hinzufügen fortfahren

4 Prüft gegenseitig eure eigenen Fabeln.

Checkliste

Eine Fabel schreiben und überarbeiten

- Hat die Fabel eine **Überschrift?**
- Ist die besondere **Situation,** in der sich die Tiere begegnen, deutlich beschrieben?
- Sprechen die Tiere miteinander? Wurde dazu die **wörtliche Rede** verwendet?
- Stimmt die **Zeichensetzung** bei der wörtlichen Rede?
- Wird deutlich, wie das eine Tier das andere **überlistet bzw. besiegt?**
- Endet die Fabel mit einer **Lehre?** Passt diese Lehre zur Handlung der Fabel?

Einen Fabelanfang fortsetzen

Die Schildkröte und der Leopard

Eine Schildkröte geriet auf ihrem Weg durch die Nacht in eine Falle. Sie fiel in ein tiefes Loch, das mit Blättern bedeckt war. Während sie überlegte, wie sie wohl aus dem Loch krabbeln sollte, geriet ein Leopard in dieselbe Falle.

Planen

1 Wie könnte die Fabel weitergehen?
Übertragt die folgenden Fragen in euer Heft und notiert eure Ideen.
Lasst zwischen den Fragen mindestens fünf Zeilen Platz für eure Notizen.
- In welcher besonderen Situation begegnen sich die Schildkröte und der Leopard?
- Welche Eigenschaften unterscheiden die beiden Tiere?
- Wie fühlt sich die Schildkröte, als sie den Leoparden erblickt? Was sagt sie?
- Wer entkommt wie aus der Falle? Welches Tier siegt?

Tipp: Denkt daran, dass eine Schildkröte zwar klein und langsam ist, aber nicht dumm. Sie könnte z. B. schmeichlerisch und ängstlich oder selbstbewusst und frech sein.

▷ Eine Hilfe zu Aufgabe 1 findet ihr auf Seite 123.

Schreiben

2 a Erzählt, wie die Schildkröte auf den Leoparden reagiert, z. B.: *Die Schildkröte bekam einen ... Schrecken und war für einen Moment ... Doch dann hatte sie eine Idee. Sie beschloss, den Leoparden um Gnade zu bitten/den Leoparden als Helfer zu gewinnen/den Leoparden herauszufordern.*

▷ Hilfe zu 2 a, Seite 123

b Erzählt auch, was der Leopard macht.

▷ Hilfe zu 2 b, Seite 123

c Überlegt euch eine Lehre für die Fabel. Was könnte ein Leser lernen?
Manchmal muss man nur ... genug sein, um ...
Das ... Verhalten der Schildkröte zeigt: ...

▷ Hilfe zu 2 c, Seite 123

Überarbeiten

3 Prüft in Partnerarbeit, wie ihr insbesondere die wörtliche Rede eingesetzt habt.
- Verwendet ihr oft das Verb „sagen“? Ersetzt es sinnvoll.
- Setzt ihr die Satzzeichen bei der wörtlichen Rede richtig (► S. 120)?

▷ Hilfe zu 3, Seite 123

Aufgabe 1 mit Hilfe: Planen

Wie könnte die Fabel weitergehen?
Ordnet den folgenden Fragen die Notizen sinnvoll zu. Arbeitet in eurem Heft.

Fragen	Notizen
– In welcher besonderen Situation begegnen sich die beiden Tiere? – Welche Eigenschaften unterscheiden die beiden Tiere? – Wie ist die Situation für die Schildkröte? – Wie reagiert sie? – Wer entkommt wie aus der Falle? Welches Tier siegt?	– *Leopard verärgert über das Auftreten der Schildkröte. Er packt sie. Schildkröte entkommt.* – *Schildkröte hat eine Idee: mutig auftreten! Frech sein!* – *Schildkröte doppelt bedroht: Falle und Leopard!* – *Leopard und Schildkröte begegnen sich in einer Falle.* – *gefährlich, stark, bedrohlich ↔ langsam, aber sehr klug*

Aufgabe 2 mit Hilfe: Schreiben

a Erzählt, wie die Schildkröte auf den Leoparden reagiert.
Schreibt den Abschnitt in euer Heft und ergänzt die Lücken mit eigenen Worten, z. B.:

> *Als der Leopard in das Loch fiel, bekam die Schildkröte zuerst einen riesigen Schrecken. Doch dann hatte sie eine Idee: Sie brüllte ihren gefährlichen Gegner, so laut sie konnte, an: „Du unverschämtes Biest! Wie kannst du es wagen, mich in meinem eigenen Haus zu stören? …“*

b Erzählt auch, was der Leopard macht. Nutzt folgende Ideen:

> Leopard fand die Schildkröte sehr frech   wurde wütend auf sie   schrie sie an
> packte sie   schleuderte sie in die Luft   Schildkröte fliegt …

c Überlegt euch eine Lehre für die Fabel. Was könnte ein Leser lernen? Wählt aus:

> Die Fabel lehrt: Frechheit siegt.
> Die Fabel zeigt, dass man nicht immer gleich verzweifeln muss.
> Auch in brenzligen Situationen sollte man zuerst seinen Verstand benutzen.

Aufgabe 3 mit Hilfe: Überarbeiten

Prüft in Partnerarbeit, wie ihr insbesondere die wörtliche Rede eingesetzt habt.
– Verwendet ihr oft das Verb „sagen“ (▸ S. 121)? Ersetzt es sinnvoll, z. B.:

> *Die Schildkröte jammerte, schimpfte, spottete …*   *Der Leopard schimpfte, fauchte …*

– Setzt ihr die Satzzeichen bei der wörtlichen Rede richtig (▸ S. 120)?

Ein Fabelbuch anlegen und gestalten

Checkliste

Ein Fabelbuch anlegen

- **Wann** soll das Fabelbuch **fertig** sein?
- Wie soll das **Titelblatt** und das **Inhaltsverzeichnis** aussehen? Wer gestaltet es?
- **Welche Fabeln** sollen in das Buch? Nehmen wir nur eigene oder auch andere Fabeln?
- **Wie gestalten wir** die Fabeln? Dürfen auch Fabeln, die als Comics gestaltet sind, hinein?
- Wer prüft die Fabeln auf **Rechtschreibung und Zeichensetzung?**
- **Wie viele Exemplare** brauchen wir? Wer **vervielfältigt** sie? Wer trägt die **Kosten?**

1 a Habt ihr Lust, ein eigenes Fabelbuch anzulegen? Tauscht euch über die Ideen aus.
b Besprecht und ergänzt die Checkliste für euer Fabelbuch.

In einem **HAUS** gab es viele Mäuse. Eine **Katze** erfuhr davon, fing eine nach der andern und fraß sie auf. Wie die Mäuse nun ständig aufgefressen wurden, tauchten sie in ihren L**ö**chern ab.

2 a Beschreibt, wie ein Schüler seinen Textbeginn gestaltet hat. Gefallen euch seine Ideen?
b Gestaltet eure Fabeln am Computer.

Methode **Texte am Computer gestalten**

Eine Textdatei anlegen

- Startet ein **Textprogramm.** Klickt es mit der Maus doppelt an, z. B. *Word, Open Office.*
- Geht in der Menüleiste des Programms auf **Datei** und **Neu.**
- Überlegt euch einen **Dateinamen,** z. B.: *Fabelbuch.* Geht im Menü auf **Speichern unter** [Symbol].

Texte schreiben und bearbeiten

- **Tippt** eure Fabeln in das Textprogramm.
- **Markiert** die Textstellen, die ihr **verbessern** müsst oder besonders **gestalten** wollt:
  - Drückt die linke Maustaste und fahrt mit dem Cursor über die Buchstaben oder Wörter.
  - Wählt in der Menüleiste die **Schriftgröße, Schriftart,** z. B. *Comic Sans* oder Garamond, und **Schriftfarbe.**
  - **Unterstreichen** könnt ihr mit U,
  - **fett** hervorheben mit **F** und
  - **schräg** *(kursiv)* stellen mit *K*.
  - Falsch getippte Buchstaben werden mit ← **gelöscht** und dann **korrigiert.**
  - Habt ihr **versehentlich etwas gelöscht,** klickt auf diese Zeichen ↶ ▾.

Texte speichern und ausdrucken

- Speichert zwischendurch immer wieder euren Arbeitsstand ab.
- Prüft euer Endergebnis mit der Seitenansicht [Symbol].
- Druckt euer Endergebnis aus [Symbol].

7.3 Fit in ...! – Eine Fabel zu Bildern schreiben

Stellt euch vor, ihr bekommt in der nächsten Klassenarbeit folgende Aufgabe gestellt.

Aufgabe
Schreibe zu den folgenden Bildern eine Fabel. Beachte die Fabelmerkmale.

Der Löwe und der Bär

Die Aufgabe richtig verstehen

1 Was verlangt die Aufgabe im Einzelnen von euch?
Notiert die Buchstaben der richtigen Aussagen. Ordnet sie zu einem Lösungswort.
Wir sollen ...

E erzählen, welches Tier siegt.
R eine passende Lehre formulieren.
M weitere Tiere und Menschen dazuerfinden.
S die Bilder genau betrachten.
U die Situation beschreiben, in der sich die Tiere begegnen.
P die Tiere wie Menschen sprechen lassen.

Planen

2 Notiert, was auf den Bildern geschieht und was die Tiere sagen könnten, z. B.:

Mein Schreibplan

Eigenschaften/Gegensätze:	*Löwe (wild, stark), Bär (stark, groß), Fuchs (klein, listig)*
die Situation:	*Löwe und Bär kämpfen um Beute, Fuchs sieht aus der Ferne zu*
die List/die Reaktion:	*Fuchs wartet ab, bis Löwe und Bär völlig erschöpft sind*
	Fuchs nähert sich und holt sich die Beute
die Lehre:	*Wenn sich zwei streiten, ... Wildes Kämpfen ist ...*

Schreiben

3 a Beschreibt die Situation in eurem Heft. Ergänzt sinnvoll die Lücken.

> *Ein ? und ein ? hatten ein Hirschkalb gefunden. Jeder wollte die Beute für sich allein. Also begannen die beiden ? . Das sah ein ? . Er ? den Streit und beschloss zunächst einmal, ? .*

b Der folgende Abschnitt wurde auch schon verfasst.
Allerdings wurde noch keine wörtliche Rede verwendet.
Ergänzt sie im Heft.

> *Der Fuchs sah den beiden großen Tieren aus sicherer Entfernung gelassen zu.*
> *Der Bär schlug mit seinen großen Pranken nach dem Löwen und schrie zornig: ? .*
> *Der Löwe brüllte wutentbrannt: ? .*
> *Dann biss er mit seinen scharfen Zähnen nach ihm und rief: ? .*
> *Löwe und Bär richteten sich gegenseitig übel zu und brachen zusammen.*

c Erzählt, wie sich der Fuchs verhält.
Was könnte er am Ende des Kampfes sagen?

d Formuliert zum Schluss eurer Fabel eine Lehre.

Überarbeiten

4 Prüft und verbessert in Partnerarbeit eure Fabeln.
Nutzt die folgende Checkliste.

Checkliste

Eine Fabel zu Bildern schreiben

- Folgt die Fabel der **Reihenfolge** der Bilder?
- Stimmt die Beschreibung der **Handlung mit den Bildern überein?**
- Wird die **Situation,** in der sich die Tiere begegnen, beschrieben?
- Sprechen die Tiere wie Menschen miteinander? Wird die **wörtliche Rede** verwendet?
- Stimmt die **Zeichensetzung** bei der wörtlichen Rede (▸ S. 120)?
- Wird deutlich, wie das eine Tier die anderen **überlistet bzw. besiegt?**
- Wird am Ende der Fabel eine **Lehre** formuliert? Passt die Lehre zur Handlung?

Schreibwörter ▸ S. 234

die Fabel	die List, listig	erwidern	brüllen
die Lehre	hilfsbereit	entgegnen	verspotten
die Gegensätze	mächtig, ohnmächtig	schreien	zornig

8 Wind und Wetter –
Gedichte verstehen, vortragen, schreiben

1 Auf diesem Bild seht ihr verschiedene Darstellungen zu dem Begriff „Wetter“. Welches Wetter mögt ihr am liebsten? Beschreibt es.

2 Sucht euch einen Ausschnitt aus dem Bild aus.
Beschreibt diesen Bildausschnitt mit zwei oder drei Gedichtversen, z. B.:
Seht die Wolken schweben,
Bringen her den Regen,
Schieben sich vor die Sonne …

In diesem Kapitel …

– festigt ihr euer Wissen über Gedichte,
– lernt ihr Besonderheiten in der Sprache von Gedichten kennen,
– tragt ihr Gedichte ausdrucksvoll vor,
– schreibt ihr selbst Gedichte und gestaltet einen Gedichtkalender.

8.1 Regen, Feuer, Eis – Gedichtmerkmale erkennen

Erwin Moser

Gewitter

Der Himmel ist blau
Der Himmel wird grau
Wind fegt herbei
Vogelgeschrei
Wolken fast schwarz
Lauf, weiße Katz!
Blitz durch die Stille
Donnergebrülle
Zwei Tropfen im Staub
Dann Prasseln auf Laub
Regenwand
Verschwommenes Land
Blitze tollen
Donner rollen
Es plitschert und platscht
Es trommelt und klatscht
Es rauscht und klopft
Es braust und tropft
Eine Stunde lang
Herrlich bang
Dann Donner schon fern
Kaum noch zu hörn
Regen ganz fein
Luft frisch und rein
Himmel noch grau
Himmel bald blau!

1 Wie fühlt ihr euch, wenn es gewittert? Was würdet ihr Erkan oder Robin antworten?

2 a Könnt ihr Maries Eindruck von dem Gedicht bestätigen?
b Beratet euch in Partnerarbeit, warum das Gedicht auf Marie nicht so bedrohlich wirkt.

3 a Aus wie vielen Strophen und Versen besteht das Gedicht?
b Benennt die Reimform. **Tipp:** Beachtet die Information.

Information **Die äußere Gedichtform – Der Vers, die Strophe, der Reim**

- Bei einem Gedicht nennt man eine einzelne Zeile **Vers,** z. B.: *Der Himmel ist blau.*
- **Mehrere Verse** zusammen ergeben eine **Strophe.**
- Viele Gedichte haben **Reime.** Wörter reimen sich, wenn der **letzte betonte Vokal** und die **folgenden Laute gleich klingen,** z. B.: *Winterhose – Butterdose.*
  Unterscheide:

Paarreim		**Kreuzreim**		**umarmender Reim**	
gut	a	platscht	a	Land	a
Mut	a	fein	b	Sonne	b
Haus	b	klatscht	a	Wonne	b
Maus	b	dein	b	Rand	a

Sprachliche Bilder entdecken

1 Schließt eure Augen. Beschreibt, wie ihr euch ein Feuer vorstellt.
Was seht ihr? Was hört ihr? Was riecht ihr? Was fühlt ihr? Was schmeckt ihr?

James Krüss

Das Feuer

Hörst du, wie die Flammen flüstern,
knicken, knacken, krachen, knistern,
wie das Feuer rauscht und saust,
brodelt, brutzelt, brennt und braust?

Siehst du, wie die Flammen lecken, züngeln und die Zunge blecken, wie das Feuer tanzt und zuckt, trockne Hölzer schlingt und schluckt? Riechst du, wie die Flammen rauchen, brenzlig, brutzlig, brandig schmauchen, wie das Feuer, rot und schwarz, duftet, schmeckt nach Pech und Harz? Fühlst du, wie die Flammen schwärmen, Glut aushauchen, wohlig wärmen, wie das Feuer, flackrig-wild, dich in warme Wellen hüllt? Hörst du, wie es leiser knackt? Siehst du, wie es matter flackt? Riechst du, wie der Rauch verzieht? Fühlst du, wie die Wärme flieht?

Kleiner wird der Feuersbraus:
Ein letztes Knistern,
ein feines Flüstern,
ein schwaches Züngeln,
ein dünnes Ringeln –
aus

2 a Der zweite Teil des Gedichtes sieht anders aus als die erste Strophe. Schreibt auch den zweiten Teil in der Form eines Gedichtes in euer Heft.
Tipp: Das Gedicht besteht aus sechs Strophen und ist in Paarreimen verfasst.
b Die letzte Strophe des Gedichtes unterscheidet sich in der Reimform von der ersten Strophe. Beratet in Partnerarbeit, was der Grund dafür sein könnte.

3 a Der Mensch verfügt über fünf Sinne: 
Welche Sinne kommen in dem Gedicht vor? Lest zum Beweis die Verse vor.
b In dem Gedicht tut das Feuer einiges wie ein Mensch. Wie wirkt das auf euch?

Information **Die Personifikation**

Wenn Flammen etwas tun, was eigentlich nur eine Person tun kann, z. B. *tanzen,* dann nennt man dieses **sprachliche Bild** eine **Personifikation.** Andere Personifikationen sind z. B.: *die Flammen **flüstern,** ein Gewitter **brüllt,** die Sonne **lacht,** die Kälte **beißt*** usw.

Georg Britting

Am offenen Fenster bei ...

Himmlisches Eis
Sprang mir auf den Tisch,
Rund, silberweiß.
Schoss wie ein Fisch

Weg von der Hand,
Die's greifen wollt,
Schmolz und verschwand.
Blitzend wie Gold

Blieb auf dem Holz
Nur ein Tropfen dem Blick.
Mächtig die Sonne
Sog ihn zurück.

1 Im Titel des Gedichtes wurde das letzte Wort weggelassen.
- a Überlegt, welches Wetter genau im Gedicht beschrieben wird. Welches „Eis" kann springen?
- b Ergänzt mündlich den Titel.
- c Habt ihr ein solches Gewitter schon einmal erlebt? Erzählt davon.

2 Prüft, ob ihr in dem Gedicht Personifikationen (▸ S. 129) entdeckt. Lest diese Verse vor.

3
- a Erläutert, wie ihr den Vers 4 („Schoss wie ein Fisch") versteht. Welche Bilder gehen euch durch den Kopf?
- b Vers 4 stellt einen Vergleich (▸ Information) dar. Findet im Gedicht einen weiteren Vergleich. Beschreibt, wie ihr ihn versteht.

4 Findet Vergleiche zu anderen Wetterereignissen. Schreibt in euer Heft, z. B.:

Zarter Nebel hängt über den Bäumen wie ...
Regentropfen klopfen an die Fensterscheiben wie ...
Der Schnee ist ...

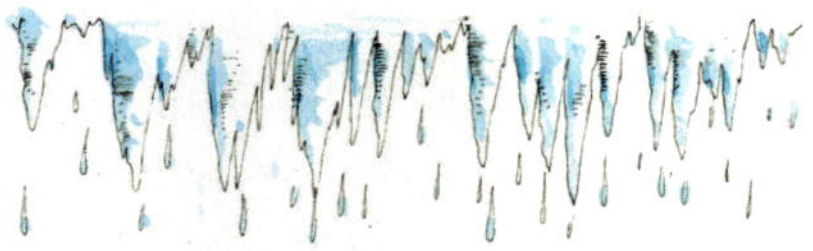

Information | **Der Vergleich**

Vergleiche werden in der Regel **mit *wie* gebildet,** z. B.: *Ein Mann **wie** ein Löwe.*
Damit ist gemeint, dass der Mann offensichtlich so stark ist wie ein Löwe.
Das Wort ***wie*** zeigt an, dass hier etwas miteinander verglichen wird.
Ein Vergleich hilft, sich z. B. den Mann **anschaulicher** vorstellen zu können.
Andere Vergleiche sind z. B.: *Er weinte **wie** ein Kind. Sie ist so groß **wie** ein Haus* usw.

Gedichte auswendig lernen und vortragen

Otto Ernst

Nis Randers

Krachen und Heulen und berstende Nacht,
Dunkel und Flammen in rasender Jagd –
Ein Schrei durch die Brandung!

Und brennt der Himmel, so sieht man's gut:
Ein Wrack auf der Sandbank! Noch wiegt es die Flut;
Gleich holt sich's der Abgrund.

Nis Randers lugt – und ohne Hast
Spricht er: „Da hängt noch ein Mann im Mast;
Wir müssen ihn holen."

Da fasst ihn die Mutter: „Du steigst mir nicht ein!
Dich will ich behalten, du bliebst mir allein,
Ich will's, deine Mutter!

Dein Vater ging unter und Momme, mein Sohn;
Drei Jahre verschollen ist Uwe schon,
Mein Uwe, mein Uwe!"

Nis tritt auf die Brücke. Die Mutter ihm nach!
Er weist nach dem Wrack und spricht gemach:
„Und seine Mutter?"

Nun springt er ins Boot und mit ihm noch sechs:
Hohes, hartes Friesengewächs;
Schon sausen die Ruder.

Boot oben, Boot unten, ein Höllentanz!
Nun muss es zerschmettern ...! Nein, es blieb ganz! ...
Wie lange? Wie lange?

Mit feurigen Geißeln peitscht das Meer
Die menschenfressenden Rosse daher;
Sie schnauben und schäumen.

Wie hechelnde Hast sie zusammenzwingt!
Eins auf den Nacken des anderen springt
Mit stampfenden Hufen!

Drei Wetter zusammen! Nun brennt die Welt!
Was da? – Ein Boot, das landwärts hält –
Sie sind es! Sie kommen!

Und Auge und Ohr ins Dunkel gespannt ...
Still – ruft da nicht einer? – Er schreit's durch die Hand: „..."

1 Wer einen Text auswendig lernen und vortragen will, sollte seinen Inhalt sehr gut kennen.
- a Nis trifft eine Entscheidung. Sprecht über die Gedanken, die Nis vor seiner Entscheidung durch den Kopf gegangen sein könnten.
- b Wie hättet ihr euch in dieser Situation verhalten?

2 Eine Ballade ist ein Gedicht, das eine spannende Geschichte erzählt und wörtliche Rede enthält.
- a Überlegt zu zweit, wie die in „Nis Randers" dargestellte Geschichte ausgehen könnte. Was ruft die Stimme ganz am Ende den Leuten am Ufer zu?
- b Vergleicht euren letzten Vers mit diesem Originalvers: „Sagt Mutter, 's ist Uwe!"

3
- a Aus wie vielen Strophen und Versen besteht die Ballade „Nis Randers"?
- b Erkennt ihr einen bestimmten Reim? (▸ Information, S. 128)

Methode – Gedichte auswendig lernen

- Lest das Gedicht mehrmals. Stellt euch zu den Versen und Strophen Bilder vor. Lasst diese Bilder vor eurem inneren Auge wie einen Film ablaufen.

- Lernt das Gedicht Schritt für Schritt. Nehmt euch z. B. die ersten zwei Verse vor. Lernt erst dann weiter, wenn ihr diese ersten beiden Verse sicher aufsagen könnt. Wiederholt das Gelernte jeden Tag.

- Einzelne Textstellen könnt ihr mit einer unauffälligen Bewegung verknüpfen. Wenn ihr diese Bewegung dann ausführt, ruft sie euch die Textstelle ins Gedächtnis. Ihr könnt z. B. euren Daumen vom kleinen Finger an über den Ringfinger und Mittelfinger hin zum Zeigefinger führen.

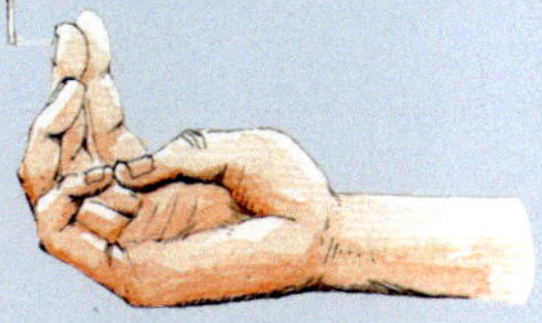

- Schreibt den Text mehrmals ab. Zuerst schreibt ihr das Gedicht ganz ab. Danach lasst ihr das jeweils letzte Wort im Vers weg. Bei den nächsten Malen lasst ihr immer mehr Wörter weg. Am Ende steht nur noch der Anfang eines Verses auf eurem Blatt.

4 Lernt die Ballade „Nis Randers" oder ein anderes Gedicht aus diesem Kapitel auswendig.
Tipp: Ihr könnt auch zu zweit oder zu dritt eines der Gedichte einüben.
Jeder übernimmt eine oder mehrere Strophen.

5 a Übt das Gedicht für einen Vortrag ein. Beachtet den Feedback-Bogen.
b Tragt die Gedichte vor. Gebt euch ein Feedback, z. B.:
Du hast das Gedicht gut vorgetragen, denn du hast deutlich gesprochen und schön betont. Beim nächsten Mal könntest du mehr Pausen machen. Dann wirkt das Gedicht besser.

Feedback-Bogen für einen Textvortrag	**Das hat geklappt**	**Das ist noch zu verbessern**
Wird **deutlich** gesprochen?	X	
Wird die **Stimmlautstärke** sinnvoll eingesetzt (laut und leise)?	X	
Passt das **Sprechtempo** zum Inhalt?		X
Werden sinnvolle **Sprechpausen** gemacht?		X
Passt der **Tonfall** zum Textinhalt?	X	

Teste dich!

Clara Müller-Jahnke

Eisnacht

Wie in Seide ein Königskind
schläft die Erde in lauter Schnee,
blauer Mondscheinzauber spinnt
schimmernd über …

Aus den Wassern der Raureif steigt,
Büsche und Bäume atmen kaum:
durch die Nacht, die erschauernd schweigt,
schreitet ein glitzernder Traum.

1 a Lies das Gedicht aufmerksam durch.
b Entscheide, ob die folgenden Antworten richtig (r) oder falsch (f) sind.
Notiere in dein Heft hinter jeder Antwort dein Ergebnis, z. B.: *1a = f, 1b = …, 1c = …*

1 Diese Aussage passt am besten zum Inhalt des Gedichtes:
a Die Natur versinkt im Nebel.
b Die Erde ruht im Schnee.
c Der Mond ist verrückt geworden.
d In einem See schwimmt ein Königskind.

2 Die fehlenden Wörter in Vers 4 lauten:
a den Klee
b die Fee
c das Reh
d der See

3 Das Gedicht besteht aus:
a 4 Strophen zu je 2 Versen.
b 2 Strophen zu je 4 Versen.

4 Die Strophen sind verfasst in:
a Paarreimen.
b Kreuzreimen.
c umarmenden Reimen.
d Paar- und Kreuzreimen.

5 Welche Verben beschreiben in dem Gedicht, was die Natur tut?
a schlafen
b spinnen
c steigen
d atmen
e reden
f schreiten

6 So viele Personifikationen kommen vor:
a gar keine
b drei
c sechs
d acht

7 Durch die Personifikationen wirkt das Gedicht:
a besonders sachlich.
b besonders lebendig.

8 Im Gedicht kommt dieser Vergleich vor:
a Der Mond wird mit einem schweigenden König verglichen.
b Die Erde im Schnee wird mit einem in Seide schlafenden Königskind verglichen.

2 Vergleiche deine Ergebnisse mit einem Lernpartner.
Tipp: Wenn du andere Ergebnisse hast, solltest du noch einmal im Gedicht nachlesen.

3 Steige auf das Siegertreppchen:

Du hast 9–14 richtige Ergebnisse	= Bronze
Du hast 15–21 richtige Ergebnisse	= Silber
Du hast 22–28 richtige Ergebnisse	= Gold

8.2 Was für ein Wetter – Mit Sprache malen

Station 1: „Regengedichte"

Peter Maiwald

Regentag

Paul steht am Fenster.
Paul steht und glotzt.
Der Regen regnet.

Der Regen rotzt.
Der Regen nieselt.
Der Regen rinnt.
Der Regen pieselt.
Der Regen spinnt.
Der Regen prasselt.
Der Regen fällt.
Der Regen rasselt.
Der Regen hält.

Paul steht am Fenster.
Paul steht und glotzt.
Der Regen regnet.
Der Regen rotzt.

Georg Britting

Fröhlicher Regen

Wie der Regen tropft, Regen tropft,
An die Scheiben klopft!
Jeder Strauch ist nass bezopft.

Wie der Regen springt!
In den Blättern singt
Eine Silberuhr.
Durch das Gras hin läuft,
Wie eine Schneckenspur,
Ein Streifen weiß beträuft.

Das stürmische Wasser schießt
In die Regentonne,
Dass die überfließt,
Und in breitem Schwall
Auf den Weg bekiest
Stürzt Fall um Fall.

Und der Regenriese,
Der Blauhimmelhasser,
Silbertropfenprasser,
Niesend fasst er in der Bäume Mähnen,
Lustvoll schnaubend in dem herrlich vielen Wasser.

Und er lacht mit fröhlich weißen Zähnen
Und mit kugelrunden, nassen Freudentränen.

1 a Notiert in Stichworten, was ihr an einem Regentag macht.
b Wählt ein Gedicht aus. Beschreibt die Stimmung, die es ausdrückt, z. B.:
Das Gedicht ... drückt die ganze Langeweile/Fröhlichkeit/Lebendigkeit ... aus, die man an ...

2 a Benennt die Wortarten, die in Maiwalds Gedicht farbig markiert sind.
b Welche Wörter in Strophe 1 und 3 sind gelb, grün oder blau zu markieren?

3 a Welcher Name für den Regen gefällt euch in Brittings Gedicht besonders gut? Lest Strophe 4, schreibt den Namen heraus und benennt die Wortart.
b Denkt euch z. B. für den Hagel, den Schnee oder den Sturm ähnliche Namen aus.

Station 2: „Erkältungsgedichte“

Christian Morgenstern

Der Schnupfen

Ein Schnupfen hockt auf der Terrasse,
auf dass er sich ein Opfer fasse
– und stürzt alsbald mit großem Grimm
auf einen Menschen namens Schrimm.
Paul Schrimm erwidert prompt: „Pitschü!“,
und hat ihn drauf bis Montag früh.

Heinz Erhardt

Der kalte Wind

Es wohnt ein Wind in Leningrad,
der pustet kalt,
wer da nicht einen Mantel hat,
der hustet bald.

1 Die beiden Bilder zu den Gedichten sind noch nicht fertig.
Erläutert, wie ihr sie vervollständigen würdet, sodass sie zu den Gedichten passen.
Tipp: Ihr könnt auch ein Bild oder beide Bilder in eurem Heft fertigstellen.

2 Nennt die Verben, die beschreiben, was der Schnupfen und der Wind tun.

3 Erklärt eurem Lernpartner mit Hilfe der Information auf S. 129, was an den beiden Gedichten besonders ist.

4 Verfasst selbst ein Gedicht mit einer Personifikation (▶ S. 129). Geht so vor:
- a Listet in eurem Heft menschliche Tätigkeiten auf und ordnet sie z. B. dem Husten oder dem Fieber zu.
- b Schreibt mit Hilfe eurer Liste ein Gedicht.
  Tipp: Das Gedicht muss sich nicht reimen.

träumen
jammern
keuchen
rennen
...
→ *Husten, Fieber ...*

Ein Husten keucht im Ohrensessel
und träumt von einem großen Kessel
voll warmen Wassers für die Füße
...

Station 3: „Windgedichte“

Josef Guggenmos

Der Wind

In allem Frieden
schlief abgeschieden
hinter einer Hecke
der Wind.
Da hat ihn die Spitzmaus,
wie Spitzmäuse sind,
ins Ohr gezwickt.
Der Wind erschrickt,
springt auf die Hecke
fuchsteufelswild,
brüllt,
packt einen Raben
beim Kragen,
rast querfeldein
ins Dorf hinein,
schüttelt einen Birnbaum beim Schopf,
reißt den Leuten den Hut vom Kopf,
schlägt die Wetterfahne herum,
wirft eine Holzhütte um,
wirbelt den Staub in die Höhe:
Wehe,
der Wind ist los!
[...]

Gustav Falke

Wäsche im Wind

Tollt der Wind über Feld und Wiese,
Hat seinen Spaß er überall,
Aber am liebsten neckt er die Liese
Mit einem tückischen Überfall.

Will sie ihr Zeug auf die Leine bringen,
Zerrt er: Liese, dies Hemd ist mein!
Um jedes Laken muss Liese ringen,
Jedes Stück will erobert sein.

Gibt es der Sausewind endlich verloren,
Schlägt er noch im Übermut
Ihr das nasse Zeug um die Ohren:
Da, liebe Liese, häng's auf und sei gut.

1 a Die Bilder zu den Gedichten sind vom Wind durcheinandergewirbelt worden. Ordnet die Bilder mit Buchstaben den Gedichten richtig zu. Notiert ins Heft:
„Der Wind“: N, ... *„Wäsche im Wind“: G, ...*

b Bringt für jedes Gedicht die Buchstaben in eine sinnvolle Reihenfolge. Notiert die beiden Lösungswörter.
Tipp: Die jeweilige Handlung im Gedicht hilft euch, die richtige Reihenfolge herauszufinden.

2 Beschreibt mit eurem Lernpartner, wie der Wind in den Gedichten auf euch als Leser wirkt. Wie kommt diese Wirkung zu Stande?

3 Ersetzt im Gedicht „Der Wind“ einzelne Wörter, sodass kein wütender Wind dargestellt wird, sondern z. B. ein schläfriger. Ihr könnt so beginnen:
Der Wind erwacht,
kriecht durch die Hecke
...

Station 4: „Drachensteiggedichte"

Georg Britting

Drachen

Die Drachen steigen wieder
Und ?ken mit den Schwänzen
Und brummen ?me Lieder
Zu ihren ?tänzen.

Von wo der knallende Wind herweht?
Von Bauerngärten schwer!
Jeder Garten ?fäustig voll Blumen steht,
Die Felder sind ? leer.

Der hohe Himmel ist ausgeräumt,
Wasser ?, ohne Regenunmut.
Eine einzige ? Wolke schäumt,
Gold ?, wie ein Ross gebäumt,
Glanzstrudlig durch die Luftflut.

Bertolt Brecht

Drachenlied

Fliege, ?, kleiner Drache
Steig mit ? in die Lüfte
Schwing dich, kleine ? Sache
Über unsre Häuser ?!

Wenn wir an der ? dich halten
Wirst du in den Lüften bleiben
? der sieben Winds ?
Zwingst du sie, dich hochzutreiben.

Wir selbst liegen dir zu Füßen!
Fliege, ?, kleiner Ahne
Unsrer großen Äroplane[1]
Blick dich um, sie zu ?.

1 Äroplane: Flugzeuge

1 a Beide Gedichte sind unvollständig. Entscheidet, welches ihr bearbeiten möchtet.
b Versucht, die Lücken zu füllen. Geht so vor:
– Ordnet zu: Welcher der beiden folgenden Wortspeicher gehört zu welchem Gedicht?
– Ergänzt das Gedicht, das ihr ausgewählt habt, in eurem Heft.
c Vergleicht eure Ergebnisse.

lustig	-blau	-hufig	weiße
prall-	Geister-	stum-	schwan-

-gewalten	Knecht	fliege	-grüfte	
Eifer	blaue	fliege	Schnur	begrüßen

2 a Wie gefallen euch die Adjektive, mit denen im Gedicht „Drachen" in Strophe 1 und 2 der Garten oder die Wolke beschrieben werden? Begründet.
b Denkt euch andere Adjektive aus, mit denen man Garten und Wolke beschreiben könnte.
c Setzt diese Adjektive ein und schreibt euer neues Gedicht in Schönschrift in euer Heft.

3 a Versucht, das Gedicht „Drachenlied" zu einem lustigen Gedicht umzudichten. Setzt z. B. in die Lücken ganz andere Wörter ein, dir ihr lustig findet.
b Zeichnet einen Papierdrachen in euer Heft.
c Schreibt euer neues Gedicht in Schönschrift unter den Papierdrachen.

Station 5: „Sonnengedichte“

1 Schließt die Augen und stellt euch vor, ihr liegt in der Sonne. Was seht ihr? Was hört ihr? Was riecht ihr? Was fühlt ihr? Was schmeckt ihr?

Christine Busta

Die Frühlingssonne

Unhörbar wie eine Katze
kommt sie über die Dächer,
springt in die Gassen hinunter,
läuft durch Wiesen und Wald.

Oh, sie ist hungrig! Aus jedem
verborgenen Winkel schleckt sie
mit ihrer goldenen Zunge den Schnee.

Er schwindet dahin wie Milch
in einer Katzenschüssel.
Bald ist die Erde wieder blank.

Die Zwiebelchen unter dem Gras
spüren die Wärme ihrer Pfoten
und beginnen neugierig zu sprießen.

Eins nach dem andern blüht auf:
Schneeglöckchen, Krokus und Tulpe,
weiß, gelb, lila und rot.
Die zufriedene Katze strahlt.

Arno Holz

Mählich durchbrechende Sonne

Schönes,
grünes, weiches
Gras.

Drin
liege ich.

Inmitten goldgelber
Butterblumen!

Über mir ... war ... der Himmel.

Ein
weites, schütteres,
lichtwühlig, lichtblendig, lichtwogig
zitterndes
Weiß,
das mir die
Augen
langsam ... ganz ... langsam
schließt.

Wehende ... Luft ... kaum merklich
ein Duft, ein
zartes ... Summen.

Nun
bin ich fern
von jeder Welt,
ein sanftes Rot erfüllt mich ganz,
und
deutlich ... spüre ich ... wie die
Sonne
mir durchs Blut
rinnt.

Minutenlang.

Versunken
alles ... Nur noch
ich.
Selig!

2
a Lest die beiden Gedichte. Welches Gedicht passt am besten zu eurer Vorstellung von einem Sonnentag?
b Diese Gedichte haben keinen Reim. Handelt es sich trotzdem um Gedichte? Begründet eure Meinung.

3 Schreibt auch ein „Sonnengedicht“.
a Notiert alles, was euch zum Wort „Sonne“ einfällt.
b Verfasst mit euren Wörtern und Ideen ein Gedicht. Es muss sich nicht reimen.
Tipp: Orientiert euch z. B. am Gedicht von Arno Holz.

8.3 Projekt – Einen Gedichtkalender gestalten

Ein Gedichtkalender kann z. B. euren Klassenraum schmücken.
Ihr könnt ihn auch Eltern, Großeltern und Freunden schenken oder auf Schulfesten verkaufen.

deutsch	türkisch	englisch	italienisch	französisch	spanisch
JANUAR	OCAK	JANUARY	GENNAIO	JANVIER	ENERO
FEBRUAR	ŞUBAT	…	…	FÉVRIER	
MÄRZ	…	…		MARS	
APRIL	NİSAN	…		AVRIL	ABRIL
…		MAY	…	…	…
	HAZİRAN	JUNE	GIUGNO		…
…	TEMMUZ		LUGLIO	…	JULIO
…	…	…	…	…	…

1 Welche Sprachen sprecht ihr in eurer Klasse?
a Ergänzt in eurem Heft die Namen aller 12 Monate in den Sprachen, die ihr kennt.
b Versucht, die Namen der Monate in den Sprachen herauszufinden, die ihr nicht kennt.
Fragt eure Lehrer, Eltern oder sucht im Internet (▶ S. 167 ff.).

2 Nutzt die verschiedensprachigen Monatsnamen, um euren Gedichtkalender zu gestalten.
Organisiert euer Projekt (▶ Methode).

3 Auf den drei folgenden Seiten findet ihr Gedichte zum Frühling, Sommer, Herbst und Winter.
Überlegt, ob ihr eines oder mehrere davon für euren Gedichtkalender verwenden wollt.
Tipp: Ordnet die Gedichte den einzelnen Monaten zu.

Methode **Einen Gedichtkalender gestalten**

1 Legt fest, **wer** für die Gestaltung eines Kalenderblattes **zuständig ist.**
Wollt ihr ein Kalenderblatt in einer Gruppe oder lieber allein gestalten?
Tipp: Ihr könnt z. B. euren Geburtsmonat wählen.
2 Überlegt, **wie** ihr das **Kalenderblatt gestalten** möchtet:
– Nennt ihr den Monatsnamen in der eigenen, in einer fremden oder in mehreren Sprachen?
– Sollen Feiertage oder Feste anderer Kulturen markiert werden?
– Sollen nur Gedichte aus diesem Kapitel oder auch andere in den Kalender aufgenommen werden, z. B. fremdsprachige oder selbst verfasste Gedichte?
3 **Verabredet** in der Klasse:
– den **Zeitraum,** der für das Projekt zur Verfügung steht, und
– die allgemeinen **Vorgaben für die Gestaltung,** z. B. Größe, Material, Farben …

Eduard Mörike

Er ist's

Frühling lässt sein blaues Band
wieder flattern durch die Lüfte;
süße, wohlbekannte Düfte
streifen ahnungsvoll das Land.
Veilchen träumen schon,
wollen balde kommen.
– Horch, von fern ein leiser Harfenton!
Frühling, ja du bist's!
Dich hab' ich vernommen!

Anne Steinwart

Es frühlingt

Hase träumt von grünen Feldern.
Zwerge flüstern in den Wäldern.

Igel, der so lange schlief,
schickt mir einen Liebesbrief.

Winter flüchtet um die Ecke.
Frühling hockt schon in der Hecke.

Walter Mahringer

April! April!

Morgens Sonne
mittags Schnee
und dann wieder
Sturm oje
einmal Regen
plötzlich heiß
so ein Wetter
niemand weiß
was der Unfug
wirklich soll
ist die Welt denn
plötzlich toll
Gott sei Dank
weiß jedes Kind
es ist der April
der spinnt!

Paula Dehmel

Ich bin der Juli

Grüß Gott! Erlaubt mir, dass ich sitze.
Ich bin der Juli, spürt ihr die Hitze?

Kaum weiß ich, was ich noch schaffen soll,
die Ähren sind zum Bersten voll;

reif sind die Beeren, die blauen und roten,
saftig sind Rüben und Bohnen und Schoten.

So habe ich ziemlich wenig zu tun,
darf nun ein bisschen im Schatten ruhn.

Duftender Lindenbaum,
rausche den Sommertraum!

Seht ihr die Wolke? Fühlt ihr die Schwüle?
Bald bringt Gewitter Regen und Kühle.

Christian Morgenstern

Butterblumengelbe Wiesen

Butterblumengelbe Wiesen,
sauerampferrot getönt, –
o du überreiches Sprießen,
wie das Aug dich nie gewöhnt!
Wohlgesangdurchschwellte Bäume,
wunderblütenschneebereift –
ja, fürwahr, ihr zeigt uns Träume,
wie die Brust sie kaum begreift.

Ursula Wölfel

Oktober

Oktober kommt mit blauem Rauch,
der Wind will Äpfel pflücken
und gelbe Birnen gibt es auch
und Süßes reift im Brombeerstrauch,
du brauchst dich nur zu bücken!

So rot und gold wie Feuerschein
steht nun der Wald am Hügel.
Das Eichhorn sammelt Nüsse ein,
der Falter sitzt am warmen Stein
und breitet weit die Flügel.

Ein Spinnwebfaden fließt im Wald,
es raschelt auf den Wegen.
Der Häher[1] schreit, die Nacht wird kalt
und auf die Wiesen wird sich bald
der erste Raureif legen.

1 Häher: Rabe

Friedrich Hebbel

Herbstbild

Dies ist ein Herbsttag, wie ich keinen sah!
Die Luft ist still, als atmete man kaum,
Und dennoch fallen raschelnd, fern und nah,
Die schönsten Früchte ab von jedem Baum.

O stört sie nicht, die Feier der Natur!
Dies ist die Lese[1], die sie selber hält,
Denn heute löst sich von den Zweigen nur,
Was vor dem milden Strahl der Sonne fällt.

1 Lese: Ernte

Mascha Kaléko

Der Herbst

Ich bin, das läßt sich nicht bestreiten,
die herbste aller Jahreszeiten:
raue Winde, scharf wie Säbel,
welke Wälder, graue Nebel.
Die Vögel klagen leise, leise
und gehen auf die Winterreise.
Dann lischt die Sommersonne aus.
Holt eure Gummischuhe raus! R

Heinrich Seidel

November

Solchen Monat muss man loben:
Keiner kann wie dieser toben,
Keiner so verdrießlich sein
Und so ohne Sonnenschein!
Keiner so in Wolken maulen,
Keiner so mit Sturmwind graulen!
Und wie nass er alles macht!
Ja, es ist 'ne wahre Pracht.

Seht das schöne Schlackerwetter!
Und die armen welken Blätter,
Wie sie tanzen in dem Wind
Und so ganz verloren sind!
Wie der Sturm sie jagt und zwirbelt
Und sie durcheinanderwirbelt
Und sie hetzt ohn' Unterlass:
Ja, das ist Novemberspaß!

Frank Bubenheim

Schnee

Schnee rieselt leise in bekannter Weise
von oben nach unten, ohne Geräusche,
dass er niemand enttäusche.

Wenn der Schnee nun verkehrtrum rieselte
und von unten nach oben pieselte,
wäre das etwas Markantes,
etwas Neues und Unbekanntes.

So ist es besser, er rieselt schön leise
in der uns hinlänglich bekannten Weise.

Wolfgang Borchert

Winter

Jetzt hat der rote Briefkasten
eine weiße Mütze auf,
schief und verwegen.
Mancher hat bei Glatteis
plötzlich gelegen,
der sonst so standhaft war.
Aber der Schnee hat leis
und wunderbar
geblinkt auf Tannenbäumen.
Was wohl jetzt die Schmetterlinge träumen?

Joseph Freiherr von Eichendorff

Weihnachten

Markt und Straßen steh'n verlassen,
Still erleuchtet jedes Haus,
Sinnend geh' ich durch die Gassen,
Alles sieht so festlich aus.

An den Fenstern haben Frauen
Buntes Spielzeug fromm geschmückt,
Tausend Kindlein steh'n und schauen,
Sind so wunderstill beglückt.

Und ich wandre aus den Mauern
Bis hinaus in's freie Feld,
Hehres[1] Glänzen, heil'ges Schauern!
Wie so weit und still die Welt!

Sterne hoch die Kreise schlingen,
Aus des Schnees Einsamkeit
Steigt's wie wunderbares Singen –
O du gnadenreiche Zeit!

1 hehres: erhabenes, wunderbares

Schreibwörter ► S. 234

der Vers	die Personifikation	der Paarreim	der umarmende Reim	das Wetter
die Strophe	der Vergleich	der Kreuzreim	der Wind	das Gewitter

9 Alles Theater?! – Szenen spielen

1 Schaut euch die Personen auf dem Foto genau an.
a Beschreibt ihren Gesichtsausdruck und ihre Körperhaltung.
b Welche Gefühle drücken die beiden Personen jeweils aus?

2 Stellt Vermutungen an:
Worüber könnten sich die beiden Personen streiten?

3 Spielt die Szene nach. Überlegt euch spontan einen Text.

In diesem Kapitel ...

– lernt ihr Szenen aus einem Theaterstück für Jugendliche kennen,
– schreibt ihr selbst Szenen und probt sie,
– bereitet ihr Schritt für Schritt einen Bühnenauftritt vor.

9.1 Groß und Klein – Szenen spielerisch erfassen

Walter Kohl

Wanted: Lili

Der zwölfjährige Sohn lebt allein mit seinem Vater. Als der Sohn sechs Jahre alt war, hat seine Mutter den Vater und ihn verlassen und dabei seine Schwester Lili mitgenommen.

(Wohnung; Vater, Sohn)

VATER: Hast du geraucht?

SOHN: Hast du geraucht?

VATER: Ich merke es doch.

SOHN: *(äfft nach, verzieht dabei das Gesicht)* Ich merke es doch, ich merke es doch. Nichts merkst du.

VATER: Sollte ich was merken?

SOHN: Klar doch.

VATER: Und was?

SOHN: *(zeigt auf sein Hemd)* Das.

VATER: Was – das?

SOHN: Das Hemd. Ich hab's verkehrt herum an.

VATER: Hast du wieder – Zettel aufgehängt?

SOHN: Ich hab es auch erst gemerkt, als es zu spät war. In der Schule haben sie gelacht. Eh klar. Der da. Muss ja wohl so sein, bei dem da.

VATER: *(zu sich selbst)* Ich bilde mir ein, ich habe welche gesehen, draußen, wo man von der Hauptstraße reinkommt in unseren Ort.

SOHN: Schaut halt niemand drauf, wie der da sein Hemd anzieht.

VATER: Ich bin so müde heute. War so ein anstrengender Tag. Ich fürchte, ich werde krank.

SOHN: Mathe wird völlig in die Hose gehen.

VATER: Genau genommen bin ich schon krank. *(Fasst sich an den Hals.)* Ich sollte eigentlich ein paar Tage zu Hause bleiben und mich ins Bett legen.

SOHN: Ja. Aber was wird dein Boss da sagen?

1 Überlegt: Was für welche „Zettel" hat der Sohn wohl aufgehängt? Beachtet die Überschrift.

2 Oft hören Eltern ihren Kindern nicht richtig zu.
An welchen Stellen zeigt der Vater ein solches Verhalten seinem Sohn gegenüber?

3 Beschreibt mit eigenen Worten den Streit (Konflikt) zwischen Vater und Sohn.

Information | **Der Konflikt**

Anders als Gedichte oder Romane sind **Theaterstücke** dazu geschrieben worden, um sie auf einer **Bühne** aufzuführen.
Oft haben in diesen Stücken zwei oder mehr Figuren unterschiedliche Ziele und Interessen. Der **Gegensatz dieser Ziele und Interessen,** aus dem oft Streit entsteht, wird **Konflikt** genannt.

Walter Kohl

Wanted: Lili (Fortsetzung)

VATER: *(hustet mehrmals hintereinander)* Dieser Husten geht einfach nicht weg. Ich hab Angst, dass der Husten von was anderem kommt. Also, da ist was Schlimmes los da drin, das diesen Husten auslöst.
SOHN: *(hüpft im Krebsgang herum.)*
VATER: Was machst du denn jetzt wieder!?
SOHN: *(kräht)* Krebs! Krebs! Bin ein Krebs!
VATER: *(laut)* Jetzt hör aber auf!
SOHN: Krebs. Krebs. Krebs, Krebs. Lungenkrebs. Die ganze Palette. *(Legt den Handrücken auf die Stirn. Übertrieben)* Oh, mein Gott!
VATER: Also, lass mich mal in Ruhe mit dir reden. Von Mann zu Mann.
SOHN: Du hast Angst, oder? Wovor hast du Angst?
VATER: Da ist dieser Husten, und der geht einfach nicht weg, und morgens, bei ohnehin übelster Laune, da spinnt man halt so vor sich hin.
SOHN: *(verächtlich)* Feigling. Das bisschen Husten macht dir Angst.
VATER: *(abkehrend)* Du hast ja keine Ahnung vom wirklichen Leben.
SOHN: Dann erzähl's mir halt.
VATER: Was?
SOHN: Wie es ist. Im wirklichen Leben.
VATER: Da bist du noch zu *(Pause)* – jung.

1 Wovor hat der Vater Angst?
Und wie reagiert der Sohn auf die Angst des Vaters? Beschreibt das Verhalten von Vater und Sohn.

2 Unterscheidet die in Klammern gesetzten Regieanweisungen. Ordnet im Heft zu:
– Welche Regieanweisungen beschreiben näher das Verhalten der Figuren?
– Welche bestimmen die Art, wie die Figuren sprechen sollen?

Sprechweise: Wie sprechen die Figuren?	Verhalten: Was machen die Figuren?
– …	– *hustet mehrmals hintereinander (Z. 1)*

3 Lest den Text mit verteilten Rollen. Probt die angegebenen Sprechweisen.

4 Spielt die Szene. Probt die angegebenen Sprech- und Verhaltensweisen.

Information **Der Dialog, der Monolog, die Regieanweisung**

- Wenn sich zwei oder mehr Personen im Alltag oder als Figuren auf einer Theaterbühne unterhalten oder streiten, nennt man das einen **Dialog.**
- Im Unterschied dazu spricht man von einem **Monolog,** wenn jemand mit sich selbst spricht oder längere Zeit alleine redet.
- Hinweise darauf, wie die Figuren miteinander reden und sich verhalten, nennt man **Regieanweisungen.** Sie stehen meist in Klammern hinter den Rollen oder zwischen zwei Rollen.

Walter Kohl

Wanted: Lili (Fortsetzung)

Vater und Sohn führen einen kleinen wortlosen Streit auf, etwa so:
Der Sohn liegt auf der Couch mit geschlossenen Augen. Der Vater geht auf den Sohn zu und bleibt wortlos vor ihm stehen.
Der Sohn dreht sich von ihm weg. Der Vater fasst die Schulter des Sohnes an und rüttelt an ihr. Der Sohn dehnt und streckt sich und steht langsam auf. Er geht zum Kühlschrank und holt sich Milch, er lässt die Kühlschranktür offen, er gießt sich Milch ein und schließt die Milchpackung nicht. Er streicht Marmelade auf einen Toast und lässt das Marmeladenglas offen. Er schaltet den Toaster nicht aus etc.
Der Vater wird immer wütender, sagt aber nichts, sondern bringt alles hinterher wieder in Ordnung, bis ihm wegen einer Kleinigkeit der Kragen platzt und er zu schreien beginnt.

1 Bildet Dreiergruppen. Wählt Aufgabe a/b oder a/c.
a Welches der drei folgenden Standbilder stellt am besten die Beziehung zwischen dem Vater und dem Sohn dar?
●○○ b Stellt das Standbild nach (▶ Methode). Begründet eure Wahl.
●●● c Überlegt euch ein eigenes Standbild zu Vater und Sohn (▶ Methode) und erläutert es der Klasse.
Tipp: Ein Gruppenmitglied übernimmt die Regie. Die anderen beiden sind die Darsteller.

2 Führt in Partnerarbeit die Szene als wortlose Pantomime auf (▶ Methode).
Achtet auf eure Körperhaltung, eure Bewegungen und euren jeweiligen Gesichtsausdruck.

3 Was könnten die beiden sagen? Schreibt einen Dialog zu dieser Szene.

Methode **Das Standbild, die Pantomime, die Mimik, die Gestik**

- Bei einem **Standbild** werden die Figuren durch einen Schüler (Regisseur) stumm und „eingefroren" so aufgestellt, dass das **Verhältnis der Figuren zueinander** deutlich wird. Anschließend erklärt der Schüler, warum er die Figuren so aufgestellt hat.
- Eine Schauspielerei, die vollkommen **ohne Worte** auskommt, nennt man **Pantomime.**
  Die Gedanken und Gefühle werden ausschließlich durch
  – die **Körperhaltung und -bewegung (Gestik)** wie Kopfschütteln oder Schulterzucken und
  – den **Gesichtsausdruck (Mimik)** wie Lächeln oder Stirnrunzeln veranschaulicht.

Walter Kohl

Wanted: Lili (Fortsetzung)

SOHN: Ich hab sie gesehen.
VATER: Wen?
SOHN: Lili. [...]
VATER: Unmöglich!
SOHN: Es war Lili. Ganz sicher. Ich war beim Telekom-Shop, und sie ist von drüben gekommen, vom Eingang Richtung Eislaufplatz, und ist quer durch das Zentrum und ist stehen geblieben vor einem Modegeschäft, und dann ist sie vor der Burger-Bude stehen geblieben, als ob sie überlegen wollte, ob sie reingehen soll. Ich denke, sie hat sich die Angebote angesehen, welche Menüs es diese Woche gibt, dann hat ihr aber doch nichts zugesagt, und dann ist sie langsam weitergebummelt und drüben wieder hinaus, zur Straßenbahn Richtung Zentrum.
VATER: Die beiden wohnen nicht mehr in der Stadt. Es ist praktisch unmöglich, dass du deine Schwester in dem Einkaufszentrum triffst, wo du dauernd rumhängst. Und selbst wenn sie da hinkommen sollte, würdest du sie nicht erkennen. Damals war sie vier und du sechs. Jetzt wär sie zehn. Ist sie zehn.
SOHN: Ich weiß, dass sie es war.
VATER: Und warum hast du sie dann nicht angesprochen?
SOHN: Weil ich – weil sie – sie ist so schnell da durch, und ich war so baff, und –
VATER: Ich dachte, sie ist vor den Geschäften rumgestanden und hat in die Auslagen geguckt.

SOHN: Ja schon, aber –
VATER: Du warst zu feige, oder?
SOHN: *(geht wütend zum Kühlschrank, reißt die Tür auf etc.)*
VATER: So wirst du auch nichts ändern daran.
SOHN: Du bist der, der etwas – du hast – du musst –
VATER: Was? Was!?
SOHN: Du hast sie vertrieben. [...] Sie. Und Lili. Du hast Lili und sie vertrieben.
VATER: Ich hab sie nicht vertrieben.
SOHN: Du hast nichts getan, damit du sie aufhältst.
VATER: Wie sollte ich denn – ach, was weißt denn du. Du hast ja keine Ahnung [...]. Sie sind weg, weil es mit ihr und mir, weißt du, und nach all den Jahren haben wir auf einmal, ja, und das ist manchmal so, und darum –
SOHN: Lass mich in Ruhe mit so einem blöden Gerede.
VATER: Eines Tages wirst du es verstehen, wenn du erwachsen bist.

1 Was könnte damals in der Familie passiert sein? Sammelt Ideen.

2 Stellt euch vor, das Mädchen im Einkaufszentrum war tatsächlich Lili. Wählt a oder b.
- ●●○ a Spielt die Szene von Z. 5–17 wortlos nach.
- ●●● b Improvisiert eine kleine Szene, in der sich die beiden Geschwister erneut begegnen.

Methode **Das Improvisieren**

Improvisieren bedeutet, zu einem Thema oder einer Situation spontan etwas zu spielen.

Teste dich!

1 Wie nennt man ein Selbstgespräch?
S Dialog T Polylog
U Analog R Monolog

2 Den Gesichtsausdruck eines Menschen nennt man auch ...
A Kimik E Mimik
I Mimek O Memik

3 Wovon handeln Bühnenstücke oft?
Q Konflikten X Zaubertricks
Y Unfällen Z Reisen

4 Improvisieren bedeutet, ...
W ein Gespräch aufzuschreiben.
U sich spontan etwas auszudenken.
L eine Situation zu erklären.
M sich vor dem Publikum zu verbeugen.

5 Hinweise zum Verhalten der Figuren geben ...
I Regieanweisungen P Regieurteile
V Regiebefehle O Regiebestimmungen

6 Was bedeutet Gestik?
S Körpersprache M Körpergeruch
B Körpergefühl D Körperspannung

7 Was ist ein Dialog?
E Traum J Foto
G Tageslicht I Gespräch

8 Ein Schauspiel ohne Worte nennt man ...
F Mandoline H Panthermiene
T Pantomime K Gutemine

1 Du hast bereits eine ganze Reihe wichtiger Begriffe rund um das Theater kennen gelernt. Löse das Quiz. Notiere den Buchstaben zur jeweils richtigen Antwort ins Heft.
Tipp: Die richtigen Lösungsbuchstaben ergeben einen Fachbegriff für einen kleineren Spiel- oder Ausstattungsgegenstand auf der Bühne, wie z. B. einen Brief, ein Glas, eine Vase usw.

Fragen zu „Wanted: Lili“	Seiten-/Zeilenangaben
a An welchem Ort spielt das Stück?	▶ S. 144, Z. 1
b Wie geht es dem Vater?	▶ S. 145, Z. 1–5
c Warum ist der Sohn so wütend auf seinen Vater? Nenne drei Gründe.	▶ S. 144, Z. 6 f.; S. 145, Z. 21 f.; S. 147, Z. 41
d Wovor hat der Vater besonders Angst?	▶ S. 145, Z. 2–3
e Wo glaubt der Sohn seine Schwester Lili gesehen zu haben?	▶ S. 147, Z. 20
f Warum haben die Mutter und Lili damals die Familie verlassen?	▶ S. 147, Z. 48–50

2 Beantworte die Fragen a–f zum Inhalt des Theaterstücks „Wanted: Lili“ in deinem Heft.
Tipp: Prüfe deine Antworten mit Hilfe der Seiten- und Zeilenangaben.

Lösung Aufgabe 1: das Requisit (Plural: die Requisiten)

9.2 Stück für Stück – Eigene Szenen schreiben

Ich streite mich nur noch mit meinem Vater. Am meisten stört mich ...

Meine Eltern ...

1 ●●● In dem Stück „Wanted: Lili" hat der Sohn niemanden, mit dem er über seine Probleme in der Familie reden kann. Stellt euch vor, er würde in einer Schulpause mit einem Freund sprechen. Verfasst einen eigenen Dialog zwischen den beiden. Nutzt die Sprechblasen im Bild.

▷ Eine Hilfe zu Aufgabe 1 findet ihr auf Seite 150.

2 ●●● Mit wem könnte der Sohn noch reden?

a Stellt eine Liste von möglichen weiteren Figuren zusammen, z. B.: *Großeltern, Nachbarn ...*

b Wählt eine von diesen Figuren aus und schreibt einen kurzen Dialog.

▷ Hilfe zu 2, Seite 150

3 ●●● Später möchte der Sohn sich wieder mit seinem Vater versöhnen.

▷ Hilfe zu 3, Seite 150

a Sammelt zu einer solchen Versöhnungsszene Ideen in einer Mind-Map, z. B.:

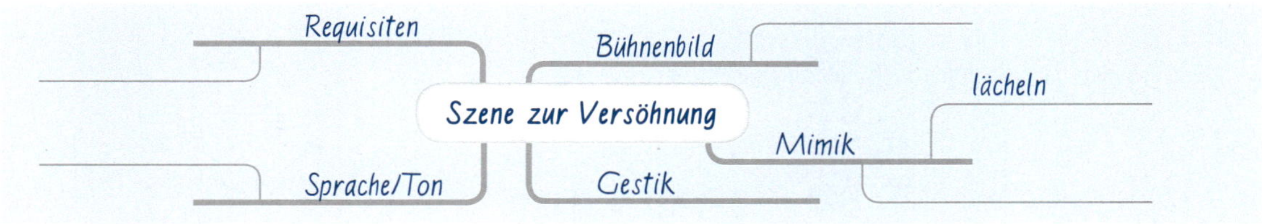

b Verfasst mit Hilfe eurer Mind-Map einen passenden Dialog zwischen Vater und Sohn.

c Sprecht und spielt euch die Dialoge gegenseitig vor.

4 Schreibt eine Wiedersehensszene zwischen Lili, ihrem Bruder und dem Vater. Formuliert auch passende Regieanweisungen.

Methode **Eine Mind-Map anlegen**

Mit einer **Mind-Map** kann man **Ideen oder Informationen** anschaulich **sammeln** und **ordnen.**

- Schreibt das **Thema** in die Mitte eines großen Papierbogens. Umrahmt das Thema.
- Ordnet um das Thema zunächst die wichtigsten **Hauptpunkte.** Zeichnet dazu dicke Äste.
- Schreibt zu den Hauptpunkten **weitere Ideen oder Beispiele.** Zeichnet dazu dünnere Äste.

Aufgabe 1 mit Hilfe

In dem Stück „Wanted: Lili" hat der Sohn niemanden, mit dem er über seine Probleme in der Familie reden kann.
Stellt euch vor, er würde in einer Schulpause mit einem Freund sprechen (▸ Bild S. 149).
Bringt im Heft ihren Dialog in eine sinnvolle Reihenfolge:
Sohn: Ich streite mich nur noch mit meinem Vater. Am meisten stört mich ...
Freund: ...

- Gib nicht auf! Du wirst deine Schwester schon finden.
- Fehlt sie dir?
- Wie lange ist das jetzt her, dass sie weg ist?
- Ich streite mich nur noch mit meinem Vater. Am meisten stört mich, dass er mir nie zuhört.
- Ja, sehr. Aber meinen Vater interessiert das nicht. Der denkt nur an sich.
- Ich wünschte, meine Schwester Lili wäre bei mir.
- Meine Eltern machen auch immer nur Stress.
- Etwa sechs Jahre.

Aufgabe 2 mit Hilfe

Mit wem könnte der Sohn noch reden?

a Wählt eine der folgenden Figuren aus:

Großeltern Nachbar(in) Lehrer(in) Onkel/Tante Trainer(in) Cousin/Cousine

b Schreibt einen kurzen Dialog, z. B.:
Großvater: Jetzt kommst du endlich zu mir. Ich habe mich schon gewundert, was in letzter Zeit mit dir los ist.
Sohn: Warum hast du mich nicht schon früher ...?

Aufgabe 3 mit Hilfe

Später möchte der Sohn sich wieder mit seinem Vater versöhnen.

a Vervollständigt im Heft die folgende Mind-Map (Methode ▸ S. 149) zu einer solchen Versöhnungsszene.

b Verfasst mit Hilfe eurer Mind-Map einen passenden Dialog zwischen Vater und Sohn.

c Sprecht und spielt euch die Dialoge gegenseitig vor.

9.3 Projekt – Szenen aufführen

Aufwärmübungen

Wenn ihr Theaterszenen proben und aufführen wollt, solltet ihr nicht nur darauf achten, euren Text auswendig zu können. Mindestens genauso wichtig ist, dass ihr eure Stimme und euren ganzen Körper gut im Griff habt, um beides bewusst einzusetzen.

1 Ähnlich wie im Sport die Muskeln vor jedem Training aufgewärmt werden, gibt es auch beim Theater Übungen und Spiele, die vor jeder Probe stattfinden sollten.

a Betrachtet die Bilder und führt die Atemübung „Schwingen" durch.

Methode **Atemübung – Das Schwingen**

- Stellt euch im Kreis mit genügend Abstand zueinander auf.
- Haltet die Arme gerade und schwingt sie langsam hin und her.
- Schwingen die Arme zurück, atmet ihr ein. Schwingen die Arme nach vorn, atmet ihr aus.
- Lasst die Schwingungen langsam größer werden, bis die Arme über den Kopf gehen.

b Führt die Sprechübung „Zungenbrecher" durch.

Methode **Sprechübung – Der Zungenbrecher**

- Bildet Kleingruppen.
- Sprecht vor jeder Probe einen euch bekannten Zungenbrecher.
- Fragt Freunde und Bekannte nach weiteren Zungenbrechern. Tragt sie eurer Gruppe vor. Die anderen sprechen nach.
  Tipp: Setzt eure Zuhörer ganz weit von euch weg. So übt ihr, laut und deutlich zu sprechen.

In Ulm und um Ulm und um Ulm herum.

c Führt die „Wortscharade" durch.

Methode **Übung zur Körpersprache – Die Wortscharade**

- Notiert zusammengesetzte Nomen auf kleinen Zetteln, z. B.: *Spiegelei, Ohrenschmaus, ...*
- Jeder nimmt sich einen Zettel und spielt den Begriff in Form der Pantomime (▸ S. 146) nach.

Das Stück „Wanted: Lili“ aufführen

Wollt ihr „Wanted: Lili“ vor einem Publikum aufführen?
Auf dieser Seite findet ihr einige Tipps und Tricks, die euch dabei helfen.

Die Aufgaben verteilen

1 Einigt euch, welche Szenen ihr für eure Aufführung proben wollt.

2 Bildet Gruppen für verschiedene Aufgaben, z. B.:
Gruppe: Schauspiel/Regie • Gruppe: Bühnenbild • Gruppe: Licht und Ton • Gruppe: ...
Tipp: Wählt einen Mitschüler, der euch den Text vorsagt, falls ihr ihn vergesst.

3 Haltet in einem Projektplan fest, welche Arbeiten wann erledigt werden müssen, z. B.:

Gruppe	Teilnehmer	Aufgaben	Termine
Schauspiel/Regie	...	*Rollen verteilen*	...
...	...	...	...

Eine Einladung verfassen

Die Klasse ... lädt herzlich zu einer Theateraufführung ein

Was? **Name des Stücks**
Von wem? **Informationen zum Autor**
Wann? **Am ... um ... Uhr**
Wo? **Im Raum ... der ... Schule**
Wie viel? **Eintritt frei**
Wer? **Alle Mitwirkenden und ihre Aufgaben**
Über zahlreiches Erscheinen würden wir uns sehr freuen!

4 Gestaltet Einladungen mit wichtigen Informationen für euren Auftritt.

5 Überlegt, ob ihr zu eurem Auftritt auch ein Programmheft verteilen möchtet.
– Entwerft für das Programmheft ein zum Stück passendes Titelbild.
– Verfasst eine kurze Zusammenfassung des Stücks und fügt Probenfotos hinzu.

Schreibwörter ► S. 234

das Theater	die Szene	übertrieben	wütend
der Konflikt	der Dialog	verächtlich	der Eintritt

10 Rund um den Computer – Sachtexte verstehen

1 a Beschreibt, was die Schülerin und der Schüler auf dem Foto tun.
b Stellt Vermutungen darüber an, warum sie das tun.

2 a Kennt ihr euch mit sozialen Netzwerken aus, z. B. „Facebook" oder anderen? Berichtet.
b Erstellt für einen Mitschüler ein ernst zu nehmendes Profil.
c Vergleicht und bewertet eure Ergebnisse.

3 In sozialen Netzwerken treffen sich Menschen online. Die Nutzer stellen sich selbst dar und chatten oder mailen miteinander.
Was gefällt euch dabei gut?
Worauf müsst ihr aufpassen?

In diesem Kapitel ...

- lernt ihr soziale Netzwerke genauer kennen,
- lest ihr Sachtexte und Grafiken zum Thema „Computerspiele",
- übt ihr, im Internet zu recherchieren.

10.1 Freunde im Internet – Soziale Netzwerke kennen lernen

Soziales Netzwerk als Treffpunkt – aber Vorsicht!

Soziale Netzwerke wie *Facebook, wer-kennt-wen (wkw)* und *Twitter* sind Treffpunkte im Internet. Nutzer legen sich dort ihr eigenes Profil an. Darin stellen sie sich selbst dar und treten mit anderen Nutzern in Kontakt.

Was begeistert die Nutzer?

Soziale Netzwerke sind beliebt, weil es um die eigene Person geht. Mit Text und Bild lässt sich beschreiben, wie man sich selbst sieht und von anderen gesehen werden will. Die selbst erstellten Profile enthalten persönliche Daten wie das Alter, den Namen, die Schule oder Hobbys.
Man kann anderen seine Gedanken, Gefühle und Erlebnisse mitteilen, Fotos hochladen, Diskussionsgruppen beitreten, chatten oder Pinnwandeinträge verfassen.
Freundschaften können gepflegt werden und man kann schnell neue Leute kennen lernen. Ganze Schulklassen treffen sich nach dem Unterricht in ihrem Netzwerk wieder, um online das zu besprechen, was sie in der Schule nicht zu Ende diskutieren konnten.

Wie wird man Mitglied?

Um in einem sozialen Netzwerk mitzumachen, muss man sich in der Regel an die Altersvorschriften halten. Man braucht eine Einladung von einer Person, die bereits im Netzwerk angemeldet ist. Zum Registrieren werden ein Benutzername, ein Passwort und eine E-Mail-Adresse benötigt. Alles Weitere sind freiwillige Angaben.

Warum muss man aufpassen?

Damit einem unerfreuliche Erfahrungen erspart bleiben, gilt es beim Umgang mit sozialen Netzwerken einige wichtige Regeln zu beachten. Viele Nutzer glauben, sie wären unter sich. Das ist ein Irrtum. So manche Eltern, Lehrer und Ausbilder überprüfen, was Schüler veröffentlichen. Leider gibt es auch Erwachsene mit böser Absicht, die sich als Schüler ausgeben. Man kann also nie wissen, wer sich im Netzwerk herumtreibt.
Das Internet hat ein gutes Gedächtnis! Was einmal ins Netz hochgeladen wurde, bleibt vielleicht ewig im Umlauf und kann jederzeit wieder auftauchen.

Wie kann man sich und andere schützen?

Auch im Internet gibt es eine „Privatsphäre". Mit den richtigen Einstellungen kann man viel für die eigene Sicherheit tun und selbst bestimmen, welche Angaben nur Freunde und welche Angaben alle Mitglieder sehen dürfen. So wie man nicht jedem den Schlüssel zur eigenen Wohnung gibt, sollte man auch in sozialen Netzwerken nicht zu vieles über sich verraten.
Gerade bei Fotos muss man vorsichtig mit der Veröffentlichung im Internet sein, weil dadurch auch die Rechte derjenigen verletzt werden können, denen die Fotos gehören. Bilder von anderen dürfen zum Beispiel nur mit deren Genehmigung hochgeladen werden.
Gruppenmitgliedschaften sagen sehr viel über eine Person aus. Einige Gruppen sind lustig oder informativ (Was kommt heute im Kino?), andere sind problematisch (Wer liest, hat kein Geld fürs Rauchen). Es gibt auch Hassgruppen,

die gezielt andere Personen beleidigen. Man muss also besonders genau überlegen, welchen Gruppen man beitreten möchte.
Auch online sollte man freundlich und respektvoll miteinander umgehen. Die Rechte anderer sind zu achten: Niemand darf mit Hilfe des Internets oder anderer Medien beleidigt oder bloßgestellt werden.
Der Umgang mit sozialen Netzwerken kann Spaß machen, will aber gelernt sein. Daher empfiehlt es sich, von Zeit zu Zeit die eigenen Informationen im Netz zu überprüfen.

1 Lest den Text und tauscht euch in Partnerarbeit über Folgendes aus:
a Was wusstet ihr bereits über soziale Netzwerke?
b Gab es Informationen, die neu für euch waren?
c Was interessiert euch besonders? Worüber möchtet ihr mehr erfahren?

2 Worum geht es in dem Text? Findet die richtige Aussage.

A Der Text gibt einen Überblick über Computerspiele im Internet.

B In dem Text geht es um Internetgewohnheiten von Kindern und Jugendlichen.

C Der Text stellt soziale Netzwerke und ihre Gefahren vor.

3 Bei diesen Wörtern aus dem Text sind die Buchstaben durcheinandergeraten:

LIRPOF HÄTSPREVARIP TZUNER GISTRERIEREN

a Notiert die Wörter richtig.
b Erklärt ein Wort oder mehrere Wörter einem Lernpartner.

4 Diskutiert die folgenden Aussagen. Entscheidet, ob sie richtig oder falsch sind.
Tipp: Beachtet auch, was zu den Aussagen im Text gesagt wird.

A Soziale Netzwerke sind völlig ungefährlich, da sich hier nette Schüler online treffen.
B Soziale Netzwerke sind für jeden zugänglich. Ich muss aufpassen, was ich veröffentliche.
C Ich kann in sozialen Netzwerken ohne Bedenken verschiedenen Gruppen beitreten.
D Alle Fotos, auf denen ich mit meinen Freunden zu sehen bin, darf ich hochladen. Dagegen kann niemand etwas sagen.

5 Stellt Regeln für den Umgang mit sozialen Netzwerken auf.
Gestaltet Regelplakate auf Blättern der Größe DIN A4, z. B.:
1. Respektiere andere Nutzer! 2. Stell persönliche Daten nicht unüberlegt ins Netz!
Tipp: Hängt euch eure Regelplakate zur Erinnerung neben den Computer, den ihr nutzt.

6 Formuliert, welche Regeln sowohl in sozialen Netzwerken als auch im richtigen Leben gelten.

Profile untersuchen

Fabian Peters' Seite (Ferdinand-Tönnies-Schule, Husum) | Plauderkasten (2)

3

Information

Account 4

Name:	Fabian Peters
Allgemeines	
Schule:	Ferdinand-Tönnies-Schule, Husum
Status:	Schüler
Jahrgangsstufe:	7
Geschlecht:	männlich
Geburtstag:	02.11.1998
Schule	
Ich bin:	faule Sau
Lieblingsfach:	Physik
Hassfach:	Deutsch
Nebenjob:	Ich gebe ab und zu Nachhilfe
Was ich da mache:	dummen Kindern einfache Sachen erklären
Persönliches	
Auf der Suche nach:	Partys, Freunden, was sich eben ergibt
Beziehungsstatus:	für alles zu haben
Hobbys:	Chillen, Fußball
Lieblingsmusik:	Rock, Alternative, Metal
Lieblingsbücher:	auf jeden Fall KEINE Pferdebücher
Lieblingsfilme:	Pulp Fiction, Star Wars, Die Welle
Über mich selbst:	Bin ein entspannter Typ, mit dem man Spaß haben kann.

1

Gruppen

2

- Auf mich ist Verlass. Ich bin NIE pünktlich!!
- Du, hab' ich mich gestern eigentlich danebenbenommen?!
- Ich bin nicht kompliziert, sondern eine Herausforderung.
- Meine Schulzeiten kollidieren mit meinen Schlafzeiten!

1 Betrachtet Fabians Profilseite. Erklärt die mit Pfeilen gekennzeichneten Begriffe.

2 Begründet, wie ihr Fabian einschätzt. Nutzt das Schaubild: *Ich finde Fabian ..., denn er ...*

witzig bescheiden pünktlich fleißig	*sehr*	*wenig*	*beides*	*wenig*	*sehr*	ernsthaft eingebildet unpünktlich faul

3 Stellt euch vor, ihr seid Freunde von Fabian und sollt ihm helfen, sein Profil zu verbessern. Welche Tipps gebt ihr ihm? Bearbeitet Aufgabe a oder b.

●●● a Schreibt Ratschläge auf, z. B.: *Um dein Profil zu verbessern, raten wir dir, ...*

●○○ b Formuliert zu folgenden Einträgen von Fabian eure Verbesserungsvorschläge:
- „Nebenjob: (Was ich da mache:) ... dummen Kindern einfache Sachen erklären."
- „Gruppen: Meine Schulzeiten kollidieren mit meinen Schlafzeiten."

Information

Account	
Name:	Laura F.
Spitzname:	Lauri
Allgemeines	
Schule:	Sekundarschule Olpe
Status:	Schülerin
Jahrgangsstufe:	7
Geschlecht:	weiblich
Geburtstag:	20.06.1999
Schule	
Ich bin:	Klassensprecherin
Lieblingsfach:	Englisch
Nebenjob:	Tierheim Olpe
Was ich da mache:	Ich helfe dort ehrenamtlich mit, pflege die Tiere und gehe ab und zu mal mit ein paar Hunden spazieren.
Persönliches	
Auf der Suche nach:	netten Leuten
Beziehungsstatus:	solo
Hobbys:	Tanzen, Shoppen, Kino, Snowboarden
Clubs, Vereine:	Modern Dance e.V., Olpe
Lieblingsmusik:	HipHop und RnB, vor allem Beyoncé, Sean Paul und die Pussycat Dolls
Lieblingsbücher:	Twilight 1–4 von Stephenie Meyer
Lieblingsspruch:	Träume nicht dein Leben – lebe deine Träume.
Was ich mag:	meine Freunde, meine Familie, meine zwei Katzen, Sommerferien, Urlaub am Meer, Spaghetti, Chatten, meinen Tanzverein, Coke Zero und vieles mehr
Was ich nicht mag:	Unehrlichkeit, Arroganz, Regenwetter, Insekten
Über sich selbst:	Ach, da gibt's viel zu sagen, am besten, ihr findet es selbst raus. ;)

RESPEKT IM NETZ

1 a Erläutert, wie euch Lauras Profilseite gefällt.
b Welchen Eindruck hätte ein Lehrer oder Sporttrainer von ihr?

2 Untersucht Jennys Pinnwand.
a Dort gibt es einen Hinweis, dass sie sich nicht richtig verhält. Erklärt, worum es sich handelt.
b Welche weiteren Angaben sollten nicht im Internet veröffentlicht werden? Begründet.

3 Diskutiert, ob man Folgendes im Internet veröffentlichen darf:
- den eigenen Stundenplan,
- Gefühle,
- selbst geschriebene Gedichte,
- Fotos, die man auf anderen Seiten gefunden hat,
- wie man seine Mitschüler findet.

Pinnwand

Zeige 3 von 312 Beiträgen — Etwas schreiben | Alle sehen

Basti M. (Sekundarschule Olpe) schrieb am …

Jenny, ich suche ein cooles Bild. Du sitzt doch vorn in der Klasse. Kannst du die Meier mal heimlich mit deinem Handy fotografieren?
[Nachricht schreiben]

Melina G. (Realschule Heine) schrieb am …

Treffe dich gleich. Ruf mich kurz an: 0131–1234567
[Nachricht schreiben]

Jenny K. (Realschule Heine) schrieb am …

Denk an morgen. Treffe dich bei Mike Müller: Breite Straße 44 b
[Nachricht schreiben]

Online: Fremde oder Freunde?

In sozialen Netzwerken werden Schüler sehr schnell Freunde oder Kumpels, indem sie ihre Profile vernetzen.

1 a Was bedeutet für euch Freundschaft? Notiert stichpunktartig Ideen und Gedanken.
b Tauscht eure Überlegungen in Zweiergruppen aus.

2 Überlegt: Worin besteht der Unterschied zwischen einem echten Freund und einer Onlinefreundschaft? Was würdet ihr wem erzählen? Nutzt den Kasten rechts.

die große Liebe • den letzten Streit • den Spitznamen • ein peinliches Erlebnis • Geheimnisse

Freundin/Freund (z. B. in der Schule) ——————————— Onlinefreundschaft

JULE: Ich steh total auf Justin Bieber ☺
JAYDO-Z: Cool – ich auch.
Wann hast du eigentlich Geburtstag?
JULE: Am ersten April.
JAYDO-Z: Hey, ein Aprilscherz! Und wie alt bist du?
JULE: 13.
JAYDO-Z: Süß. Ich hab übrigens am gleichen Tag Geburtstag, bin allerdings schon 15.
Komm, darauf stoßen wir an! Sollen wir uns mal treffen?
JULE: Ja, gern ...

3 a Erklärt, weshalb Jule beim Chatten unvorsichtig gewesen ist.
b Kann Jule ihrem Onlinefreund trauen? Formuliert eure Ratschläge.

4 a Ist der folgende Spickzettel „Sicher chatten" vollständig? Ergänzt ihn gegebenenfalls.
b Besucht gemeinsam eines eurer sozialen Netzwerke und prüft z. B. auf den Pinnwänden, ob die Tipps auf dem Spickzettel eingehalten werden.

5 Benennt in eurer Klasse einen Beauftragten für eure sozialen Netzwerke.
Seine Aufgabe ist, einmal wöchentlich eure Profile mit dem Spickzettel zu vergleichen.

Spickzettel – Sicher chatten
- nur Spitznamen verwenden
- kein komplettes Geburtsdatum
- keine Verabredungen und Termine veröffentlichen
- keine Kontaktdaten (Adresse usw.) preisgeben

Teste dich!

Benutzerna**m**e Postadre**s**se E-**M**ail-Adresse Freun**d**e Altersa**n**gabe L**ie**blingsband
Geb**u**rtstag Ausse**h**en Be**z**iehungsstatus Schul**e** P**a**sswort Ei**n**ladung

1 a Notiere in dein Heft:
A Informationen, die du benötigst, um dich in einem sozialen Netzwerk anzumelden,
B freiwillige Angaben.
Tipp: Die dick gedruckten Buchstaben zu A ergeben sortiert ein Lösungswort.
b Formuliere je zwei Vor- und Nachteile und erkläre einem Lernpartner die Gefahren.

1 „Beleidigungen, Beschimpfungen oder falsche Anschuldigungen sind in sozialen Netzwerken nicht erlaubt."

2 „Sachliche Kritik darf geäußert werden."

3 „Gegen positive Vergleiche und Komplimente ist nichts einzuwenden."

A Unsere Referendarin sieht besser aus als Heidi Klum.
B Die Englischhausaufgaben sind viel zu schwer.
C Unser Sportlehrer ist ein Besserwisser.
D Ich glaube, Herr Schmitz ist schuld daran, dass wir in den Pausen nicht mehr in der Klasse bleiben dürfen.

2 Welche Mitteilungen darfst du in sozialen Netzwerken über andere machen? Ordne den Mitteilungen A–D die richtigen Aussagen in den Sprechblasen zu.
Tipp: Zu einer bestimmten Sprechblase gehören zwei Mitteilungen.

Mein Hund Pauli

Handybild von Herrn Bauer, meinem Klassenlehrer

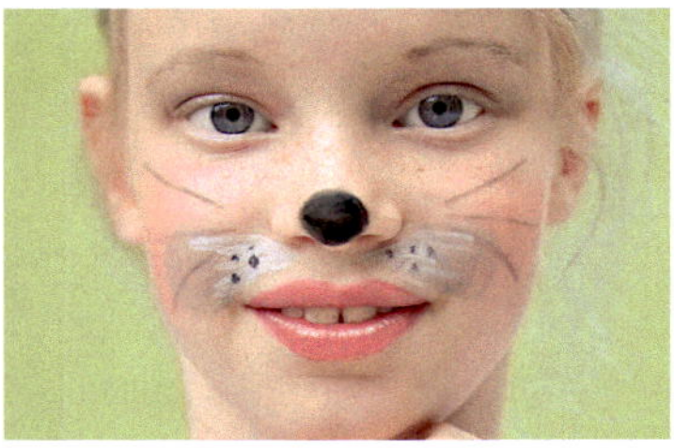

Meine Freundin Jenny

3 Begründe im Heft: Welche Bilder dürfte ein Schüler in sein Fotoalbum hochladen?

4 Vergleiche deine Ergebnisse mit einem Lernpartner.

10.2 Computerspiele – Sachtexte und Grafiken lesen

Liebste Computerspiele Rang 1–3 – bis zu drei Nennungen –

	12–13 Jahre	**14–15 Jahre**	**16–17 Jahre**
Rang 1	Die Sims 18 %	Die Sims 22 %	FIFA 19 %
Rang 2	FIFA 18 %	FIFA 13 %	Die Sims 16 %
Rang 3	Mariocart 10 %	GTA 10 %	GTA 12 %

1 a Habt ihr das Computerspiel „Die Sims" schon einmal gespielt? Erklärt das Spiel.
b Was gefällt euch gut an dem Spiel? Was mögt ihr nicht?

2 a Worum geht es in der Tabelle? Welche Aussage trifft zu?

A Die Tabelle zeigt, wie viel Prozent der Schüler Computer spielen.
B Die Tabelle zeigt, welche Computerspiele 12- bis 17-Jährige am liebsten spielen.
C Die Tabelle zeigt, dass das Spiel „Die Sims" unbeliebt ist.
D Die Tabelle zeigt, dass 17-Jährige „Die Sims" lieber spielen als 12-Jährige.

b Welche Informationen enthält die Tabelle im Einzelnen? Formuliert eine Zusammenfassung.
Jn der Tabelle werden die beliebtesten drei Computerspiele von Jugendlichen im Alter von ...
Rang 1 zeigt, dass 12- bis 13-Jährige ...
Die letzte Spalte zeigt, welche Spiele Jugendliche im Alter ...
Das beliebteste Spiel der meisten Jugendlichen ...

Methode **Eine Tabelle lesen**

Eine Tabelle stellt in **senkrechten Spalten** und **waagerechten Zeilen** Informationen knapp und übersichtlich dar. Lest zuerst die Überschrift der Tabelle und dann die einzelnen Spalten.
Tipp: Achtet in den Spalten auf besonders hohe oder niedrige Zahlen.

3 a Führt in eurer Klasse eine Umfrage zu den beliebtesten Computerspielen bei Mädchen und Jungen durch. Legt in eurem Heft folgende Tabelle an:

	Mädchen	**Jungen**
Rang 1	*(Spielname; so oft genannt: ~~////~~ /)*	*(Spielname; so oft genannt: ///)*
Rang 2	...	...
Rang 3	...	...

b Fasst eure Ergebnisse zusammen, z. B.: *Wir haben in unserer Klasse eine Umfrage zum Thema „Die beliebtesten Computerspiele" durchgeführt. Dabei zeigte sich, dass ...*

Einen Sachtext verstehen und zusammenfassen

1 „Das Leben spielen“ – so lautet der Beginn der folgenden Textüberschrift. Was versteht ihr darunter?

2 Schaut euch auch die Abbildung an. Worum könnte es in dem Text gehen?

Das Leben spielen – Die Sims

In der Computerspielreihe „Die Sims“ erschaffen die Spieler Figuren jeden Alters. Diese müssen anschließend unterschiedliche Lebenssituationen meistern. „Die Sims“ ist das erfolgreichste Computerspiel der letzten Jahre. Es wurde in 22 Sprachen übersetzt. In dem Simulationsspiel von Will Wright erfinden die Spieler eine Familie und deren Lebensumfeld. Seit der Erfindung des Spiels im Jahr 1998 gibt es verschiedene Versionen und Erweiterungspakete.

Als Neuling muss man zunächst Figuren („Sims“) erzeugen. Eine Familie kann aus höchstens acht verschiedenen Personen bestehen. Dies sind entweder Erwachsene oder Kinder, deren Aussehen, Körper und Eigenschaften ausgewählt werden. Dabei entscheidet der Spieler z. B. über Körpergröße, Outfits, Haarfarbe, Charaktereigenschaften, wie etwa ordentlich oder mutig. So werden die Figuren sehr individuell und haben verschiedene Eigenschaften und Vorlieben.

Für seine Figuren muss der Spieler einen Wohnort und ein geeignetes Heim finden. Die Familie kann in ein bereits bestehendes Haus einziehen oder ein neues Haus bauen. Mindestens ein Sim muss Geld verdienen, um davon zu leben. Seinen Verdienst verschafft sich der Sim, indem er einer Arbeit nachgeht. Verschiedene Karrieren sind möglich, da die Sims den Arbeitsplatz auch wechseln können.

In ihrer Freizeit gehen die Sims verschiedenen Aktivitäten nach. Sie treiben Sport, reisen, feiern Partys, treffen sich mit Freunden, heiraten und pflegen Beziehungen. Wie im wahren Leben hat auch in dieser Welt fast jeder ein Handy dabei. So kann man mit anderen Figuren Kontakt aufnehmen.

Ziel des Spiels ist es, sich um die Sims zu kümmern. Es soll ihnen gut gehen. Das persönliche Wohlbefinden einer Figur kann man an einem leuchtenden Symbol über dem Kopf der Figur ablesen. Ist die Launen-Anzeige grün, so sind die Sims glücklich, wechselt die Launen-Anzeige dagegen zu rot, läuft gerade etwas schief. Dieses Spiel bietet unendlich viele Möglichkeiten. Es gibt kein Falsch oder Richtig. Als Sims-Spieler begegnet man in einer künstlichen Welt den kleinen Katastrophen des Lebens und wird mit vielen spannenden, lustigen und unterhaltsamen Alltagssituationen konfrontiert. Übersteht der Sim die Situation, kann der Spieler sie in der richtigen Welt vielleicht auch meistern.

Die Fünf-Schritt-Lesemethode

1. und 2. Schritt: Worum geht es in dem Sachtext?

1 Lest den Text (▶ S. 161) zügig durch.
Entscheidet, welche der nachfolgenden Formulierungen am besten zum Text passt.

A In dem Text geht es um eine Fernsehsendung für Jugendliche.
B In dem Text geht es um beliebte Computerspiele für über 18-Jährige.
C In dem Text geht es um das Computerspiel „Die Sims".
D In dem Text geht es um die Spielanleitung für das Computerspiel „Die Sims".

2 Lest den Text ein zweites Mal, um ihn genauer zu verstehen.
a Stellt euch in der Klasse folgende Quizfragen. Sucht zuvor im Text die Antworten.
b Formuliert weitere Fragen und Antworten. Schreibt sie auf Quizkarten und fragt euch ab.

Wie heißt das erfolgreichste Computerspiel?

Müssen die Sims arbeiten?

Was können die Sims in ihrer Freizeit tun?

Wer entscheidet in dem Spiel z. B. über die Körpergröße, Outfits, Haarfarbe der Figuren?

Wann wurde das Computerspiel erfunden?

Woran kann man erkennen, dass eine Figur sich wohl fühlt?

3. Schritt: Wichtige Wörter verstehen

3 a Welche Wörter sind die wichtigsten (Schlüsselwörter) für Abschnitt 1 (Z. 1–13)? Wählt:

übersetzt • die Sims • erfolgreichstes Computerspiel • Jahr • Lebenssituationen meistern • Erfindung

b Sucht in Partnerarbeit für die Abschnitte 2 bis 5 die Schlüsselwörter heraus.
Tipp: Einigt euch für jeden Textabschnitt auf einige wenige Wörter.

4. Schritt: Zwischenüberschriften finden

4 a Ordnet den 5 Textabschnitten passende Zwischenüberschriften zu. Wählt aus den folgenden aus und notiert: *1. Abschnitt (Z. 1–13): Erfolgreichstes Computerspiel seit 1998*

Erfolgreichstes Computerspiel seit 1998 • Erfinden und Gestalten der Figuren • Wohnort und Beruf • Freizeitbeschäftigungen • Ziele und Möglichkeiten • Gefahren und Nachteile • Die Sims im Urlaub

b Zu welchem Textabschnitt passt das Bild im Text (▶ S. 161)? Begründet.

5. Schritt: Den Inhalt wiedergeben

Habt ihr den Text so gut verstanden, dass ihr ihn zusammenfassen könnt? Geht so vor:

1 In einem Einleitungssatz wird das Thema des gesamten Textes genannt. Formuliert diesen Satz:
Der Text „Das Leben spielen – Die Sims" handelt von …

2 ●●○ Ergänzt die Zusammenfassung des ersten Textabschnitts durch sinnvolle Begriffe. Arbeitet in eurem Heft.

▷ Eine Hilfe zu Aufgabe 2 findet ihr auf Seite 164.

1998 erfand ? das ? „Die Sims". Bis heute hat es sich zum ? Computerspiel der letzten Jahre ? und wurde in ? übersetzt. Die Spieler lenken die ? durch verschiedene künstliche ?.

3 ●●○ Schlüsselwörter helfen, einzelne Textabschnitte zusammenzufassen.
Fasst den zweiten Abschnitt mit Hilfe der folgenden Schlüsselwörter zusammen.

▷ Hilfe zu 3, S. 164

Figuren erzeugen • Erwachsene oder Kinder •
Aussehen und Eigenschaften • entscheidet der Spieler

4 ●●○ Ordnet dem dritten und vierten Textabschnitt die Zwischenüberschriften „Wohnort und Beruf" und „Freizeitbeschäftigungen" zu.
Schreibt eine Zusammenfassung ins Heft.

▷ Hilfe zu 4, S. 164

5 a Welche Umschreibung gibt die nachstehende Textstelle aus dem letzten Textabschnitt zutreffend wieder?
Textstelle: „Ziel des Spiels ist es, sich um die Sims zu kümmern." (Z. 41–42)

A Die Spieler müssen ihre Figuren verantwortungsvoll behandeln.
B Die Spieler können mit den Sims machen, was sie wollen.
C Am Ende des Spiels werden die Sims gepflegt.

●●○ b Gebt die folgenden Textstellen mit anderen Worten wieder.

▷ Hilfe zu 5 b, S. 164

„Das persönliche Wohlbefinden einer Figur kann man an einem leuchtenden Symbol über dem Kopf der Figur ablesen" (Z. 42–45), z. B.: *An einem Leuchtzeichen …*
„Als Sims-Spieler begegnet man in einer künstlichen Welt den kleinen Katastrophen des Lebens und wird mit vielen spannenden, lustigen und unterhaltsamen Alltagssituationen konfrontiert" (Z. 49–53), z. B.: *Wer das Sims-Spiel spielt, lernt …*

6 Verfasst mit Hilfe eurer Vorarbeiten zu den einzelnen Abschnitten eine vollständige Zusammenfassung des Textes.

●○○ Aufgabe 2 mit Hilfe

Ergänzt die Zusammenfassung des ersten Textabschnitts durch sinnvolle Begriffe. Arbeitet in eurem Heft. Nutzt den Wortspeicher.

1998 erfand ? das ? „Die Sims". Bis heute hat es sich zum ? Computerspiel der letzten Jahre ? und wurde in ? übersetzt. Die Spieler lenken die ? durch verschiedene künstliche ? .

22 Sprachen • Will Wright • Figuren • Computerspiel • erfolgreichsten • entwickelt Lebenssituationen

●○○ Aufgabe 3 mit Hilfe

Schlüsselwörter helfen, einzelne Textabschnitte zusammenzufassen. Fasst den zweiten Abschnitt mit Hilfe der markierten Schlüsselwörter zusammen. Schreibt ganze Sätze.

Der Spieler – Figuren erzeugen.
Dies – entweder Erwachsene oder Kinder.
Der Spieler entscheidet – Aussehen und Eigenschaften.

●○○ Aufgabe 4 mit Hilfe

Ordnet die folgenden Sätze, die den dritten und vierten Abschnitt zusammenfassen, in der richtigen Reihenfolge. Schreibt in euer Heft.

A Die Figuren benutzen sogar ein Handy.
B Der Spieler muss ein Haus oder eine Wohnung für seine Figuren finden.
C Neben dem Beruf haben die Sims auch Freizeitbeschäftigungen.
D Die Sims müssen einen Beruf haben, um Geld zu verdienen.

●○○ Aufgabe 5 b mit Hilfe

Gebt die folgenden Textstellen mit anderen Worten wieder. Wählt je eine Möglichkeit aus.
„Das persönliche Wohlbefinden einer Figur kann man an einem leuchtenden Symbol über dem Kopf der Figur ablesen." (Z. 42–45)

A An einem Leuchtzeichen über dem Kopf sieht man, wie es der Figur geht.
B Wenn die Figuren die Lampen anlassen, geht es ihnen schlecht.

„Als Sims-Spieler begegnet man in einer künstlichen Welt den kleinen Katastrophen des Lebens und wird mit vielen spannenden, lustigen und unterhaltsamen Alltagssituationen konfrontiert." (Z. 49–53)

A Kleine Katastrophen im Spiel werden lustig aufgelöst.
B Beim Spielen lernt man, mit schwierigen und interessanten Situationen des Lebens umzugehen.

Sachinformationen verstehen und ordnen

Husch, husch, ins Mittelalter

„Sims Mittelalter“: Statt in einem verträumten Sims-Städtchen in der Gegenwart zu leben, begeben sich die Spieler in die Zeit der Burgen, Ritter und Sagen. Hier führen sie mit ihren Figuren nicht länger das Leben einer Bürokauffrau oder eines Mathelehrers, sondern sie schlüpfen in die spannenden Rollen von großen Königen, tapferen Rittern, klugen Priesterinnen und geheimnisvollen Magiern.

Auch im Mittelalter-Sims sind die Spieler für das persönliche Wohlbefinden **ihrer** altertümlich gekleideten Figuren verantwortlich. **Diese** brauchen zum Beispiel ausreichend zu essen und genügend Schlaf – allerdings besteht **hier** die Nahrung aus Grütze, Aalsuppe oder Wildschweinbraten. Den mittelalterlichen Schauplatz der Handlung untermalt passende Hintergrundmusik. **Dies** können Klänge von Lauten, Dudelsäcken oder Trommeln sein. Fast jedes typische Instrument dieser Zeitepoche ist im Laufe des Spiels zu hören.

Aber eine Sache hat sich am Spielprinzip der mittelalterlichen Sims-Version geändert. Die Figuren müssen bestimmte Aufgaben (Quests) bewältigen, um dadurch ihr Königreich auszubauen und zu sichern. Als Quest-Aufgaben muss man zum Beispiel gegen ein fieses Drachenmonster kämpfen oder einen rätselhaften Geheimtrunk brauen. Das ist spannend und abwechslungsreich.

1 Lest den Text gründlich durch. Klärt in Partnerarbeit unbekannte Begriffe.

2 Um den Text genau zu verstehen, müsst ihr erkennen, worauf sich welches Wort bezieht, z. B.:

Das neue Spiel heißt „Sims Mittelalter“. **Es** führt die Spieler in vergangene Zeiten.

Im Textabschnitt 1 finden sich im Satz 2 einige Wörter, die sich auf den vorherigen Satz beziehen. Klärt, auf welche Nomen oder Wortgruppen sich die Wörter beziehen.

„Statt in einem verträumten Sims-Städtchen in der Gegenwart zu leben, begeben sich die Spieler in die Zeit der Burgen, Ritter und Sagen. **Hier** führen **sie** mit ihren Figuren …“ (Z. 1–4)

„Hier“ bezieht sich auf
- A ein verträumtes Sims-Städtchen
- B die Zeit der Burgen, Ritter und Sagen
- C die Spieler

„sie“ bezieht sich auf
- A die Gegenwart
- B die Spieler
- C die Ritter

3 a Sucht für die markierten Wörter im Textabschnitt 2 die passenden Bezugswörter, z. B.:
„ihrer" – bezieht sich auf „die Spieler"

b Auch im Textabschnitt 3 könnt ihr zwei Bezugswörter finden.
Benennt sie und klärt, auf welche Nomen sie sich beziehen.

Methode **Die Ersatzprobe anwenden**

Wörter, die sich häufig wiederholen, lassen sich mit der Ersatzprobe **ersetzen,** z. B.:
Die Sims *erleben viel im Mittelalter. Die Sims gehen auf den Markt oder treffen Freunde.*
→ ***Sie***

Texte werden dadurch **abwechslungsreicher.**

Zusammenfassung
Das neue Spiel „Sims Mittelalter" führt den Spieler in die Zeit der Burgen und Ritter. Das neue Spiel hat als Helden zum Beispiel Könige, Zauberer und Priester. Die Könige, Zauberer und Priester ernähren sich von typischen Gerichten des Mittelalters. Das Neue an dem Spiel sind Herausforderungen und Aufgaben. Die Herausforderungen und Aufgaben müssen von den Figuren gelöst werden ...

4 Ein Schüler hat versucht, den Text „Husch, husch, ins Mittelalter" (► S. 165) zusammenzufassen.
Noch stehen im Schülertext viele Wörter, die sich wiederholen.
Bearbeitet Aufgabe a/c oder b/c.

●○○ a Überarbeitet den Schülertext mit Hilfe der Ersatzprobe.
Schreibt ins Heft.

●●● b In seiner Zusammenfassung sollte der Schüler auch auf die Gemeinsamkeiten und Unterschiede der Sims-Versionen eingehen.
Kopiert die nachstehende Tabelle ins Heft und füllt sie aus.

c Setzt die Zusammenfassung des Textes fort. Nutzt eure Vorarbeiten.

Merkmale	bisheriges Sims-Spiel	Sims Mittelalter
Schauplatz	*modernes Haus oder Wohnung in einer Stadt/in einem Dorf*	*mittelalterliches Dorf, Burg, Schloss* ...
Berufe	...	...
Ernährung	...	...
Musik	...	...
Beschäftigungen	*Beruf und* ...	*Lösen von* ...

5 Sucht im Text „Das Leben spielen – Die Sims" auf Seite 161 in den Abschnitten 1 und 2 nach Bezugswörtern. Schreibt sie heraus.

10.3 Projekt – Im Internet sicher suchen

Tipps von Internetscouts

- Nutzt Suchmaschinen für Kinder und Jugendliche, z. B.: *www.fragfinn.de, www.helles-koepfchen.de, www.kindernetz.de, www.kidsundco.de.*
- Überlegt genau, welches Stichwort ihr als Suchauftrag eingebt, z. B.: nicht *„Mittelalter"*, sondern *„Sims Mittelalter"*.
- Die besten Ergebnisse stehen nicht immer zu Beginn auf der Ergebnisliste.
- Schreibt eure Ergebnisse auf, wenn ihr Antworten auf eure Fragen gefunden habt.
- Im Internet gibt es viele spannende Seiten. Verliert nicht das Ziel aus den Augen.

1 Wenn ihr nach Informationen zu bestimmten Themen sucht (recherchiert), könnt ihr auch im Internet fündig werden. Wie geht man bei dieser Suche (Recherche) am besten vor? Lest die Tipps der Internetscouts. Notiert in Partnerarbeit weitere Tipps.

2 Schaut euch die folgende Startseite von *www.helles-koepfchen.de* an.

a Über welche Themen bekommt ihr auf dieser Seite Auskunft?

b Prüft, ob ihr wichtige Fachbegriffe aus dem Internet kennt. Ordnet die folgenden Begriffe den Zahlen auf der Startseite zu.

Internetadresse   Suchfeld   Nutzeranmeldung   Tag des Zugriffs   Kapitel

3 Informiert euch mit Hilfe des Internets über das Mittelalter.

a Bildet Gruppen von höchstens drei Schülern.

b Weist jeder Gruppe einen Schwerpunkt für die Informationssuche zu.
Die folgenden Bilder geben euch Anregungen.

Kleidung im Mittelalter

Eine Stadt im Mittelalter

Ritter im Mittelalter

4 Recherchiert im Internet nach euren Themen.
Beachtet die Tipps der Internetscouts (▶ S. 167). Nutzt z. B. die folgenden Suchmaschinen:

www.kindernetz.de   www.blinde-kuh.de   www.fragfinn.de   www.helles-koepfchen.de

5 a Wenn ihr eure Ergebnisse zusammenfasst, könnt ihr sie präsentieren.
Entscheidet, wie ihr eure Ergebnisse vorstellen möchtet, z. B. als:

- Mind-Map,
- Poster (siehe nebenstehendes Beispiel),
- Informationstext,
- Ideenstern,
- Bildcollage.

b Bereitet mit Hilfe von Karteikarten eine Kurzpräsentation vor, z. B.:

Mittelalterliche Städte
- *Lage*
- *Entstehung*
- *Kennzeichen*

Berufe im Mittelalter

verschiedene Berufe:
- ...
- ...

Regeln für die Berufe:
- ...

Wörterliste ▶ S. 234

das Netzwerk	das Computerspiel	zusammenfassen
das Profil	chatten	recherchieren
das Internet	online	gefährlich

11 Grammatiktraining – Wortarten und Satzglieder unterscheiden

Christian Morgenstern

Der Flügelflagel

Der Flügelflagel gaustert
durchs Wiruwaruwolz,
die rote Fingur plaustert
und grausig gutzt der Golz.

1 In einem Kalender „Ferne Welten" findet sich ein Bild vom Urwald im brasilianischen Amazonasgebiet. Dazu ist ein Gedicht mit vielen Fantasiewörtern abgedruckt.
- **a** Stellt Vermutungen darüber an, was mit den Nomen des Gedichts gemeint sein könnte.
- **b** Erklärt: Wie habt ihr erkannt, welches die Nomen sind?

2
- **a** Lest alle Verben des Gedichts vor. Was könnte mit ihnen gemeint sein?
- **b** Erklärt: Wie habt ihr erkannt, welches die Verben sind?

3 Von welchen Wörtern des Gedichts kennt ihr noch die Wortart?

In diesem Kapitel …

– wiederholt ihr die wichtigsten Wortarten und Satzglieder und lernt neue kennen,
– lernt ihr, wie man neue Wörter erfinden kann,
– übt ihr, genau und abwechslungsreich zu formulieren.

11.1 Ferne Welten – Wörter untersuchen und bilden

Nomen und Artikel

Ein Tierarzt verfolgt ein Nashorn

Der Dickwanst hat sich zu weit aus dem Gestrüpp gewagt. Sonst hätte Tierarzt Jacques Flamand das Nashorn nicht entdeckt. Nun gibt Flamand dem Hubschrauber-Piloten das Zeichen zur Verfolgung. Mit dem Betäubungsgewehr streckt der Tierarzt den Dickhäuter nieder. Rasch sind seine Helfer mit dem Jeep bei dem Tier. Dem schlafenden Nashorn ritzt nun ein Assistent des Arztes ein kleines Zeichen ins Ohr. Diese Markierung hilft den Tierschützern, die Wanderung des Nashorns nachzuvollziehen.

1 Für das Nashorn werden im Text außer „Nashorn" noch weitere Nomen verwendet.

a Findet im Text zwei weitere Bezeichnungen für das Nashorn.
Ergänzt im Heft: *Das Nashorn wird im Text auch mit folgenden Nomen bezeichnet: ...*

b Bestimmt für die Nomen das grammatische Geschlecht, z. B.: *„das Nashorn" = Neutrum, ...*

c Im markierten Satz findet ihr jeden Fall (Kasus) einmal vertreten. Ergänzt im Heft:
***Nominativ**: ein Assistent* ***Genitiv**: ...* ***Dativ**: ...* ***Akkusativ**: ...*

2 Ein Helfer hält das Tier. Nun spritzt ? Helfer ein Mittel. Dann ritzt ? Helfer ihm etwas ins Ohr.

a Schreibt die Sätze zweimal ins Heft. Setzt
– beim ersten Mal in die Lücken den bestimmten Artikel ein und
– beim zweiten Mal den unbestimmten Artikel.

b Erklärt in Partnerarbeit:
– Von wie vielen Helfern kann beim ersten Mal insgesamt die Rede sein?
– Wie viele Helfer können es beim zweiten Mal sein?

Information **Nomen (Hauptwörter) und Artikel**

- Mit **Nomen** werden **Dinge, Lebewesen, Gedanken und Ideen** bezeichnet. Nomen werden **großgeschrieben.**
- Nomen werden häufig von **bestimmten Artikeln** *(der, die, das)* oder **unbestimmten Artikeln** *(ein, eine, ein)* begleitet.
  Der Artikel richtet sich nach dem **grammatischen Geschlecht** (nach dem **Genus**):
  Maskulinum: *der/ein Löwe,* **Femininum:** *die/eine Giraffe,* **Neutrum:** *das/ein Nilpferd.*
- In Sätzen erscheinen Nomen immer in einem bestimmten **Fall** (in einem **Kasus**).
  Mit Fragewörtern lässt sich der jeweilige Fall bestimmen:

1. Fall: **Nominativ**	**Wer/Was** rettet ...?	***Die Arbeit** des Arztes rettet dem Nashorn das Leben.*
2. Fall: **Genitiv**	**Wessen** Arbeit ...?	***des Arztes***
3. Fall: **Dativ**	**Wem** rettet ...?	***dem Nashorn***
4. Fall: **Akkusativ**	**Wen/Was** rettet ...?	***das Leben***

Adjektive und ihre Steigerungsstufen

Schnelle Typen

Bei Weltmeisterschaften der Menschen erreichen schnelle 100-Meter-Sprinter eine Geschwindigkeit von bis zu 44 km/h.
Langsamer ist das Breitmaulnashorn, es schafft aber immerhin bis zu 40 km/h.

Selbst das Flusspferd ist schneller als wir Menschen, es erreicht bis zu 50 km/h. Noch flotter ist der Vogel Strauß (70 km/h). Am schnellsten unterwegs ist der Gepard mit bis zu 110 km/h.

1 a Zeichnet ins Heft einen Geschwindigkeitspfeil. Tragt die im Text genannten Tiere ein:

langsam → schnell

Mensch

b Den Pfeil konntet ihr beschriften, weil die Adjektive im Text gesteigert wurden (▶ Information).
Schreibt ins Heft, welche Steigerungsstufen ihr im Text findet, z. B.: ***Grundstufe*** *= schnelle (Sprinter)*

2 Bildet Vergleiche mit Hilfe der Tabelle rechts.
Bearbeitet Aufgabe a oder b.

●●○ a Schreibt einen Text über das Gewicht von Gepard, Mensch, Nashorn und Blauwal. Verwendet die Steigerungsstufe und die Höchststufe.

●○○ b Ergänzt im Heft jeweils die richtige Steigerung:
- *Der Tiger ist ? (schwer) als der Mensch.*
- *Am ? (schwer) ist der Blauwal.*
- *? (leicht) als der Mensch ist …*

Schwere Burschen

Mensch	ca. 80 kg
Breitmaulnashorn	bis 3500 kg
Elefant	bis 7000 kg
Blauwal	bis 200 000 kg
Gepard	60 kg
Sibirischer Tiger	250 kg
(Dorkas-)Gazelle	15–20 kg

3 a Spielt zu dritt das Steigerungsspiel. Bestimmt, wer Spieler A, B und C ist.
A beginnt: *Bayern spielt gut.* B fährt fort: *… spielt besser.* C beendet: *… spielt am besten.*

b Anschließend überlegt sich Spieler B ein neues Adjektiv in einem neuen Satz.

4 Im Deutschen stehen Adjektive meist vor dem Nomen, im Spanischen meist hinter dem Nomen. Wie ist es in den Sprachen, die ihr noch kennt?

Luis tiene una casa ***grande.***
Luis hat ein ***großes*** *Haus.*

Information **Adjektive (Eigenschaftswörter) und ihre Steigerungsstufen**

Adjektive dienen dazu, Personen, Dinge usw. genauer zu beschreiben, z. B. *der* ***schnelle*** *Gepard.*
Bei **Vergleichen** verwendet man die **Steigerungsstufen,** z. B.:

Grundstufe (Positiv)	*lang*	*Ein Schwertwal ist* ***so lang wie*** *ein Elefant.*
Steigerungsstufe (Komparativ)	*länger*	*Ein Grauwal ist* ***länger als*** *ein Schwertwal.*
Höchststufe (Superlativ)	*am längsten*	*Der Blauwal ist* ***am längsten.***

Personal- und Possessivpronomen

Eroberung des Südpols

Der erste Mensch am Südpol war der Norweger Roald Amundsen.
Amundsen leitete die Antarktisexpedition von 1911 bis 1912.
Amundsen erreichte am 14. Dezember 1911 den Südpol.
Amundsens Gruppe bestand aus fünf Männern mit einigen Hundeschlitten.
Amundsen beschrieb Amundsens Reise in Amundsens Buch „Die Eroberung des Südpols".

1 Im Text wiederholt sich der Name „Amundsen" sehr oft. Das ist wenig abwechslungsreich.

a Schreibt den Text in euer Heft. Ersetzt den Namen „Amundsen" durch andere Wörter.

b Durch welche Personal- und Possessivpronomen (▸ Information) habt ihr den Namen ersetzt? Ergänzt im Heft: *Ich habe den Namen durch dieses **Personalpronomen** ersetzt: …*
*Ich habe den Namen durch diese **Possessivpronomen** ersetzt: …*

Amundsen und Scott

Bei der Eroberung des Südpols kam es zu einem wahren Wettlauf. Nicht nur Roald Amundsen hatte sich auf den Weg gemacht, sondern auch sein Rivale Robert Falcon Scott.
Während er im Dezember 1911 am Südpol ankam, erreichte er das Ziel 35 Tage später.
Da war er schon auf dem Rückweg. Er fand nur die norwegische Flagge vor.

2 Wie wirkt der Text auf euch? Lest euch in Partnerarbeit gegenseitig die letzten zwei Zeilen vor. Ersetzt das Personalpronomen „er" durch den richtigen Namen (*Amundsen* oder *Scott*).

3 Was mag Scott gedacht haben, als er am Südpol ankam? Bearbeitet Aufgabe a oder b.

●○○ a Ergänzt im Heft: „Die Norweger sind ? zuvorgekommen. Amundsen war der Erste am Pol. ? hat ? einfach abgehängt. Wie enttäuscht werden ? Männer sein."

●●● b Schreibt, was Scott denkt. Folgende Pronomen sollen vorkommen: *er, uns, meine, seine, unsere, wir,* z. B.: *Der Norweger hat es geschafft. Er ist …*

Information **Personal- und Possessivpronomen (Fürwörter)**

Pronomen können ***für* Nomen** stehen, sie ersetzen oder begleiten.

- **Personalpronomen** sind: *ich, du, er/sie/es, wir, ihr, sie.*
  Sie treten in verschiedenen Fällen auf, z. B.: *ich* (Nominativ), *mir* (Dativ), *mich* (Akkusativ).
- **Possessivpronomen** sind z. B.: *mein, dein, sein/ihr, unser, euer, ihr.* Man nennt sie auch **besitzanzeigende Fürwörter.** Sie begleiten meist Nomen, z. B.: ***mein** Zelt, **unsere** Expedition.*

Demonstrativpronomen

Ein Hundeschlitten-Team

Ein wichtiges Fortbewegungsmittel in der Antarktis ist der Hundeschlitten.
Im Team der ziehenden Hunde gibt es eine genaue Aufteilung:
„Leader" sind die Führungshunde. Sie rennen vorn.
„Wheeler" laufen direkt vor dem Schlitten.
Die übrigen Hunde heißen „Swinger" oder „Team-Dogs".

1 Wo befinden sich „Leader" und „Wheeler" auf dem Bild?

a Skizziert im Heft einen Hundeschlitten. Ergänzt eure Skizze durch diese Pfeile:

Dies ist ein „Leader". → Das ist ein „Wheeler". → Jenes sind die „Swinger"/„Team-Dogs". →

b Unterstreicht über euren Pfeilen die Demonstrativpronomen.
Ergänzt den Satz: *Die unterstrichenen Wörter sind Demonstrativpronomen.*

c Erklärt die Bezeichnungen „Leader" und „Wheeler". Nutzt ein Englisch-Wörterbuch.

Wer ist gut für welchen Job?

A Hohe Ansprüche werden an „Wheeler" und „Leader" gestellt.
Diese geben das Tempo vor, jene müssen sehr stark sein.

B Als „Leader" werden Hunde mit viel Laufwillen eingesetzt.
Dies ist erforderlich, weil sie mit ihrer Energie das gesamte Hundeteam antreiben.

2 Worauf beziehen sich die markierten Wörter? Ergänzt im Heft:

A Im Satz A bezieht sich „Diese" auf ? und „jene" auf ?.

B Im Satz B bezieht sich „Dies" auf ?.

Information **Demonstrativpronomen (hinweisende Fürwörter)**

- **Demonstrativpronomen** sind: *dieser, diese, dieses* • *jener, jene, jenes* • *der, die, das* (mit besonderer Betonung) • *derselbe, dieselbe, dasselbe* • *solcher, solche, solches ...*
  Demonstrativpronomen weisen besonders **deutlich auf eine Person oder Sache** hin, z. B.:
  *Am Abend traf ich einen **alten Schlittenführer. Dieser** erzählte mir ...*
- Manchmal beziehen sie sich auch **auf ganze Sätze,** z. B.:
  ***Der Leithund ist krank geworden. Das/Dies** ist eine böse Überraschung.*
- Nutzt man **dieser** und **jener** gemeinsam, bezieht sich **dieser** auf das **zuletzt genannte Wort,** z. B.: ***Ein Forscher** und sein **Helfer** diskutieren. **Dieser** sagt ... **Jener** antwortet ...*

Mit Verben Vergangenes ausdrücken

La Palma, 14. Juli 2012

Liebe Oma,

heute ging es beim Tauchen tief hinunter und plötzlich sahen wir einen Tintenfisch.

1 Niklas ist zum Tauchen auf der Insel La Palma. Dabei sieht er einen Tintenfisch. Zuerst erzählt er mündlich von seinem Abenteuer. Abends schreibt er seiner Oma.

a Ergänzt im Heft: Wo verwendet Niklas das Perfekt? Wo das Präteritum?
In seiner mündlichen Erzählung verwendet Niklas das ? (haben ... gesehen).
In seiner schriftlichen Erzählung verwendet Niklas das ? (sahen).

b „Wir sind ganz nah herangeschwommen." Wie lautet der Satz im Präteritum?

c „Heute ging es beim Tauchen tief hinunter ..." Wie lautet dieser Satz im Perfekt? *Heute ist ...*

2 Bei einer Segeltour erlebt Niklas wieder etwas Besonderes.
Betrachtet das Bild und wählt Aufgabe a oder b.

●○○ a Schreibt auf, wie Niklas mündlich von dem Erlebnis berichtet. Denkt an das Perfekt und die Anführungszeichen.
„Gestern Morgen haben wir ... Plötzlich ... Er ist ..."

●●○ b Schreibt einen Brief, in dem Niklas seiner Oma von dem Erlebnis erzählt. Denkt an das Präteritum.

3 Bildet zwei Teams A und B.
- Der Erste aus Team A bildet einen Satz im Präsens. Richtig gemacht, gibt es einen Punkt.
- Der Erste aus Team B setzt den Satz ins Perfekt. Macht er es richtig, gibt es einen Punkt.
- Dann bildet er für Team A einen Satz im Präsens. Richtig gemacht, gibt es einen Punkt.
- Nun muss der Zweite aus Team B den neuen Satz richtig ins Perfekt setzen usw.

Information **Präteritum und Perfekt**

Präteritum und Perfekt sind **Zeitformen der Vergangenheit.**
- Das **Perfekt** verwendet man in der Regel, wenn man **mündlich** erzählt, z. B.:
*Gestern **bin** ich zum Strand **gegangen.** Dort **habe** ich eine wunderschöne Muschel **gefunden.***
- Das **Präteritum** verwendet man in der Regel, wenn man **schriftlich** erzählt, z. B.:
*Gestern **ging** ich zum Strand. Dort **fand** ich eine wunderschöne Muschel.*

Perfekt und Präteritum richtig bilden

Abtauchen in die Tiefsee

Schon 1934 tauchte der Amerikaner Charles William Beebe mit einer Tauchkugel 923 m tief ins Meer. Er schrieb: „Die Fische erstrahlten wie in einer schimmernden Rüstung. Garnelen und Quallen trieben

an uns vorbei wie Flocken von Schneestürmen."
1960 erreichte der Schweizer Jacques Piccard mit einem Tiefseetauchgerät sogar eine Tiefe von fast 11 000 m.

1 Im Text stehen 5 Verben im Präteritum.

a Listet diese 5 Verben im Heft untereinander auf. Ergänzt daneben die Präsensformen.

b Welche 2 Verben sind starke Verben? Nutzt die folgende Information.

Präteritum	Präsens
(er) tauchte	*(er) taucht*
(er) schrieb	*(er) …*
…	…

Information **Starke und schwache Verben unterscheiden**

Schwache Verben verändern im Präteritum nur die Endung. Sie verändern sich schwach, z. B.:
*ich spiel**e** → ich spiel**te*** *du sag**st** → du sag**test***
Starke Verben verändern im Präteritum einen ihrer Vokale (Stammvokal).
Sie verändern sich stark, z. B.: *ich l**ü**ge → ich l**o**g* *du l**äu**fst → du l**ie**fst*
Die **starken Verben** muss man **auswendig lernen** (► hintere Innenseite des Buchdeckels).

2 Der Regisseur James Cameron tauchte 2012 in 2½ Stunden zum tiefsten Punkt des Meeres. Dort filmte er die Tiefseewelt.

a Übertragt die Tabelle ins Heft. Formuliert, was Cameron erlebt haben könnte.

b Schreibt einen Tiefsee-Rap, z. B.:
Cameron ist in die Tiefe getaucht,
Er hat nur 2 ½ Stunden gebraucht …
Tipp: Für den Rap eignen sich auch im Perfekt:
denken/bringen/machen, schwimmen/aufnehmen

Perfekt mit *sein*	Perfekt mit *haben*
– Cameron ist in die Tiefe getaucht.	*– Er hat nur 2 ½ Stunden gebraucht.*
– …	– …

Information **Das Perfekt mit dem Partizip II bilden**

- Verben im Perfekt bestehen aus **2 Teilen:**
  Präsensform von *haben* oder *sein* + Partizip II
  Wir haben gewonnen.
  Du bist gelaufen.
- Das **Partizip II** beginnt meist mit der **Vorsilbe *ge-*,** z. B.: *lesen → **ge**lesen.*

Mit Verben Vorzeitiges ausdrücken

Wohnen unter Wasser

1992 richteten Wissenschaftler vor der Küste Floridas die Unterseestation *Aquarius* ein. Die Station ist 14 Meter lang und 3 Meter breit. Heute erforschen Meeresbiologen von hier aus das Leben im Ozean.
Schon 1962 hatte der Meeresforscher Jacques-Yves Cousteau eine Woche in einer Station auf dem Meeresgrund gelebt. Er hatte sich durch Pressluftschläuche mit Luft versorgt.

Die Unterseestation *Aquarius*

1 Wer eine Woche unter Wasser verbringen will, muss an vieles denken.
Sammelt, was notwendig ist, um eine Woche in einer Unterseestation zu überleben.

2 Der Text berichtet über Gegenwärtiges und Vergangenes.

a Zeichnet ins Heft den folgenden Zeitstrahl. Tragt die im Text markierten Verben ein:

Vorvergangenheit	Vergangenheit	Gegenwart (Präsens)
1962 ? Cousteau eine Woche auf dem Meeresgrund ? .	1992 ? Wissenschaftler die Station *Aquarius* ein.	Heute ? Meeresbiologen von der Station aus das Leben im Ozean.

b Notiert im Heft mit Hilfe der Information, welche Zeitformen ihr in die Lücken eingesetzt habt.
- *Gegenwart: „erforschen“ steht im ...*
- *Vergangenheit: „richteten“ steht im ...*
- *Vorvergangenheit: „hatte ... gelebt“ steht im ...*

3 Cousteau war nicht der Erste, der auf dem Meeresgrund lebte. Wählt Aufgabe a oder b.

●●○ **a** Eine Woche zuvor verbrachte der Belgier Robert Stenuit im Mittelmeer 26 Stunden in einer Röhre unter Wasser. Drückt dies aus: *Schon ... hatte ... Er ...*

●○○ **b** Ergänzt im Heft. Setzt passend ein: *hatte, war, gemacht, gewesen.*
Wenige Tage vor Cousteau ... der belgische Taucher Robert Stenuit den Anfang ...
Er ... für 26 Stunden in einer Röhre 60 Meter tief im Mittelmeer ...

Information **Das Plusquamperfekt (die Vorvergangenheit)**

- Wenn etwas erzählt oder berichtet wird, was noch **vor vergangenen Ereignissen im Präteritum** geschehen ist, dann verwendet man das **Plusquamperfekt,** z. B.:
  *Bevor er in die Tiefe **abtauchte*** (Präteritum), ***hatte** er sich lange **vorbereitet*** (Plusquamperfekt).
- Das Plusquamperfekt wird mit der Personalform von *hatten* oder *waren* + Partizip II gebildet.

Mit Verben Zukünftiges ausdrücken

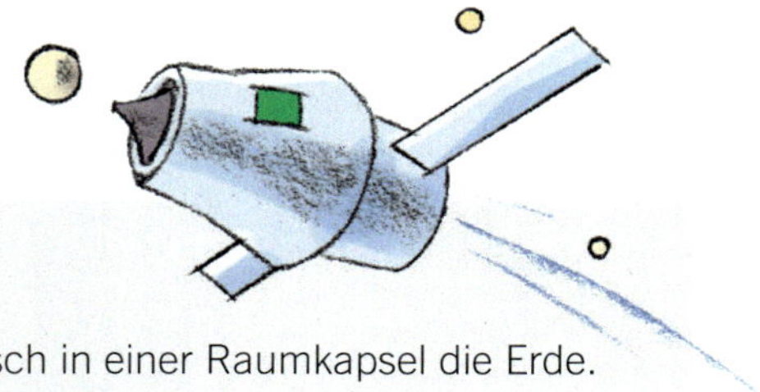

Menschen und Sonden im All

1 1961 umkreiste der Kosmonaut Juri Gagarin als erster Mensch in einer Raumkapsel die Erde.
2 Acht Jahre später betrat Neil Armstrong den Mond.
3 Vielleicht werden irgendwann einmal Menschen auf dem Mond leben.
4 Heute sind viele Raumsonden im Weltall unterwegs.
5 Sie werden Informationen über das Weltall liefern.
6 Möglicherweise werden wir durch diese Sonden einmal von außerirdischem Leben erfahren.

1 Die Sätze 1–6 sagen etwas über Vergangenes, Gegenwärtiges oder Zukünftiges.
a Erstellt im Heft eine Tabelle. Sortiert die sechs Sätze richtig ein.

Vergangenes	Gegenwärtiges	Zukünftiges
1 1961 umkreiste der Kosmonaut Juri Gagarin als erster Mensch in einer Raumkapsel die Erde.	...	...

b Unterstreicht in der Tabelle alle Verbformen.
c Ordnet die folgenden Fachbegriffe den Spalten richtig zu: *Präteritum, Futur, Präsens.*

2 Yasemin beschreibt im Präsens eines ihrer zukünftigen Vorhaben:
„Im nächsten Jahr besuche ich die Sternwarte meiner Stadt. Dann schaue ich durch ein Teleskop. Und irgendwann kaufe ich mir selbst ein Himmelsfernrohr."
Wie müssten Yasemins Aussagen im Futur lauten? Bearbeitet Aufgabe a oder b.
●●● a Formt Yasemins Text ins Futur um. Schreibt ins Heft.
●○○ b Setzt im Heft die richtigen Verbformen im Futur ein:
„Für das Teleskop [?] ich mein Taschengeld [?] (werde sparen).
Spätestens in zwei Jahren [?] ich das Fernrohr [?] ([?] haben)."

3 Schreibt euch gegenseitig ein Horoskop. Nutzt das Futur, z. B.:
Horoskop für ... Im nächsten Jahr wirst du zu großem Reichtum ...

Information **Zukünftiges ausdrücken – Futur und Präsens**

- Mit der Zeitform **Futur** drückt man Zukünftiges aus, z. B.: *Ich werde für das Teleskop sparen.*
  Das Futur wird gebildet aus: *werde* (**Personalform** von ***werden***) + *sparen* (**Infinitiv** (Grundform))
- Mit dem Futur kann man auch eine Vermutung ausdrücken: *Das **wird** schon **klappen**.*
- Auch mit dem **Präsens** lässt sich Zukünftiges ausdrücken. Dazu verwendet man zusätzliche Zeitangaben wie *morgen* oder *nächste Woche*, z. B.: ***Morgen** besuche ich die Sternwarte.*

Präpositionen

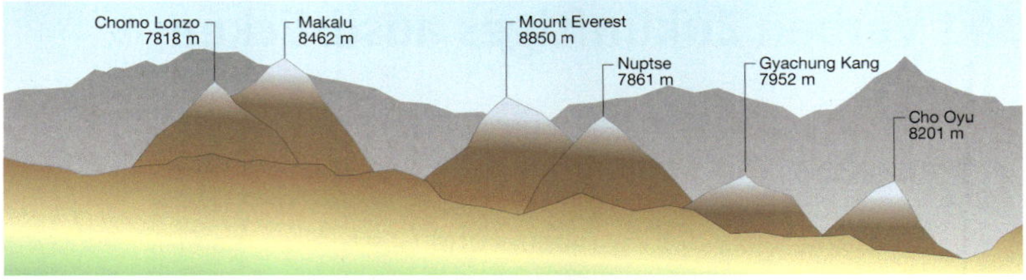

1 Auf dem Bild seht ihr den Himalaja, das höchste Gebirge der Welt.
In der Mitte ist der höchste Berg der Welt abgebildet. Das ist der *Mount Everest*.

a Spielt zu zweit das Bergsuchspiel: Beschreibt die Position eines anderen Berges zum Mount Everest. Nennt nicht den Namen des anderen Berges, z. B.:
„Mein Berg liegt links neben dem Mount Everest, aber vor …"
Euer Partner muss den Berg finden und dessen Namen nennen.

b Sammelt zu zweit die Präpositionen (▶ Information), die ihr benutzt habt, um die Positionen der Berge zu beschreiben. Notiert ins Heft, z. B.: *Präpositionen: neben, vor, …*

2 Gehört in die folgenden Lücken *den* (Akkusativ) oder *dem* (Dativ)? Nutzt die Information.

> Am 29. Mai 1953 kletterte der Neuseeländer Edmund Hillary zusammen mit dem Bergführer Tenzing Norgay auf ? Mount Everest. Mittags standen sie als erste Menschen auf ? Gipfel.

3 Formuliert sinnvolle Sätze mit Präpositionen. Wählt Aufgabe a oder b.

●○○ **a** Schreibt ab. Setzt folgende Präpositionen ein: *auf, auf, am, seit, nach, mit.*

> ? 1953 wurde der Mount Everest immer wieder bestiegen. ? Hillarys Erstbesteigung schafften es 1956 zwei Schweizer Teams, ? den Mount Everest zu gelangen. ? 16. 5. 1975 stand ? der Japanerin Junko Tabei die erste Frau ? dem Gipfel.

●●● **b** Findet für folgende Information einen Satz mit möglichst vielen Präpositionen:
16. 5. 1975 Mount Everest: Japanerin Junko Tabei = 1. Frau

Information **Die Präposition (Verhältniswort, Plural: die Präpositionen)**

Wörter wie *in, auf, nach, vor, mit, seit* nennt man Präpositionen. Sie bezeichnen genauer:

	den Ort	die Zeit	den Grund, Zweck	die Art und Weise
Frage	Wo? Wohin?	Wann? Wie lange?	Warum? Wozu?	Wie?
Beispiel	***auf*** *dem Platz*	***seit*** *gestern*	***wegen*** *des Regens*	***mit*** *viel Ehrgeiz*

Die Frage ***Wo?*** wird mit dem **Dativ** beantwortet, die Frage ***Wohin?*** mit dem **Akkusativ,** z. B.:
Wo *läufst du?* — *Ich laufe auf* ***dem*** *Bergpfad.* (Dativ)
Wohin *läufst du?* — *Ich laufe auf* ***den*** *Berggipfel.* (Akkusativ)

Mit Adverbien genaue Angaben machen

Der blinde Bergsteiger Andy Holzer

Wenn Andy Holzer in einem Steilhang bergauf klettert, wirkt er wie jeder andere Extrembergsteiger – der Unterschied Andy Holzer ist blind. Er kann in den Bergwänden die Griffe und Tritte erfühlen. Dort orientiert er sich an seinem Vordermann.

Er klettert immer mit anderen Bergsteigern zusammen.

Er genießt besonders seine Selbstständigkeit beim Klettern: „In den Bergen kann ich frei sein."

1 a Erklärt mit Hilfe des Textes: Wie kann Andy Holzer bergsteigen, obwohl er blind ist?
b Lest den Text ohne die markierten Wörter. Was ändert sich?
c Findet mit Hilfe der Information heraus, welche Aufgabe die markierten Wörter haben.

2 Beschreibt die Adverbien im Text genauer. Bearbeitet Aufgabe a oder b.

a Welche Angaben machen die Adverbien „dort" und „immer"? Ergänzt im Heft:
*Das Adverb „dort" macht eine genauere Angabe über ?. Es antwortet auf: **Wo** orientiert er sich?*
*Das Adverb „immer" macht eine genauere Angabe über ?. Es antwortet auf: **Wann** klettert er ...?*

b Untersucht den letzten Absatz. Ergänzt im Heft:
*Das Adverb „besonders" macht eine genauere Angabe über ?. Es antwortet auf: **Wie** ...?*
Das Wort „frei" ist kein Adverb, sondern ein Adjektiv, denn ?.

Information **Das Adverb (das Umstandswort; Plural: die Adverbien)**

Mit **Adverbien** macht man **nähere Angaben zu einem Geschehen.**
Adverbien erklären genauer, **wo, wann, wie** oder **warum** etwas geschieht.
Im Unterschied zu Adjektiven (▶ S. 171) kann man Adverbien in der Regel nicht steigern.

Frage	**Adverbien**	**Beispiel**
Ort: **Wo?**	bergauf, dort, oben, links, ...	*Er klettert **bergauf.***
Zeit: **Wann?**	immer, heute, gestern, niemals, jetzt, ...	***Jetzt** beginnt der schwierige Teil.*
Art und Weise: **Wie?**	vielleicht, besonders, gern, zusammen, ...	*Sie klettern **zusammen.***
Grund: **Warum?**	somit, nämlich, daher, ...	***Daher** wartet er im Basislager.*

Wortzusammensetzungen finden und erfinden

1 In einer Quizshow werden neben der richtigen Antwort immer drei falsche Antworten genannt. Die falschen Antworten sollen der richtigen ähneln.

a Welche Antwort rechts ist die richtige?

b Erklärt, wie die falschen Antworten gebastelt worden sind.

c Erfindet einen Vorschlag für D.

Unser Sternensystem heißt:

- A Kakaoallee
- B Milchstraße
- C Limonadenplatz
- D …

2 Erfindet 4 Antwortmöglichkeiten zu weiteren Quizfragen. Bearbeitet Aufgabe a oder b.

●●○ a Mit welchem Gefährt kommt man ins Weltall? (Lösung: ffihcsmuaR)

●○○ b Findet 4 Bezeichnungen für Außerirdische. Nutzt die folgenden Wortbausteine:
Tipp: Markiert auch die richtige Lösung: So bezeichnet man Außerirdische gern.

Mars ? Venus ? Erd ? Mond ?
Sonnen ? Jupiter ? Neptun ?

? menschen ? weibchen ? tierchen
? kindchen ? hündchen

3 Spielt das Wortzusammensetzungsspiel:

- Stellt euch im Kreis auf.
- Der älteste Schüler sagt ein zusammengesetztes Nomen, z. B. *Raum**anzug***.
- Der nächste Schüler bildet mit dem zweiten Wortteil ein neues Nomen, z. B. ***Anzug**hose*.
- Wer kein sinnvolles Nomen findet, scheidet aus.

4 a Wählt jeweils eines der folgenden zusammengesetzten Wörter aus.
Erklärt das Wort eurem Partner „von hinten nach vorne", z. B.:
Eine Mondrakete ist eine Rakete, die zum …

Mondrakete Astronautennahrung Lichtgeschwindigkeit weltweit sternenklar

b Bestimmt für die Nomen das Geschlecht (Genus) und begründet wie in der Information.

Information **Zusammengesetzte Wörter**

- Die Teile einer Zusammensetzung nennt man **Grundwort** und **Bestimmungswort,** z. B.:

Nomen:	Ein *Schülersprecher* ist	ein Sprecher	für die Schüler
	Ein *Nachrichtensprecher* ist	ein Sprecher	der Nachrichten
Adjektive:	*himmelblau* bedeutet	blau	wie der Himmel
	flaschengrün bedeutet	grün	wie Flaschen

Man versteht das zusammengesetzte Wort also „von hinten nach vorne".

- **Bei Nomen** legt das **letzte Wort** (Grundwort) das **Geschlecht** (Genus) fest, z. B.:
***der** Nachrichten**sprecher** (Maskulinum)* – denn: ***der** Sprecher*

Wortstamm und Wortfamilie

1 Die Wörter am Tisch gehören zu einer „Wortfamilie". Familienmitglieder sehen sich manchmal ähnlich. Was ist bei der Wortfamilie am Tisch gleich oder ähnlich?

2 Untersucht die Wortfamilie am Tisch. Wählt Aufgabe a oder b.

●●○ a Überlegt euch ein Nomen, ein Verb und ein Adjektiv, die auch zu der Wortfamilie gehören.

●○○ b Welche der folgenden Wörter gehören zur Wortfamilie am Tisch?

Erfahrung Fahrerlaubnis Farbe Schifffahrt Farn Fabrik

3 Nachstehend findet ihr Wortfamilien zu „Freund" in unterschiedlichen Sprachen.

Freund arkadaş Freundschaft friend Freunde friends
friendship amico amici arkadaşlar

a Welche Sprachen erkennt ihr? Nennt das Wort und die Sprache.

b Sucht euch eine Sprache aus, die ihr gut kennt. Findet möglichst viele Mitglieder der Wortfamilie „Freund".

4 Das Wissen über Wortfamilien hilft, Wörter richtig zu schreiben, z. B.:
lesbar schreibt man mit „s", denn es kommt von „lesen" (Schwingen: le-sen).
Erklärt die folgenden Schreibungen. Schwingt das Beweiswort (► S. 206, 208):
wissbegierig (→ wissen), Mittwoch (→ Mitte), er reist in die Ferien (→ ...)

Information **Wortstamm und Wortfamilie**

- In verschiedenen Wörtern können gleiche **Wortbausteine** vorkommen. Der Grundbaustein eines Wortes heißt **Wortstamm.** Wörter mit dem gleichen Wortstamm bilden eine **Wortfamilie:** ***find**en, er**find**en, vor**find**en, Er**find**er, **find**ig, Er**find**ung, ...*
- Viele Wörter einer Wortfamilie entstehen durch **Vor- oder Nachsilben.** Fügt man an den Wortstamm eine Vor- oder eine Nachsilbe an, so nennt man das **Ableitung:**

Vorsilbe +	Stamm	+ Nachsilbe	= abgeleitetes Wort
er	*find*	*en*	*= erfinden (Verb)*
Er	*find*	*ung*	*= Erfindung (Nomen)*
er	*find*	*erisch*	*= erfinderisch (Adjektiv)*

Eine Welt, viele Sprachen

1 Die Schülerin spricht den Satz in vier verschiedenen Sprachen.

a Übersetzt den Satz ins Deutsche.

b Welche Sprachen erkennt ihr?

c Könnt ihr den Satz noch in anderen Sprachen sagen?

2 Untersucht die Sätze aus Aufgabe 1. Bearbeitet Aufgabe a oder b.

●●○ **a** Vergleicht, wie die **Personalpronomen** (▶ S. 172) verwendet werden. Nennt die Sprachen, in denen ihr für „ich spielte“
- wie im Deutschen zwei Wörter findet,
- nur ein Wort findet. Wo steht in diesen Sprachen das Personalpronomen „ich“?

●●● **b** Vergleicht, ob **Artikel** (▶ S. 170) vorkommen.
- In welchen Sprachen kommen in dem Satz Artikel vor?
- Erklärt mit Hilfe der ersten vier Zeilen der Tabelle, weshalb das Türkische ohne Artikel auskommt.

	Deutsch	Türkisch
Nominativ	der Wald	orman
Genitiv	des Walds	ormanın
Dativ	dem Wald	ormana
Akkusativ	den Wald	ormanı
Lokativ	–	ormanda (im Wald)
Ablativ	–	ormandan (vom Wald her)

3 Vergleicht, wie die **Präpositionen** (▶ S. 178) verwendet werden. Bearbeitet Aufgabe a oder b.

●●○ **a** In welchen Sprachen findet ihr in den Sätzen aus Aufgabe 1 für „auf der Straße“
- wie im Deutschen drei Wörter,
- zwei Wörter,
- ein Wort?

●●● **b** In welcher Sprache findet ihr in den Sätzen aus Aufgabe 1 für „auf der Straße“
- nicht wie im Deutschen drei Wörter, sondern ein einzelnes Wort?
- Erklärt, wieso diese Sprache mit einem Wort auskommt.

Teste dich!

Fragen an Partner 1	richtig	falsch, gehe zu:
1 Bestimme die Wortarten: *der junge Bergsteiger*	bestimmter Artikel, Adjektiv, Nomen	Seite 170, 171
2 Bestimme für die markierten Wörter den Kasus: ***Ich** nehme für die Frage **meinen Telefonjoker.***	Nominativ, Akkusativ	Seite 170
3 Ergänze die Steigerungsstufe zu „schnell“: *Ein Jaguar ist ... ... eine Schildkröte.*	*schneller als*	Seite 171
4 Setze ein passendes Possessivpronomen ein: *Ihr baut ... eigenes Zelt am See auf.*	*euer*	Seite 172
5 Setze den Satz ins Futur: *Sie macht einen Tauchschein.*	*Sie wird einen Tauchschein machen.*	Seite 177
6 Ergänze Präpositionen und bestimmte Artikel: *Die Kinder laufen ... ... Klasse ... ... Schulhof.*	*aus der auf den*	Seite 170, 178

Fragen an Partner 2	richtig	falsch, gehe zu:
1 Bestimme die Wortarten: *Ein Tintenfisch schwimmt.*	unbestimmter Artikel, Nomen, Verb	Seite 170, 171
2 Bestimme für die markierten Wörter den Kasus: *Ich rate **dir,** der Antwort **des Zuschauers** zu vertrauen.*	Dativ, Genitiv	Seite 170
3 Ergänze die Steigerungsstufe zu „langsam“. *Eine Ente ist ... ... ein Löwe.*	*langsamer als*	Seite 171
4 Ergänze das passende Demonstrativpronomen: *Yasemin trifft Elsa. ... (Elsa) lädt sie zur Feier ein.*	*Diese*	Seite 173
5 Setze den Satz ins Perfekt: *Ich besuche die Sternwarte.*	*Ich habe die Sternwarte besucht.*	Seite 174, 175
6 Ergänze Präpositionen und bestimmte Artikel: *Die Bergsteiger klettern ... ... Basislager ... ... Gipfel.*	*aus dem/vom auf den*	Seite 170, 178

1 Testet euch gegenseitig: Jeder prüft seinen Lernpartner mit einem Fragebogen (Fragen an Partner 1 oder Partner 2). Deckt dabei die Lösungen ab und notiert die Antworten.
Tipp: Lest bei falschen Antworten noch einmal die Information auf der angegebenen Seite.

2 Übe weiter: Hast du höchstens 3 Antworten falsch, bearbeite die Aufgaben Seite 186–187. Hast du mehr als 3 Antworten falsch, dann bearbeite die Aufgaben Seite 184–185.

●○○ Üben: Wortarten bestimmen, Wörter bilden

1 a Ordnet jeder **Wortart** ein passendes Beispiel zu. Arbeitet im Heft: *Nomen = D, ...*

Wortart	Beispiel
Nomen können von Artikel und Adjektiv begleitet werden. **Adjektive** kann man steigern. **Verben** kann man in eine Vergangenheitsform setzen. **Pronomen** stehen für ein Nomen. **Präpositionen** zeigen z. B. ein örtliches oder zeitliches Verhältnis an.	A *Sören kommt.* ***Er*** *hat* ***sein*** *Fernrohr dabei.* B ***auf*** *dem Tisch,* ***seit*** *Januar* C *klug, klüger, am klügsten, z. B.: der* ***klügste*** *Sternenforscher* D *der sportliche* ***Bergsteiger*** E *Sie* ***liest.*** *→ Sie* ***las.***

b Zu jeder Wortart findet ihr im Korb ein Beispiel. Schreibt die Tabelle ab und ergänzt:

Wortart	Beispiel	Wortart	Beispiel
Nomen	...	Possessivpronomen	...
bestimmter Artikel	...	Demonstrativpronomen	...
unbestimmter Artikel	...	Präposition	...
Adjektiv	...		
Verb	...		
Personalpronomen	...		

2 a Erstellt einen Spickzettel mit den Fragewörtern für die vier **Fälle (Kasus):**
Nominativ: Wer/Was? Genitiv: ...

b Schreibt Folgendes ab und setzt die Wörter im richtigen Fall ein:

> Devin begleitete ? (sein Freund) ins Technikmuseum.
> Dort konnten sie in das Modell ? (ein Raumschiff) klettern. Das hat ? (sie) Spaß gemacht.

c Legt eine Tabelle an. Bestimmt für die eingesetzten Wörter aus Aufgabe b den Fall:

Beispiel	Frage	Der **Fall (Kasus)** heißt:
... Freund	*Wen begleitete ...?*	*A...: 4. Fall*

3 Lydia sah sich zunächst die Zebras und dann die Büffel an. Diese liefen frei in einem Gehege.
Erklärt das im zweiten Satz verwendete **Demonstrativpronomen.** Ergänzt im Heft:
„Diese" bezieht sich auf ... . Es liefen also ... frei in einem Gehege.

4 Steigert **Adjektive.** Ergänzt den folgenden Text sinnvoll im Heft. Nutzt die Höhentabelle.

Die Zugspitze ist der ? Berg in Deutschland.
? ist der Mont Blanc.
Noch ? ? der Mont Blanc ist ? .
Der ? Berg der Welt ? .

Zugspitze	2962 m	Deutschland/Österreich
Mont Blanc	4810 m	Frankreich/Italien
Aconcagua	6962 m	Argentinien
Mount Everest	8848 m	Nepal/China (Tibet)

5 Verwendet die **Zeitformen** richtig.

a Bringt die Sätze in die zeitlich richtige Reihenfolge. Was war zuerst, was geschah dann?

b Welcher Satz steht im Perfekt, welcher im Futur?

c Setzt Satz A ins Präteritum: *Gestern …*

d Erklärt mit Hilfe des Beispiels, was „starkes Verb" bedeutet: *schwimmen – er schwamm – …*

A Gerade spielen wir Fußball.
B In El Remo sind wir geschwommen.
C Bald werden wir abreisen.

6 a Bei einem Fußballspiel wird ein Tor nicht gegeben. Beschreibt im Heft den Verlauf des Balls. Ergänzt die richtigen **Präpositionen.**

Der Ball prallte ? die Latte. Von dort sprang er ? die Torlinie. Dann hüpfte er wieder ? das Spielfeld zurück.

b Welcher Pfeil passt zu welcher Präposition?

seit Januar **im** Januar **vor** Januar

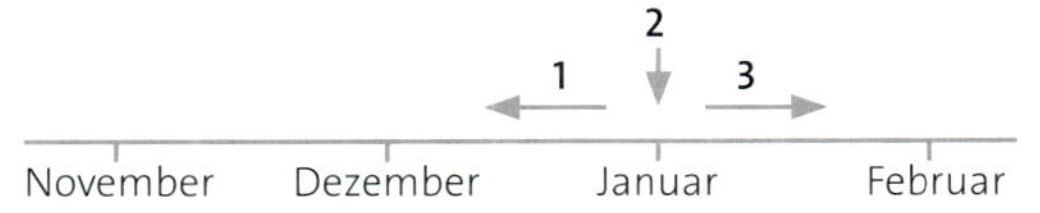

Lösungen

1 a Nomen = D, Adjektive = C, Verben = E, Pronomen = A, Präpositionen = B
b Nomen: *Blauwal*, bestimmter Artikel: *das*, unbestimmter Artikel: *ein*, Adjektiv: *schwer*, Verb: *klettert*, Personalpronomen: *wir*, Possessivpronomen: *unser*, Demonstrativpronomen: *diese*, Präposition: *mit*

2 a Nominativ: Wer/Was? Genitiv: Wessen? Dativ: Wem? Akkusativ: Wen/Was?
b Devin begleitete *seinen Freund* ins Technikmuseum. Dort konnten sie in das Modell *eines Raumschiffs* klettern. Das hat *ihnen* Spaß gemacht.
c *seinen Freund* Frage: **Wen** begleitete *Devin?* 4. Fall: Akkusativ
eines Raumschiffs Frage: *In* **wessen** *Modell …?* 2. Fall: Genitiv
ihnen Frage: **Wem** *hat es Spaß gemacht?* 3. Fall: Dativ

3 „Diese" bezieht sich auf *Büffel*. Es liefen also *Büffel* frei in einem Gehege.

4 z. B.: Die Zugspitze ist der *höchste* Berg in Deutschland. *Höher* ist der Mont Blanc. Noch *höher als* der Mont Blanc ist *der Aconcagua in Argentinien*. Der *höchste* Berg der Welt *ist der Mount Everest*.

5 a B In El Remo sind wir geschwommen. A Gerade spielen wir Fußball. C Bald werden wir abreisen.
b Satz B steht im Perfekt, Satz C im Futur. c Gestern **spielten** *wir Fußball*.
d „schwimmen" ändert im Präteritum und im Perfekt den (Stamm-)Vokal.

6 a Der Ball prallte unter die Latte. Von dort sprang er auf die Torlinie. Dann hüpfte er wieder in das Spielfeld zurück.
b seit Januar: Nr. 3 im Januar: Nr. 2 vor Januar: Nr. 1

Üben: Wortarten bestimmen, Wörter bilden

1 a Ordnet jeder **Wortart** den richtigen Hinweis und ein passendes Beispiel zu.
Arbeitet im Heft: *Nomen = C 4, ...*

Wortart	Hinweis zur Wortart	Beispiel
Nomen Adjektive Verben Pronomen Präpositionen	**A** kann man in eine Vergangenheitsform setzen. **B** zeigen z. B. ein örtliches oder zeitliches Verhältnis an. **C** können von Artikel und Adjektiv begleitet werden. **D** sind steigerbar. **E** ersetzen ein Nomen.	**1** ***auf*** *dem Tisch,* ***seit*** *Januar* **2** ***Sören*** *kommt.* ***Er*** *hat* ***sein*** *Fernrohr dabei.* **3** *klug, klüger, am klügsten, z. B.: der* ***klügste*** *Sternenforscher* **4** *der sportliche* ***Bergsteiger*** **5** *Sie* ***liest.*** *→ Sie* ***las.***

b Ordnet im Heft die Wörter der beiden folgenden Sätze der richtigen Wortart zu.

Die Abenteurer stiegen mit ihren Helfern tiefer in eine dunkle Schlucht.
Diese kannten sie von früher.

Nomen Adjektiv Personalpronomen
bestimmter Artikel Possessivpronomen
unbestimmter Artikel Präposition
Demonstrativpronomen Verb

2 a Schreibt Folgendes ab und setzt die Wörter im richtigen **Fall (Kasus)** ein:

Jobel ging mit ? (ihre Freundin) auf ? (der Fußballplatz).
Dort sahen sie das Spiel ? (die Jugendnationalmannschaft). Das hat ? (sie) Spaß gemacht.

b Legt eine Tabelle an. Bestimmt für die eingesetzten Wörter aus Aufgabe a den Fall:

Beispiel	**Frage**	Der **Fall (Kasus)** heißt:
...	*Mit* ***wem*** *ging ...?*	...

3 Lydia sah sich die Löwen und dann die Tiger an.
Diese liefen frei in einem Gehege, jene waren in einem Käfig.
Erklärt die im Satz verwendeten **Demonstrativpronomen.** Ergänzt im Heft:
„Diese" bezieht sich auf ... . „Jene" bezieht sich auf ... .

4 Verfasst mit Hilfe der Höhentabelle einen Text über drei Berge. Alle drei Steigerungsstufen von **Adjektiven** sollen vorkommen.

Zugspitze	2962 m	Deutschland/Österreich
Kibo (Kilimandscharo)	5895 m	Tansania
Mount Everest	8848 m	Nepal/China (Tibet)

5 a Welche **Zeitformen** werden in der Sprechblase verwendet?

> Gerade spielen wir Fußball.
> In El Remo sind wir geschwommen.
> Bald werden wir abreisen.

b Setzt den folgenden Satz im Heft ins Präteritum: Wir schwimmen in der Bucht von El Remo, tauchen viel und fahren oft Rad.

c Welche der nebenstehenden Verben sind stark? Begründet, indem ihr das Präteritum bildet.

schwimmen tauchen fliegen lesen

d Setzt die folgenden Sätze richtig fort:
- *In schriftlichen Erzählungen nutzt man meist die Zeitform …*
- *In mündlichen Erzählungen nutzt man meist die Zeitform …*
- *Zukünftiges kann man mit folgenden Zeitformen ausdrücken: …*

e Setzt die mündliche Rede ins Perfekt:
„Wir fliegen in den Urlaub. Wir freuen uns schon lange darauf."

6 a Bei einem Fußballspiel wird ein Tor nicht gegeben. Beschreibt im Heft den Verlauf des Balls. Verwendet möglichst viele Präpositionen:
Der Ball prallte aus dem Spielfeld … die …

b Manche Präpositionen bedeuten etwas anderes, je nachdem ob sie im Dativ oder Akkusativ stehen.
Welcher Satz passt zu Bild A, welcher zu B?
- Sie laufen **vor dem** Tor.
- Sie laufen **vor das** Tor.

A

B

c Bestimmt für die Sätze in Aufgabe b jeweils den Fall.
- „dem Tor" ist ?, denn es heißt: vor **wem?**
- „das Tor" ist ?, denn es heißt: vor ??

Lösungen

1 a Nomen = C 4, Adjektive = D 3, Verben = A 5, Pronomen = E 2, Präpositionen = B 1
b Nomen: *Abenteurer, Helfern, Schlucht*, bestimmter Artikel: *Die*, unbestimmter Artikel: *eine*, Adjektiv: *dunkle, früher, tiefer*, Verb: *stiegen, kannten*, Präposition: *mit, in, von*, Personalpronomen: *sie*, Possessivpronomen: *ihren*, Demonstrativpronomen: *Diese*

2 a Jobel ging mit *ihrer Freundin* auf *den Fußballplatz*. Dort sahen sie das Spiel *der Jugendnationalmannschaft*. Das hat *ihnen* Spaß gemacht.

b

ihrer Freundin	Frage: Mit **wem** ging *Jobel?*	*3. Fall: Dativ*
den Fußballplatz	Frage: ***Wohin/Auf wen** gingen sie?*	*4. Fall: Akkusativ*
der Jugendnationalmannschaft	Frage: ***Wessen** Spiel sahen sie?*	*2. Fall: Genitiv*
ihnen	Frage: ***Wem** hat es Spaß gemacht?*	*3. Fall: Dativ*

3 „Diese" bezieht sich auf Tiger. „Jene" bezieht sich auf Löwen.

4 z. B.: *Die Zugspitze ist 2962 m **hoch**. Der Kibo ist **höher** als die Zugspitze. Am **höchsten** ist der Mount Everest.*

5 a spielen = Präsens, sind geschwommen = Perfekt, werden abreisen = Futur
b Wir *schwammen* in der Bucht von El Remo, *tauchten* viel und *fuhren* oft Rad.
c Starke Verben sind: *schwimmen (wir schwammen), fliegen (wir flogen), lesen (wir lasen).*
d In schriftlichen Erzählungen: *Präteritum*; in mündlichen Erzählungen: *Perfekt*; für Zukünftiges: *Futur, Präsens*
e „Wir *sind* in den Urlaub *geflogen*. Wir *haben* uns schon lange darauf *gefreut*."

6 a Der Ball prallte *aus* dem Spielfeld *unter* die Latte, von dort *auf* die Torlinie und dann wieder *in* das Spielfeld zurück.
b, c Sie laufen vor dem Tor = *B (Dativ, vor wem?)*. Sie laufen vor das Tor = *A (Akkusativ, vor wen oder was?)*.

11.2 Knifflige Fälle – Sätze und Satzglieder ermitteln

Satzarten unterscheiden

Kommissar Finn: Nun beruhigen Sie sich doch!
Frau Rübel: Der Ring war aus Weißgold und hatte einen großen Diamanten.
Kommissar Finn: Wo hat er denn gelegen?
Frau Rübel: Auf dem Tisch lag er, hier neben dem Kuchen.
Kommissar Finn: War das Fenster offen?
Frau Rübel: Ja. Da passt aber kein Einbrecher durch.

1 a Beschreibt mit Hilfe des Bildes und des Dialogs, was geschehen ist.
b Im Dialog stehen zwei Fragesätze, drei Aussagesätze und ein Aufforderungssatz. Nennt sie.

2 Schreibt den Dialog um. Bearbeitet Aufgabe a oder b.
●○○ a Ergänzt in allen sechs Sätzen eine passende Redebegleitung. Nutzt:
fragte, erwiderte, erklärte, forderte ... auf, antwortete, stellte die Frage, z. B.:
Kommissar Finn forderte Frau Rübel auf: „Nun beruhigen ...“
●●○ b Schreibt den Dialog zu einer kurzen Geschichte um. Fangt z. B. so an:
Kommissar Finn bemerkte gleich, wie aufgeregt Frau Rübel war. Er forderte sie auf, ...

3 Habt ihr eine Vermutung, wer den Ring gestohlen hat?
Schreibt auf, wie ihr euch den Tathergang vorstellt, z. B.: *Durch das offene Fenster könnte ...*

Information | **Satzarten unterscheiden**

Man unterscheidet verschiedene Satzarten. Man erkennt sie auch am Satzschlusszeichen.
- **Aussagesätze** enden mit einem **Punkt,** z. B.: *Ich bin unschuldig.*
- **Fragesätze** enden mit einem **Fragezeichen,** z. B.: *Haben Sie ihn gesehen? Wo waren Sie?*
- **Aufforderungs- und Ausrufesätze** enden meist mit einem **Ausrufezeichen,** z. B.: *Sagen Sie die Wahrheit!*

Mit der Umstellprobe Satzglieder bestimmen

Die Warnung

An einem Freitagmorgen findet Finn in seinem Büro fünf kleine Zettel auf seinem Schreibtisch. Er begreift schnell: Dies ist die Warnung vor einem Verbrechen.

geschieht | im Wagen 7 | auf der Strecke Hamburg – Berlin | ein Verbrechen | morgen

1 Helft Finn, die fünf Zettel zu sinnvollen Aussagesätzen zusammenzufügen.

a Die fünf Zettel ergeben eine Warnung. Formuliert den Satz mit eigenen Worten.

b Von den fünf Satzgliedern steht eines im Aussagesatz stets an zweiter Stelle. Nennt das Wort. Wie nennt man dieses Satzglied?

c Bestimmt mit der Umstellprobe, wie viele Satzglieder der farbig markierte Satz hat.

Finns Assistent, Wachtmeister Help, bringt Finn auf einen Gedanken:
Help: In der Eisenbahn wird das Verbrechen geschehen ...
Morgen wird ein Scheich von Hamburg nach Berlin reisen.
Der Scheich soll sehr reich sein.
Das Verbrechen droht vielleicht diesem Scheich.
Die notwendigen Erkundigungen müssen wir schnell einholen.

2 a Lasst Finn in Gedanken die vier letzten Sätze wiederholen. Das markierte Satzglied soll jeweils am Anfang stehen, z. B.: *Ein Scheich wird ...*

b Vergleicht die umgestellten Sätze mit den ursprünglichen. Welches Satzglied wird durch die Umstellung nun besonders betont?

3 Bearbeitet und untersucht Helps letzten Satz weiter. Wählt Aufgabe a oder b.

●○○ a Stellt den Satz so um, dass „Wir“ am Anfang steht. Wo steht die Personalform des Prädikats „müssen“?

●●● b Die Regel lautet: Im Aussagesatz steht das Prädikat stets an zweiter Stelle. Erklärt, weshalb „einholen“ am Ende des letzten Satzes steht.

Methode **Die Umstellprobe anwenden, Satzglieder ermitteln**

- Die **Satzglieder** eines Satzes kann man mit der **Umstellprobe** ermitteln.
- Satzglieder können aus einzelnen Wörtern oder Wortgruppen bestehen.
- Die Umstellprobe zeigt, dass ein **Satzglied immer eine Einheit** bleibt, z. B.:
  Assistent Help unterstützt Kommissar Finn mit Eifer bei den Ermittlungen.
  Mit Eifer unterstützt Assistent Help Kommissar Finn bei den Ermittlungen.
- In **Aussagesätzen** steht die **Personalform des Verbs** immer an **zweiter Stelle** nach dem ersten Satzglied.

Das Subjekt erfragen, Prädikate einsetzen

Personenschutz für einen Scheich

Kommissar Finn ist vor einem Verbrechen in einem Zug gewarnt worden. Ein reicher Scheich soll überfallen werden. Er bittet seinen Assistenten Help, alles Notwendige zu veranlassen und die Sache möglichst geheim zu halten. Help erstattet mit Hilfe eines Notizzettels Bericht: „In der Tat fährt der Scheich morgen im Wagen 7 von Hamburg nach Berlin. Ich habe Folgendes veranlasst: ...“

1. *Scheich – Personenschutz*
2. *Bahnhof in Hamburg – Personenkontrolle – Polizisten*
3. *Videokamera – Wagen 7*
4. *Jch – Kollegen in Berlin (informiert)*

1 a Formuliert im Heft Helps Notizen zu vier vollständigen Sätzen um.
Nutzt die folgenden Verben: *erhalten, durchführen, überwachen, informiert haben.*

b Unterstreicht in euren Sätzen die Prädikate schwarz. Verbindet zweiteilige Prädikate mit einem Bogen.

c Bildet mit dem Prädikat eine Frage nach dem Subjekt.
Unterstreicht das Subjekt in allen Sätzen blau, z. B.: ***Wer** erhält Personenschutz? Der Scheich erhält ihn.*

2 Finn überlegt, wer ihm die Warnung zugeschickt hat.

a Lest die Gedankenblasen. Was kann Finn gar nicht wissen? An wen denkt Finn vielleicht?

b Schreibt aus jedem Satz in den Blasen das Prädikat und das Subjekt heraus.

Der Mann hat Zutritt zum Polizeipräsidium.

Der Mann, der mich warnt, weiß von dem Scheich.

Mich kennt der Mann auch.

Personenschützer sorgen für die Sicherheit einer Person. Sie schützen die Person vor Entführungen oder Angriffen. Schusswaffen und Funkgeräte gehören zur Ausstattung von Personenschützern. Sie sind auch im Nahkampf ausgebildet.

3 Lest zu zweit den Text zum Personenschutz:
Einer liest einen Satz vor, der andere bestimmt Prädikat und Subjekt. Wechselt dann.
Tipp: Manchmal besteht ein Prädikat oder ein Subjekt aus mehreren Teilen.

Information **Subjekt und Prädikat**

- Das **Prädikat** ist der Satzkern. Es kann aus einem Teil oder mehreren Teilen bestehen, z. B.:
  Der Kommissar ermittelt. Er ordnet Personenschutz an. Er hat seine Kollegen informiert.
- Mit Hilfe des Prädikats kann man das **Subjekt** erfragen, z. B.:
  ***Wer oder was** ermittelt? Der Kommissar ermittelt.*
  ***Wer oder was** ordnet Personenschutz an? Er ordnet an.*

Dativobjekt und Akkusativobjekt unterscheiden

Das Verbrechen findet in Hamburg statt

In der Nacht, in der Kommissar Finn den Scheich nach Berlin begleitet, kommt es in Hamburg zu mehreren Einbrüchen. Finns Assistent tut sehr aufgeregt: „Eine Nachbarin hat einen Einbrecher beraubt. Der Einbrecher schlug ihren Sohn in die Flucht. Die Frau hat dem Einbrecher ihre schöne Perlenkette gestohlen.“

1 Assistent Help verwechselt in seiner wörtlichen Rede Subjekte und Objekte.
- a Bestimmt für jeden Satz des Assistenten das Subjekt und das Objekt.
- b Wie müssen seine Sätze richtig heißen? Verbessert den Text im Heft.
- c Markiert im Heft verschiedenfarbig Dativ- (Wem?) und Akkusativobjekte (Wer/Was?).

Einbruchserie in Hamburg

In Hamburg kam es gestern zu mehreren Einbrüchen. Im Stadtteil Eppendorf stahlen Einbrecher ? . Die Täter brachen ? auf und gelangten so in die Wohnung. In Altona beraubten Verbrecher ? . Sie erbeuteten ? . Insgesamt 18 Personen meldeten ? . ?

2 Über die Einbrüche wird in der Zeitung berichtet. Leider sind Kaffeeflecken auf den Artikel geraten.
- a Schreibt den Text ab. Ersetzt die Fragezeichen sinnvoll durch die nebenstehenden Objekte.
- b Markiert in eurem Text Dativobjekte und Akkusativobjekte in verschiedenen Farben.

ein Fenster   Einbrüche   eine alte Dame
ihren gesamten Schmuck   ein Juwelier
die Polizei   wertvolle Diamanten

Kommissar Finn schöpft Verdacht

Finn ist nachdenklich: „Ich begleitete den Scheich. In dieser Zeit bestehlen Einbrecher 18 Bürger. Da kannte jemand meine Pläne. Nur einem Menschen habe ich das Ganze erzählt.“

3
- a Bestimmt im Text die markierten Satzglieder.
- b Überlegt: Wen hat Finn im Verdacht? Wie kann die Sache gelaufen sein?

Information **Dativ- oder Akkusativobjekt**

Objekte kann man durch Fragen ermitteln, z. B.: *Ein Polizist gibt dem Scheich Personenschutz.*
- **Dativobjekt:** ***Wem*** *gibt ein Polizist …? → dem Scheich*
- **Akkusativobjekt:** ***Wen*** *oder* ***was*** *gibt ein Polizist …? → Personenschutz*

Adverbiale Bestimmungen kennen und verwenden

1 Kommissar Finn wird zu einem neuen Tatort gerufen. Der Regisseur Bob Producer ist bewusstlos niedergeschlagen an einem Drehort aufgefunden worden. Finn notiert sich das Wichtigste.

a Formuliert auf Grundlage der Notizen 4 vollständige Sätze.

b In euren Sätzen aus Aufgabe a habt ihr die näheren Umstände der Tat durch adverbiale Bestimmungen beschrieben (► Information). Unterstreicht alle adverbialen Bestimmungen in unterschiedlichen Farben.

c Notiert zu jeder Farbe, um was für eine adverbiale Bestimmung es sich handelt, z. B.:
adverbiale Bestimmung der Zeit, ... des Ortes, ... der Art und Weise, ... des Grundes.

> **Mordversuch: Bob Producer niedergeschlagen**
> **Wann?** gestern Abend
> **Wo?** am Drehort
> **Wie?** mit der Kamera
> **Warum?** aus Rache?

2 Auf dem Bild finden sich noch weitere wichtige Einzelheiten. Wählt Aufgabe a oder b.

●●● **a** Beschreibt, wo sich weitere Dinge am Tatort befinden (Kamera, Fußspuren, ...). Verwendet adverbiale Bestimmungen des Ortes.

●○○ **b** Ergänzt im Heft folgende Sätze durch adverbiale Bestimmungen:
... (Wo?) sind Fußspuren zu sehen. Der Täter muss Producer von ... verletzt haben.

Information **Adverbiale Bestimmungen – Angaben zu näheren Umständen**

Adverbiale Bestimmungen geben die **genaueren Umstände eines Geschehens** an.
Sie können aus einzelnen Wörtern *(heute)* bestehen oder aus Wortgruppen *(seit gestern)*, z. B.:
Seit gestern sucht die Polizei mit Hubschraubern in Berlin den Mann wegen seines Verbrechens.

adverbiale Bestimmung	Fragen	Beispiel
der Zeit	Wann? Wie lange? Seit wann? ...	*Seit gestern*
des Ortes	Wo? Von wo? Wohin? ...	*in Berlin*
der Art und Weise	Wie? Woraus? Womit? ...	*mit Hubschraubern*
des Grundes	Warum? Warum nicht? ...	*wegen seines Verbrechens*

Wer schlug Bob Producer nieder?

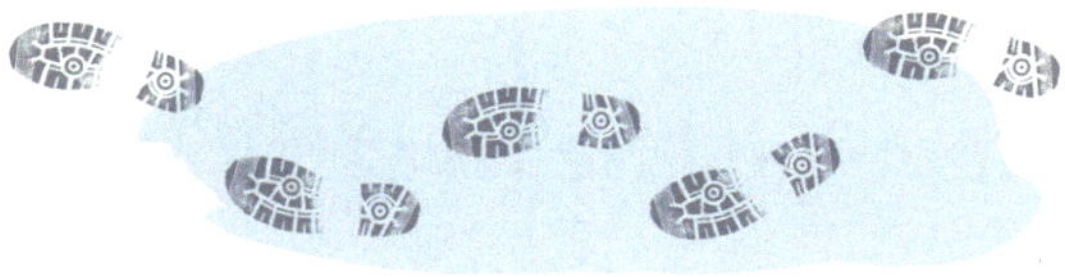

Bob Producer ist nicht bei allen Menschen beliebt, mit denen er arbeitet. Wer am Drehort nicht sofort das umsetzt, was Producer sich vorstellt, ist seinen Job schnell los.

Von einem Kameramann erfährt Finn, dass Producer am Tage des Mordversuchs zwei Schauspielern angedroht hat, sie zu entlassen: Lea Quitting und Alex Termination. Finn kennt beide.

Abends nach dem Dienst schaut er zu Hause gern Krimis an. In einem Krimi spielte der 2-Meter-Mann Termination einen Leibwächter. Lea hatte die Rolle der reichen Erbin.

Der Kameramann erzählt weiter: „Gestern Abend ist Producer allein vom Hotel aus mit seinem Wagen zum Drehort gefahren. Wir anderen blieben im Hotel. Nur Lea und Alex waren auch unterwegs."

In dem Moment erhält Finn von der Spurensicherung die folgenden Ergebnisse. Er liest: *Verschieden große Fußspuren am Tatort – die des Opfers: Größe 43, zum Opfer hin und zurück: Größe 48.*

Finn brummt: „Ich glaube, ich weiß jetzt, wer der Täter ist."

1 Was ist Finn aufgefallen? Wer ist der Täter? Begründet eure Vermutung.
Tipp: Beachtet Tatzeit, Opfer, mögliche Täter, Alibi, Tatort, Ergebnisse der Spurensicherung.

2 Wie sahen die näheren Umstände des Tatabends aus?
Untersucht die gelb markierte Aussage des Kameramanns (Z. 14–16). Wählt Aufgabe a oder b.

●●○ **a** Bestimmt alle Satzglieder seiner Aussage.

●○○ **b** Übertragt die Tabelle ins Heft. Ergänzt sie um die Antworten und Satzglieder.

Frage	Antwort	Satzglied
Wann?	…	*adverbiale Bestimmung …*
Wie?	*allein*	*adverbiale Bestimmung der Art und Weise*
Wie?	…	…
Von wo?	…	…
Wohin?	…	…

3 Wie verbringt Finn seine Freizeit? Bestimmt die Angaben im grün markierten Satz (Z. 10 f.).

a Listet im Heft die Antworten auf die folgenden Fragen auf: Wo? Wann? Wie?

b Notiert zu jeder Antwort, um welche adverbiale Bestimmung es sich handelt.

c Schreibt auf, was ihr selbst gern wann und wo macht.

4 Erfindet eine Kriminalgeschichte.

a Legt einen Notizzettel wie nebenstehend an.

b Schreibt die Geschichte.
Verwendet eure adverbialen Bestimmungen.

> ***adverbiale Bestimmung***
> ***… des Ortes (Tatort)***
> *am Bahnhof, in der Sporthalle*
> ***… der Zeit (Tatzeit)***
> *um Mitternacht, gegen Morgen*
> ***… Art und Weise (Tatwerkzeug)***
> *mit Pfefferspray, mit Taschenlampe*
> ***… des Grundes (Tatmotiv)***
> *aus Rache, aus Geldnot*

Haupt- und Nebensätze unterscheiden

Die Arbeit der Spurensicherung

1 Die Spurensicherung dient der Polizei zur Sicherung und Auswertung von Beweisen.
2 Sie umfasst die Suche, die Erfassung und die Auswertung von Spuren.
3 Aufgenommen werden zum Beispiel Fingerabdrücke, die die Täter am Tatort hinterlassen haben.
4 Zur Spurensicherung gehört auch die Suche nach Körperzellen (z. B. Haaren), die Hinweise auf die Täter liefern können.

Die Spurensicherung bei der Arbeit

1 a Überlegt, warum man bei der Spurensuche einen Schutzanzug trägt. Beachtet den Text.
b Nach zwei Dingen sucht die Spurensicherung ganz besonders. Nach welchen?
c Kennt ihr weitere Beweise, die die Spurensuche am Tatort sichern könnte? Nennt sie.

2 Untersucht die Sätze des Textes mit Hilfe der Information unten.
a Satz 1 besteht nur aus einem Hauptsatz. Woran könnt ihr das erkennen?
b Sucht im Text die beiden Nebensätze.
Tipp: Beachtet, wo die Personalform des Verbs steht.

3 Spielt zu zweit ein Spiel: Spieler A nennt ein Verb, ein Nomen und ob ein Hauptsatz oder ein Nebensatz gesucht ist. Spieler B bildet den Satz, z. B.:
– Spieler A: *„Dieb, falschspielen, Nebensatz.“* Spieler B: *„... weil ein Dieb beim Pokern falschspielte.“*
– Danach nennt Spieler B ein Verb, ein Nomen und eine Satzart.
Einen Punkt bekommt man nur, wenn Verb und Nomen vorkommen und die Satzart stimmt.

4 Unterscheidet Haupt- und Nebensatz. Bearbeitet Aufgabe a oder b.
●●● a Sina behauptet: Wenn ein Satz nur ein Verb besitzt, kann er nicht aus Haupt- und Nebensatz bestehen. Was meint ihr zu dieser Behauptung?
●○○ b Bildet Satz 1 des Textes zu einem Nebensatz um. Stellt folgenden Satz voran:
Die Spurensicherung ist für die Ermittlungen sehr wichtig, weil ...

Information **Haupt- und Nebensätze unterscheiden**

- Als **Hauptsatz** bezeichnet man einen Satz, der **allein stehen kann.**
- **Nebensätze** können **nicht ohne Hauptsatz** stehen. Nebensätze werden meist durch bestimmte **Verknüpfungswörter** eingeleitet, z. B.: *weil, da, dass, wenn, nachdem ...*
- Zu jedem Hauptsatz und jedem Nebensatz gehört ein Verb:
  – In **Hauptsätzen** steht die **Personalform des Verbs** meist **an zweiter Stelle,** z. B.: *Sie **liest** etwas.*
  – In **Nebensätzen** steht die **Personalform des Verbs** immer **am Ende,** z. B.: *..., da es Spaß **macht.***

Satzreihe und Satzgefüge bestimmen und verwenden

Die Spur der Fingerabdrücke

Die Fingerabdrücke der Menschen sind verschieden. Daher lässt sich mit Hilfe eines Fingerabdrucks oft der Täter finden.
1 Nachdem die Spurensicherung die Fingerabdrücke gesichert hat, vergleicht ein Polizist sie mit den gespeicherten Abdrücken im Computer.
2 Auch ein Haar oder ein Tropfen Blut am Tatort kann zum Täter führen, denn aus den Körperzellen lässt sich die Erbinformation eines Menschen bestimmen, diese Erbinformation ist von Mensch zu Mensch unterschiedlich.
3 Die Erbinformationen liegen auf den Genen des Menschen.
4 Deshalb spricht man von einem genetischen Fingerabdruck.

1 a Erklärt anhand des Textes, was man unter einem „genetischen Fingerabdruck" versteht.
b Ein Einbruch ist geschehen. Wo würdet ihr nach Fingerabdrücken suchen?

2 Untersucht die Sätze des Textes mit Hilfe der Information unten.
a Lest Satz 1 und 2. Welcher Satz ist eine Satzreihe, welcher ein Satzgefüge?
b Verbindet die Sätze 3 und 4, z. B.: *Weil die Erb…*
c Bildet in Partnerarbeit Satzgefüge, die nicht aufhören.
Partner A beginnt mit einem Hauptsatz, Partner B fügt einen Nebensatz an, A den nächsten Nebensatz usw., z. B.: *Der Kommissar …, weil …, damit …, nachdem …, obwohl …*

3 Helft der Polizei: Welcher Verdächtige hat am Tatort seinen Fingerabdruck hinterlassen?
Wählt Aufgabe a oder b.
●○○ a Formuliert euer Ergebnis mit Haupt- und Nebensatz: *… war am Tatort, weil …*
●●○ b Formuliert euer Ergebnis mit Haupt- und vorangestelltem Nebensatz.

Information **Satzreihe oder Satzgefüge**

- Eine **Satzreihe** ist ein Satz, der **nur aus Hauptsätzen** (▸ S. 194) besteht.
  In der Regel werden sie durch **Komma** voneinander abgetrennt, z. B.:
  Die Spurensicherung nimmt Spuren auf, (und) der Kommissar beginnt die Ermittlungen.
  Hauptsatz — Komma — Hauptsatz
- Sätze aus **Haupt- und Nebensatz** (▸ S. 194) heißen **Satzgefüge.**
  Zwischen Haupt- und Nebensatz steht **immer** ein **Komma,** z. B.:
  Die Spurensicherung nimmt Spuren auf, damit die Täter überführt werden können.
  Hauptsatz — Komma — nachgestellter Nebensatz

  Damit die Täter überführt werden können, nimmt die Spurensicherung Spuren auf.
  vorangestellter Nebensatz — Komma — Hauptsatz

Texte mit Hilfe von Proben überarbeiten

Trude Trautmanns (72) Zeugenaussage

Also der junge Mann ~~mit seinem hinterlistigen Gesichtsausdruck~~ hat sich von hinten, also vom Brunnen aus, an die Frau herangeschlichen. Die Frau war ganz in Gedanken, hat vielleicht gerade an ihre Mutter gedacht und hat gar nichts bemerkt. Mit einem gefährlichen Messer schlitzte er ganz langsam, vorsichtig, mit wachen Augen die Handtasche, die übrigens nicht mehr neu ist, auf und zog von oben mit viel Sorgfalt die Geldbörse aus der Tasche.

Marc Kuhlbergs (17) Zeugenaussage

Der junge Mann schlich sich zu der Frau. Er schlitzte die Tasche auf. Er nahm die Geldbörse. Er lief weg. Er hatte eine Hose an, eine Jacke und eine Mütze.

1 Ein Polizist liest zwei Zeugenaussagen. Beide Texte gefallen ihm nicht.
- **a** Was wird der Polizist an Frau Trautmanns Ausführungen auszusetzen haben?
- **b** Was stört ihn an Marc Kuhlbergs Aussage?
- **c** Überarbeitet im Heft Frau Trautmanns Aussage. Lasst alles weg, was überflüssig ist.
- **d** Ergänzt Marc Kuhlbergs Aussage um wichtige Angaben, z. B. zur Kleidung. Fügt ein: *... von hinten, ... mit einem Messer.*

Der Verfolger

Der junge Mann lief vom Platz aus in den Schlossweg.
Von dort lief der junge Mann auf die Königstraße. Dann lief der junge Mann in den Stadtpark. Dort lief der junge Mann ins Gebüsch. Dann habe ich den jungen Mann aus den Augen verloren.

2 Marc hat den Täter verfolgt. Verbessert im Heft, was er berichtet. Wählt Aufgabe a oder b.
- ●○○ **a** Sucht ab dem 2. Satz Wörter, die sich ständig wiederholen. Ersetzt Wiederholungen (Nomen durch Personalpronomen; Verben durch andere Verben).
- ●●○ **b** Sucht ab dem 2. Satz Wörter, die sich ständig wiederholen. Ersetzt Wiederholungen und stellt die Sätze um, damit der Satzbau nicht immer gleich ist.

Methode **Texte mit Hilfe von Proben überarbeiten**

Eure Texte könnt ihr mit Hilfe der folgenden **Proben** überarbeiten und lesbarer machen:
- Die **Weglassprobe:** Lasst überflüssige Wörter oder Satzglieder bzw. Informationen weg.
- Die **Erweiterungsprobe:** Erweitert den Satz sinnvoll um wichtige Informationen.
- Die **Ersatzprobe:** Ersetzt z. B. Nomen durch Pronomen und Verben durch andere Verben. So lassen sich zu viele Wortwiederholungen vermeiden.
- Die **Umstellprobe:** Stellt Sätze um, damit ihr Satzanfänge abwechslungsreicher gestaltet.

Den Satzbau im Deutschen und Englischen vergleichen

A Mein Vater füttert den Hund.	B Den Hund füttert mein Vater.

1 Vergleicht die beiden Sätze.
- a Schreibt beide Sätze ins Heft. Unterstreicht:
  das Prädikat schwarz, das Subjekt blau, das Akkusativobjekt grün.
- b Worin unterscheiden sich die Sätze: in ihrem Aufbau oder in ihrem Inhalt?
- c Erläutert: Welches der folgenden Bilder rechts und links passt zu den Sätzen A und B?

2 a Ordnet zu: Welcher englische Satz passt zu welchem Bild?

C My father is feeding the dog.	D The dog is feeding my father.

- b Schreibt die Sätze ins Heft. Unterstreicht wie bei den deutschen Sätzen in Aufgabe 1a das Prädikat schwarz, das Subjekt blau, das Akkusativobjekt grün.
- c Warum verändert die Umstellung im Englischen den Sinn und im Deutschen nicht?
  Tipp: Beachtet, dass Satz D im Deutschen heißen müsste: Der Hund füttert meinen Vater.

3 Betrachtet die griechischen Sätze.
- a Gleicht der Satzbau eher dem Deutschen oder eher dem Englischen?
- b Beherrscht ihr noch andere Sprachen? Könnte man dort den Satz umstellen wie im Deutschen?

Ο πατέρας ταΐζει τον σκύλο.
(Der Vater füttert den Hund.)

Τον σκύλο τον ταΐζει ο πατέρας.
(Den Hund, den füttert der Vater.)

Information **Der Satzbau im Deutschen und im Englischen**

- **Der Satzbau im Deutschen** ist sehr **beweglich:** Im Aussagesatz steht die Personalform des Verbs an zweiter Stelle. Die anderen Satzglieder kann man umstellen (▶ S. 189). Der Sinn ändert sich nicht, z. B.:
  Der Hund beißt den Briefträger. Oder: *Den Briefträger beißt der Hund.*
- **Der Satzbau im Englischen** ist sehr **starr:** Subjekt – Prädikat – Objekt.
  Der Sinn ändert sich, wenn die Satzglieder umgestellt werden und z. B. das Objekt zum Subjekt wird: *The dog is biting the postman.* Aber: *The postman is biting the dog.*

Teste dich!

Fragen an Partner 1	richtig	falsch, gehe zu:
1 Bestimme Subjekt und Prädikat: *Im Verhör wich der Beschuldigte Blicken aus.*	Subjekt: *der Beschuldigte* Prädikat: *wich … aus*	Seite 190
2 Bestimme das Akkusativobjekt: *Der Zeuge sagte dem Polizisten die Wahrheit.*	Akkusativobjekt: *die Wahrheit*	Seite 191
3 Bestimme das markierte Satzglied: *Zu Beginn log der Mann* ***aus taktischen Gründen.***	adverbiale Bestimmung des Grundes	Seite 192, 193
4 Wiederhole den Satz ohne die adverbiale Bestimmung der Zeit: *Am Tatort werden heute Spuren gesucht.*	*Am Tatort werden Spuren gesucht.*	Seite 192, 193
5 Nimm für Satz (2) sinnvolle Ersatzproben vor: *(1) Ein Polizist kann eine Person überwachen.* *(2) Der Polizist überwacht die Person zum Beispiel durch ein Loch in der Zeitung.*	***Er beobachtet sie*** *zum Beispiel durch ein Loch in der Zeitung.*	Seite 196

Fragen an Partner 2	richtig	falsch, gehe zu:
1 Bestimme Subjekt und Prädikat: *Gerade hat der Kommissar das Alibi überprüft.*	Subjekt: *der Kommissar* Prädikat: *hat … überprüft*	Seite 190
2 Bestimme das Dativobjekt: *Er legte dem Täter Handschellen an.*	Dativobjekt: *dem Täter*	Seite 191
3 Bestimme das markierte Satzglied: *Vor Gericht schwieg der Verdächtige* ***bis zum Ende.***	adverbiale Bestimmung der Zeit	Seite 192, 193
4 Wiederhole den Satz ohne die adverbiale Bestimmung des Ortes: *Ab morgen werden am Tatort Spuren gesucht.*	*Ab morgen werden Spuren gesucht.*	Seite 192, 193
5 Nimm für Satz (2) sinnvolle Ersatzproben vor: *(1) Ein Polizist befragt einen Verdächtigen.* *(2) Der Polizist fragt den Verdächtigen zum Beispiel nach einem Alibi.*	***Er bittet ihn*** *zum Beispiel um ein Alibi.* *(oder:* ***fordert*** *von ihm ein Alibi, …)*	Seite 196

1 Testet euch gegenseitig: Jeder prüft seinen Lernpartner mit einem Fragebogen (Fragen an Partner 1 oder Partner 2). Deckt dabei die Lösungen ab und notiert die Antworten.
Tipp: Lest bei falschen Antworten noch einmal die Information auf der angegebenen Seite.

2 Übe weiter: Hast du höchstens 3 Antworten falsch, bearbeite die Aufgaben Seite 201–202. Hast du mehr als 3 Antworten falsch, dann bearbeite die Aufgaben Seite 199–200.

Üben: Satzglieder bestimmen, Satzgefüge bilden, Texte überarbeiten

A *Die Beute ist unter der* ? *vergraben.*
So viele Meter tief muss man graben (lies Satz B): ? .
B *Auf dem Polizeipräsidium verlieren die Polizisten am Abend ihren Mut.*

1 Wo ist die Beute? Der Einbrecher Karl Knacker hat für seine Komplizen ein Rätsel verfasst. Die Lösung findet man, wenn man **Satzglieder bestimmt.**

a Sucht mit Hilfe der folgenden Tabelle das fehlende Lösungswort zum Satz A. Übertragt die Tabelle ins Heft. Ergänzt sie richtig durch diese Fachbegriffe:

Prädikat Dativobjekt Akkusativobjekt
adverbiale Bestimmung Subjekt

Satzgliedfrage	= Satzglied	Lösungswort
Wer *oder* was?	...	*3. Buchstabe des Satzglieds: ...*
Was macht?	...	*5. Buchstabe des Satzglieds: ...*
Wann? Wo? Wie? Warum?	...	*5. Buchstabe des Satzglieds: ...*
Wem?	...	*10. Buchstabe des Satzglieds: ...*
Wen *oder* was?	...	*13. Buchstabe des Satzglieds: ...*

b Wie viele Meter tief muss man nach der Beute graben? Zählt die Satzglieder im Satz B.
Tipp: Findet die Satzglieder mit Hilfe der Umstellprobe (▸ S. 189).

c Schreibt Satz B ins Heft. Notiert unter den einzelnen Satzgliedern den richtigen Fachbegriff.

d Sortiert die Fachbegriffe nach dem Alphabet: *1. adverbiale ..., 2. ..., 3. ...*
Tipp: Die Anfangsbuchstaben bilden den Code am Schloss der Beute.

2 Mit einer Geheimschrift hat ein Einbrecher für seine Komplizen eine Nachricht verfasst. Ihr könnt das Rätsel lösen, wenn ihr **Haupt- und Nebensätze** zu zwei Sätzen verbindet.

A	?	*warte*		?
B	?	?		*schläft.*
C	?	*stehst*	?	
D	?	?	?	*stört.*

a Bestimmt, welche Sätze entweder ein Hauptsatz oder ein Nebensatz sein müssen. Schreibt ins Heft: *Satz A ist ein ... Satz B ist ein ... Satz C ist ein ... Satz D ist ein ...*

b Findet die zwei Sätze. Ergänzt im Heft Haupt- und Nebensätze sinnvoll durch folgende Bausteine und die passenden Verknüpfungswörter:
Tipp: Die beiden Sätze bestehen aus jeweils einem Haupt- und einem Nebensatz.

im Garten vor dem Haus
Ich uns niemand
die Frau Du

damit
bis weil
als

A falsch: Ich hatte langen Reise hinter mir.
richtig: *Ich hatte eine lange Reise hinter mir.* Erklärung: *Was hatte ich hinter mir? eine lange Reise*
B falsch: Ich habe böse Dieb nicht gesehen.
C falsch: Der Dieb nahm mich die Geldbörse ab.
D falsch: Die Polizisten kam zu spät.

3 Ein Diebstahlopfer hat in seiner Aussage vor Aufregung viele Fehler gemacht.
Verbessert die Fehler in den Sätzen B–D wie im Beispiel A. Arbeitet im Heft.

Wie man sich vor Taschendieben schützt	Tipps für die Textüberarbeitung
1. Nimm nicht viel Bargeld mit. Nimm nur das Notwendige mit.	Verbindet die Sätze: *so viel … wie*
2. Sei aufmerksam und achte auf Taschendiebe.	Nutzt die Erweiterungsprobe. Fügt adverbiale Bestimmungen ein: – *besonders … Gedränge* – *ganz bewusst*
3. Bezahle so, dass Fremde oder andere Leute, die vorbeikommen oder in der Nähe sind, nicht in deine Geldbörse schauen können.	Nutzt die Weglassprobe: Streicht Überflüssiges.
4. Verstecke Geld und Handy. Verstecke Geld und Handy in verschlossenen Innentaschen.	Nutzt die Ersatzprobe: Ersetzt das Unterstrichene, z. B. durch *tragen*.
5. Du solltest Taschen oder Rücksäcke verschließen und vorn auf dem Körper tragen.	Wendet die Umstellprobe an. Beginne mit *Taschen*.

4 Ein Mitschüler hat für die Schülerzeitung einen Text verfasst. Der Titel lautet: „Wie man sich vor Taschendieben schützt". Ein Schreibprofi hat den Text geprüft und Tipps für die Überarbeitung notiert.
a Greift die Tipps des Schreibprofis auf. **Überarbeitet den Text** im Heft.
b Kennt ihr eine sechste Regel zum Schutz vor Taschendieben? Formuliert sie.

Lösungen
1 a Lösungswort: Birke Su**b**jekt, Prädi**k**at, adve**r**biale Bestimmung, Dativobje**k**t, Akkusativobj**e**kt
b 5 m, da 5 Satzglieder: Auf dem Polizeipräsidium | verlieren | die Polizisten | am Abend | ihren Mut.
c/d Code: aPSaA adverbiale Best. des Ortes | Prädikat | Subjekt | adverbiale Best. der Zeit | Akkusativobjekt
2 a Satz A und C sind Hauptsätze (Personalform des Prädikats an 2. Stelle), Satz B und D sind Nebensätze (Prädikat am Satzende).
b 1 Ich warte im Garten, bis die Frau schläft. 2 Du stehst vor dem Haus, damit uns niemand stört.
3 B Ich habe **den**böse**n** Dieb nicht gesehen. → Erklärung: Wen habe ich nicht gesehen? Akkusativ: den bösen Dieb
C Der Dieb nahm mi**r** die Geldbörse ab. → Erklärung: Wem nahm der Dieb die Geldbörse ab? Dativ: mir
D Die Polizisten kam**en** zu spät. → Erklärung: „Die Polizisten" steht im Plural, also: kamen
4 a/b z. B.: 1. Nimm nur so viel Bargeld mit, wie notwendig ist. 2. Sei besonders im Gedränge aufmerksam und achte ganz bewusst auf Taschendiebe. 3. Bezahle so, dass Fremde nicht in deine Geldbörse schauen können. 4. Verstecke Geld und Handy. Trage beides in verschlossenen Innentaschen. 5. Taschen oder Rucksäcke solltest du verschließen und vorn auf dem Körper tragen. 6. z. B.: Wechsle keinem Fremden Geld.

●●○ Üben: Satzglieder bestimmen, Satzgefüge bilden, Texte überarbeiten

A *Die Beute ist unter den ? vergraben.*
B *Jch glaube der Polizei seit damals kein Wort.*
So viele Meter tief muss man graben (lies Satz C): ? .
C *Jm Präsidium haben die Polizisten nach dem Fall ihrem neuen Chef ihre Kündigung übergeben.*

1 Wo ist die Beute? Der Einbrecher Karl Knacker hat für seine Komplizen ein Rätsel verfasst. Die Lösung findet man, wenn man **Satzglieder bestimmt.**

a Sucht mit Hilfe der folgenden Tabelle das fehlende Lösungswort zum Satz A. Übertragt die Tabelle ins Heft. Ergänzt die Fachbegriffe für die Satzglieder zu Satz B.

b Bildet aus den Lösungsbuchstaben ein Wort, das in die Lücke in Satz A passt.

Satz B	Satzglied	Lösungsbuchstaben zu Satz A
Ich	...	*1. Buchstabe des Satzglieds: ...*
glaube	...	*2. Buchstabe des Satzglieds: ...*
der Polizei	...	*6. Buchstabe des Satzglieds: ...*
seit damals	...	*19. Buchstabe des Satzglieds: ...*
kein Wort.	...	*13. Buchstabe des Satzglieds: ...*

c Wie viele Meter tief muss man nach der Beute graben?
Zählt, aus wie vielen Wörtern im Satz C die folgenden Satzglieder bestehen: die adverbiale Bestimmung der Zeit, das Prädikat und das Dativobjekt?

d Ordnet im Heft die folgenden Satzglieder dem nachstehenden Lückentext richtig zu:
Tipp: Die Anfangsbuchstaben der Satzglieder bilden den Code am Schloss der Beute.

verzweifelt in seinem Notizbuch
seit März wegen seiner Ratlosigkeit

? *(adverbiale Bestimmung der Zeit)* arbeitet Kommissar Finn ? *(adverbiale Bestimmung der Art und Weise)* an dem Fall. ? *(adverbiale Bestimmung des Ortes)* häufen sich ? *(adverbiale Bestimmung des Grundes)* die Fragen.

2 Mit einer Geheimschrift hat ein Einbrecher für seine Komplizen eine Nachricht verfasst.

a Bestimmt Haupt- und Nebensätze.

b Schreibt die beiden Sätze ins Heft. Sie bestehen aus einem Haupt- und einem Nebensatz.
Tipp: Es geht um: *im Garten warten, Frau schläft, vor dem Haus, niemanden überraschen.*

A	?	?	?	*überrascht.*
B	?	*warte*		?
C	?	?		*schläft.*
D	*Du bleibst*	?		*stehen*

A falsch: Ich hatte langen Reise hinter mir.
richtig: *Ich hatte eine lange Reise hinter mir.* Erklärung: *Was hatte ich hinter mir? eine lange Reise*

B falsch: Ich habe böse Dieb nicht wahrgenehmt. (Achtung: 2 Fehler)

C falsch: Der Dieb nahm mich der Geldbeutel ab. (Achtung: 2 Fehler)

D falsch: Der Polizist kamen auf Grund eines Staus zu spät.

3 Ein Diebstahlopfer hat in seiner Aussage vor Aufregung viele Fehler gemacht. **Verbessert die Fehler** in den Sätzen B–D wie im Beispiel A. Arbeitet im Heft.

Wie man sich vor Taschendieben schützt	Tipps für die Textüberarbeitung
1. Nimm nicht viel Bargeld mit. Nimm nur das Notwendige mit.	Verbindet die Sätze.
2. Sei aufmerksam und achte auf Taschendiebe.	Nutzt die Erweiterungsprobe. – Ergänzt bei „aufmerksam" eine adverbiale Bestimmung des Ortes. – Ergänzt bei „achte" eine adverbiale Bestimmung der Art und Weise.
3. Bezahle so, dass Fremde oder andere Leute, die vorbeikommen oder in der Nähe sind, nicht in deine Geldbörse schauen können.	Nutzt die Weglassprobe: Streicht Überflüssiges.
4. Verstecke Geld und Handy. Verstecke Geld und Handy in verschlossenen Innentaschen.	Nutzt die Ersatzprobe.
5. Du solltest Taschen oder Rücksäcke verschließen und vorn auf dem Körper tragen.	Wendet die Umstellprobe an.

4 Ein Mitschüler hat für die Schülerzeitung einen Text mit dem Titel „Wie man sich vor Taschendieben schützt" verfasst. Ein Schreibprofi hat den Text geprüft und Tipps für die Überarbeitung notiert.

a Greift die Tipps des Schreibprofis auf. **Überarbeitet den Text** im Heft.

b Kennt ihr eine sechste Regel zum Schutz vor Taschendieben? Formuliert sie.

Lösungen

1 a Lösungswort: Rosen **S**ubjekt, P**r**ädikat, Dativ**o**bjekt, adverbiale Bestimmu**n**g der Zeit, Akkusativobj**e**kt
b 8 Meter, da 8 Wörter: adv. Best. der Zeit: *nach dem Fall*, Prädikat: *haben übergeben*, Dativobjekt: *ihrem neuen Chef*
c Code: sviw **s**eit März, **v**erzweifelt, **i**n seinem Notizbuch, **w**egen seiner Ratlosigkeit

2 a B und D sind Hauptsätze (Personalform Prädikat an 2. Stelle), A und C sind Nebensätze (Prädikat am Satzende).
b 1 Ich warte im Garten, bis die Frau schläft. 2 Du bleibst vor dem Haus stehen, damit uns niemand überrascht.

3 B Ich habe **den** böse**n** Dieb nicht wahrgen**ommen**. → Erklärung: Wen habe ich nicht …? Akkusativ: den bösen Dieb; Partizip II: wahrgenommen
C Der Dieb nahm mi**r den** Geldbeutel ab. → Erklärung: Wem nahm …? Dativ: mir; Wen …? Akkusativ: den Geldbeutel
D Der Polizist kam~~en~~ auf Grund eines Staus zu spät. → Erklärung: „Der Polizist" steht im Singular, also: kam

4 a/b z. B.: 1. Nimm nur so viel Bargeld mit, wie notwendig ist. 2. Sei besonders im Gedränge aufmerksam und achte ganz bewusst auf Taschendiebe. 3. Bezahle so, dass Fremde nicht in deine Geldbörse schauen können. 4. Verstecke Geld und Handy. Trage beides in verschlossenen Innentaschen. 5. Taschen oder Rucksäcke solltest du verschließen und vorn auf dem Körper tragen. 6. z. B. Wechsle keinem Fremden Geld.

11.3 Fit in ...! – Einen Text überarbeiten

Stellt euch vor, ihr bekommt in der nächsten Klassenarbeit die folgende Aufgabe gestellt.

Aufgabe
Eine Schülerzeitung sucht Geschichten zum Thema „Diebstähle, die keine waren“. Elsa will den folgenden Text einsenden. Er muss aber noch überarbeitet werden. Verbessere Elsas Text mit Hilfe der Hinweise in der rechten Spalte.

(1) Am Sonntag radelte ich mit meiner Freundin zum See. Wir wollten baden gehen. Die Sonne schien.
(2) Unser Fahrräder ketteten wir an ein Baum, zogen uns die Badesache an und springten in Wasser.
(3) Als wir aus dem Wasser stiegen, blickte ich auf die Stelle, an der unsere Räder gestanden hatten.
(4) Mein Rad war verschwunden. Ich suchte mein Rad im Wald. Ich suchte mein Rad am Ufer. Mein Rad blieb verschwunden. Plötzlich sah ich mein Rad an einem Baum lehnen. Mein Bruder stand daneben. Mein Bruder kannte die Schlüsselzahl der Fahrradkette und mein Bruder fand es lustig, mein Fahrrad zu entführen.

Tipps für die Überarbeitung
Verbinde in (1) die Sätze.
Verbessere in (2) die grammatischen Fehler.
Ergänze in (3) zwei passende adverbiale Bestimmungen.
Vermeide in Abschnitt (4) Wiederholungen durch die Ersatzprobe.
Nutze die Umstellprobe, um gleiche Satzanfänge zu vermeiden.
Finde auch einen Schlusssatz für die Erzählung und eine Überschrift.

Die Aufgabe richtig verstehen

1 Was verlangt die Aufgabe von euch?
Findet für die Satzanfänge A–E die richtige Fortsetzung. Schreibt die fünf Sätze ins Heft.
Tipp: Wenn ihr die Sätze richtig zugeordnet habt, ergeben die Buchstaben rechts ein Lob.

A Im Abschnitt (1) muss ich ...
B Im Abschnitt (2) muss ich ...
C Im Abschnitt (3) muss ich ...
D Im Abschnitt (4) muss ich ...
E Ganz am Ende muss ich ...

P mir nähere Umstände überlegen und passende adverbiale Bestimmungen einfügen.
R noch einen letzten Satz für die Geschichte und eine Überschrift finden.
N überflüssige Wörter wegstreichen.
S aus drei Sätzen einen machen.
A alles unverändert abschreiben.
U auf Fehler an den Wortenden achten.
E gleiche Wörter und gleiche Satzanfänge suchen und durch Proben verändern.

Planen und schreiben

2 Bearbeitet **Abschnitt (1).**

a Sucht aus dem Kasten rechts Verbindungswörter, die euch helfen können, die Sätze sinnvoll zu verknüpfen.

b Verbindet die drei Sätze zu einem Satzgefüge.

Verknüpfungswörter
denn da weil und oder nachdem obwohl ...

3 Bearbeitet **Abschnitt (2).**

a Merkt euch den Satz vor dem Komma. Sprecht ihn mit allen richtigen Endungen.

b Schaut in den Text und sucht die beiden Fehler.

c Findet im Satz nach dem Komma die drei Fehler.
Geht so vor wie in Aufgabe 3 a/b.

4 Bearbeitet **Abschnitt (3).**

a Notiert Umstände, die das Geschehen genauer beschreiben:
- adverbiale Bestimmung der Zeit: *Wann?*
- adverbiale Bestimmung des Ortes: *Wo? Von wo?*
- adverbiale Bestimmung der Art und Weise: *Wie?*
- adverbiale Bestimmung des Grundes: *Warum?*

b Fügt eure adverbialen Bestimmungen richtig in Elsas Texte ein.

5 Bearbeitet **Abschnitt (4).**

a Prüft, was geändert werden muss. Achtet nacheinander auf:
- Verben, die sich wiederholen,
- Nomen, die sich wiederholen,
- Satzanfänge, die sich wiederholen.

b Notiert, wie ihr die Sätze sinnvoll umformulieren könnt:

- *Ich vermeide die Wiederholung gleicher Verben durch: ...*
- *Ich vermeide die Wiederholung gleicher Nomen durch: ...*
- *Ich vermeide gleiche Satzanfänge durch: ...*

c Schreibt Abschnitt (4) um.

6 Bearbeitet Beginn und Schluss des Textes.
Lest bei den Tipps für die Überarbeitung (▸ S. 203) nach, was ihr zum Schluss tun sollt.

Die Überarbeitung prüfen

7 a Prüft in einem ersten Durchgang die Rechtschreibung.
Habt ihr Rechtschreibfehler vermieden?

b Prüft in einem zweiten Durchgang, ob ihr alle Tipps für die Überarbeitung (▸ S. 203) vollständig erfüllt habt. Arbeitet sie sonst noch ein.

12 Rechtschreibstrategien erarbeiten – Regeln finden

1 Nennt die Strategien, die ihr kennt, um Carolins Fragen zu beantworten.

2 Betrachtet die Bälle, die der Jongleur in die Luft wirft. Kennt ihr die Zeichen auf den Bällen?
Ordnet die 7 Strategien auf dem Podest den 7 Bällen zu.

In diesem Kapitel ...

- wiederholt ihr Rechtschreibstrategien, mit denen ihr die Schreibweisen der meisten Wörter erklären und sehr viele Fehler vermeiden könnt,
- nutzt ihr die Strategien, um Rechtschreibregeln zu erforschen,
- findet ihr mit Hilfe der Strategien eure Fehlerschwerpunkte.

12.1 So geht es! – Strategien wiederholen und vertiefen

Strategie Schwingen – Wörter in Silben sprechen

der Buchstabensalat die Autoreifenkontrolle die Polizeisirene
die Forelleneier die Kartoffelfeuerrauchwolken die Sonnenblumenmargarine

1 a Schreibt die Wörter ins Heft.
b Nennt Schwierigkeiten, die ihr vielleicht hattet, als ihr die Wörter geschrieben habt, z. B.:
Ich habe …
- Buchstaben verwechselt.
- Buchstaben vergessen.
- Buchstaben vertauscht.
- ganze Teile des Wortes vergessen.
- zu viele Buchstaben geschrieben.

Durch Schwingen besser schreiben

der Papageientaucher die Kamelkarawane das Telefonsignal die Bitterschokolade
die Buchstabensuppennudel die Winterapfelschale die Sonnenscheindauer
der Winterwolkenhimmel die Seidenraupenzucht das Paprikagericht
die Sommerschmetterlinge die Speisepilzarten die Wunderkerzenfunken

2 **Partnerdiktat:**
a Diktiert euch gegenseitig alle Wörter. Sprecht langsam und deutlich.
Tipp: Nutzt die Schwing-Strategie, wenn ihr schreibt (▸ Methode).
b Tauscht eure Hefte. Prüft, ob alle Wörter richtig geschrieben sind.
c Berichtigt falsch geschriebene Wörter.

3 Legt im Heft eine Tabelle an.
Ordnet die Wörter aus Aufgabe 1 und 2 nach der Zahl ihrer Silben ein, z. B.:

Wörter mit 5 Silben	Wörter mit 6 Silben	Wörter mit 7 Silben	Wörter mit 8 Silben
Buch sta ben sa lat	…	…	…

Methode **Wörter schwingen**

- **Vor** dem Schreiben: **Sprecht** die Wörter **deutlich in Silben.** Zeichnet Silbenbögen in die Luft.
- **Beim** Schreiben: Sprecht die Silben leise mit. Sprecht nicht schneller, als ihr schreibt.
- **Nach** dem Schreiben: Prüft, ob ihr richtig geschrieben habt. Zeichnet dazu die Silbenbögen unter jede Silbe und sprecht leise mit.

Tipp: Das Schwingen hilft auch, wenn ihr ganze Texte abschreibt.

Wenn wir keine Vokale hätten, dann ...

Josef Guggenmos

Das o und alle drei e

Das o und alle drei e
gingen auf Urlaubsreise –
da knurrte das Dnnrwttr
nur noch merkwürdig leise.

1 a Wie heißt das Wort, in dem die Buchstaben fehlen?
b Überlegt, warum das „Dnnrwttr“ nur noch leise „knurrte“.
c Versucht, das Wort „Dnnrwttr“ ohne Vokale laut zu lesen. Was merkt ihr?

2 a Formuliert die Überschrift „Wenn wir keine Vokale hätten, dann ...“ in eurem Heft zu Ende. Ergänzt darunter diese beiden Sätze:
Ein ... ist das Zentrum der Silbe. Vokale sind die Buchstaben: a, ...
b Findet heraus, welche Vokale hier fehlen. Schreibt die Wörter richtig ins Heft.

das Klssnzmmr   der Knflm   der Schlttnhnd   die Bttrmlch   die Hmmlbttn   das Tschntch

Offene und geschlossene Silben unterscheiden

erste Silbe ... Der Vokal wird ... gesprochen.			**erste Silbe ...** Der Vokal wird ... gesprochen.		
die Blume	die Bluse	die Blase	die Bremse	die Welten	die Zelte

3 a Übertragt die Tabelle in euer Heft.
– Markiert die 1. Silbe des Wortes grün, wenn sie mit einem Vokal endet.
– Markiert die 1. Silbe des Wortes orange, wenn sie mit einem Konsonanten endet.
b Lest die Wörter deutlich in Silben. Wann wird der Vokal lang und wann kurz gesprochen? Ergänzt im Heft den Kopf eurer Tabelle. Setzt ein: *offen, geschlossen, lang, kurz.*

4 Bearbeitet Aufgabe a oder b:
●●● a Findet weitere Wörter und tragt sie richtig in die Tabelle ein.
●○○ b Tragt die folgenden Verben in die richtige Tabellenspalte ein:
halten, meinen, rasen, werden, treten, warten, schneiden, geben, leben, lernen, rechnen

Information **Offene und geschlossene Silben unterscheiden**

- Enden Silben mit einem **Vokal,** nennt man sie offen. Man spricht den **Vokal lang.**
- Enden Silben mit einem **Konsonanten,** nennt man sie geschlossen. Man spricht den **Vokal kurz.**

Strategie Verlängern – Einsilber und unklare Auslaute

es klumpt – lieb	die Bank – der Zwerg	bunt – rund
der Lump – das Sieb	das Werk – der Berg	das Zelt – das Geld
plump – das Kalb	der Schrank – der Weg	der Hut – der Held

1 a Lest die Einsilber deutlich. An welcher Stelle sprecht ihr anders, als ihr schreibt?
b Fügt eine weitere Silbe an das Wort an. So könnt ihr die richtige Schreibweise am Ende des Wortes (Auslaut) beweisen, z. B.: *lieb – denn: lie ben.*

Hier schreibt man, wie man spricht	Hier schreibt man anders, als man spricht
es klumpt – denn: klumpen	*lieb – denn: lieben*
…	…

2 a Übertragt die Tabelle in euer Heft. Ordnet die Einsilber aus Aufgabe 1 richtig ein.
b Markiert den Buchstaben, den ihr anders sprecht, als ihr schreibt. Schreibt die Beweiswörter wie im Beispiel dazu.

3 Lest die Wörter in Silben. Welches Problem haben sie mit den Einsilbern gemeinsam? Tragt diese Wörter richtig mit Beweiswort in die Tabelle aus Aufgabe 1 ein, z. B.:

das Teleskop	der Urlaub	der Betrieb
der Nachschub	der Belag	die Technik
der Umschlag	der Anzug	der Abend
der Bussard	der Kamerad	der Kandidat

das Teleskop – denn: die Teleskope, der Urlaub – denn: die Urlauber

4 Die Endungen *-ig* und *-lich* sind nicht immer eindeutig zu hören. Verlängern hilft. Schreibt die folgenden Adjektive mit den Verlängerungsformen ins Heft, z. B.:

niedrig fröhlich wellig bucklig
abscheulich zickig dreckig
niedlich kribbelig

niedrig – denn: niedriger als

Methode **Wörter verlängern**

- Beim Schwingen kann man in der Regel jeden Buchstaben deutlich hören, z. B.: *der Som mer.*
- Bei Einsilbern und am Wortende kann man Buchstaben aber nicht immer sicher zuordnen, z. B.: *der Ber**g**, der Umschla**g**.*

Dann hilft die Strategie „Verlängern". **Verlängern** heißt: **Man fügt an das Wort eine Silbe an,** z. B.:

der Berg – denn: die Ber ge, der Umschlag – denn: die Umschlä ge.

der Pfiff der Schliff der Knall der Zoll der Schwamm der Abfall der Anpfiff der Zufall
der Beginn der Gewinn der Zeh das Reh die Kuh der Schuh der Floh

5 a Sprecht die Wörter deutlich in Silben.
Benennt die Stelle, an der man nicht genau hören kann, wie man schreibt.
b Schreibt die Wörter untereinander ab und markiert die unklaren Stellen.
Verlängert die Wörter und schreibt das jeweilige Beweiswort dazu, z. B.: *der Pfiff – denn: die Pfiffe.*
c Vergleicht in Partnerarbeit eure Ergebnisse.

sagt der Grund nagt nass die Nuss tobt das Land lobt bellt schnellt
der Kuss nennt der Ball muss fromm soll will nett glatt rund gesund
der Verband der Sand der Strand schellt hofft hell spinnt dünn klug

6 An der Art, wie man Wörter verlängert, kann man auch ihre Wortart (► S. 170–179) erkennen.
Legt im Heft die folgende Tabelle an. Ordnet je 5 Wörter mit ihrem Beweiswort ein, z. B.:

Nomen in die Mehrzahl (Plural) setzen	Verben in eine andere Personalform setzen	Adjektive steigern
*der Grund – **die** Gründe*	*sagt – **wir** sagen*	*nass – nasser **als***

7 Wählt Aufgabe a oder b.
●●● a Bereitet einen kleinen Vortrag vor. Er sollte folgende Fragen beantworten:
– Welche Rechtschreibprobleme können am Wortende und bei Einsilbern auftreten?
– Was heißt „Verlängern"?
– Was kann man durch Verlängern herausfinden?
●○○ b Wählt 5 Wörter aus diesem Kapitel und diktiert sie euch gegenseitig.
Beweist auch die Schreibweise durch ein Beweiswort und bestimmt die Wortart.

Information **Wobei das Verlängern hilft**

Wenn man **Wörter mit unklarem Auslaut** verlängert, findet man heraus, wie sie am Wortende geschrieben werden:

- mit ***b* oder *p*, *g* oder *k*, *d* oder *t*?** *der Sta**b** – die Stä**b**e, der Zwer**g** – die Zwer**g**e* usw.
- mit **doppeltem Konsonanten?** *der Schwa**mm** – die Schwä**mm**e*
- mit ***h*?** *der Ze**h** – die Ze**h**en*

Verlängern geht so:

- **Nomen** setzt man in die Mehrzahl: *der Stall – **die** Ställe*
- **Verben** setzt man in eine andere Personalform: *schwimmt – **wir** schwimmen*
- **Adjektive** steigert man: *still – still**er als***

Strategie Zerlegen – Zusammengesetzte Wörter

der Sommerhimmel   der Fleckenentferner   der Zirkuselefant   der Schokoladenosterhase

1 Lest die Wörter deutlich in Silben. Prüft, ob man sie spricht, wie man sie schreibt.

die Windkraft   der Bergstiefel   der Hemdkragen   die Heftrandbreite
der Strandkorb   der Stammbaum   der Radwanderweg   die Wandtapete

2 a Lest die Wörter deutlich in Silben. Findet die unklaren Stellen.
b Tauscht euch über eure Ergebnisse aus Aufgabe 1 und 2 a aus.
Überlegt: Wie findet man heraus, wie man die Wörter mit den unklaren Stellen richtig schreibt?

3 a Übertragt die Tabelle ins Heft. Ordnet die Wörter aus Aufgabe 1 und 2 a richtig ein.
b Vergleicht eure Ergebnisse im **Lerntempoduett,** d. h.:
Wer fertig ist, meldet sich und geht zu demjenigen, der auch fertig ist und sich meldet.

Wörter, die man nur schwingen muss	**Wörter, die man zerlegen und dann verlängern muss**
der Sommer|himmel	*die Wind|kraft – denn: die Winde*

Nora Clormann-Lietz

Langeweile? Tu was!

Roll möpse
Speise eis
Mal stifte
Rate spiele
Bau klötze
Fang körbe
Schüttel reime
Lösch blätter
Schnür senkel
Weck gläser
Angel ruten
Back erbsen
Füll hörner
Wähl scheiben
Zieh federn
Zerr spiegel
Dreh türen
Tritt bretter
Kipp schalter
Tipp fehler
Gieß kannen
[...]
Fahr spuren
Stoß stangen
Klammer beutel
Lenk stangen
Schaukel pferde
Puste blumen
Kneif zangen

4 Übt für einen Vortrag. Lest das Gedicht zu zweit.
Es soll deutlich werden, dass es Befehle sind.

5 a Welches Wort müsste je Vers eigentlich großgeschrieben werden?
b Wandelt die Gedichtverse wieder in zusammengesetzte Wörter um, z. B.:
die Rollmöpse   das Speise ...
c Setzt das Strategiezeichen über die Stelle, die ihr verlängern müsst.
Notiert auch das Beweiswort: *Rollmöpse – denn: rollen*

Strategie Zerlegen – Bausteine abtrennen, Verlängerungsstellen suchen

endlos stündlich bildlich randlos schadhaft täglich stimmlich
kindlich kündbar fassbar fettlos blattlos Kundschaft Kindheit Wildheit
Blindheit Grobheit Feindschaft Taubheit Landschaft Mannschaft
Trägheit Herrschaft Freundschaft

1 a Lest die Wörter deutlich in Silben.
b Überlegt in Gruppen:
– Welche Stellen schreibt man anders, als man sie spricht?
– Wie kann man vorgehen, um die Verlängerungsstellen zu finden?

2 Wählt Aufgabe a oder b.
a Schreibt nacheinander jedes Wort aus Aufgabe 1 in euer Heft.
Bearbeitet die Wörter jeweils nach dem folgenden Beispiel: *end|los – denn: das Ende*
b Legt zwei Spalten im Heft an. Ordnet die Wörter aus Aufgabe 1 so ein:

Nomen	Adjektive
die Kund|schaft – denn: der Kunde	*end|los – denn: das Ende*

3 Ein **Rechtschreibspiel** für 4 bis 6 Personen:
a Schreibt die Wörter aus Aufgabe 1 auf Kärtchen. Legt sie verdeckt in die Mitte eures Tisches.
b Zieht eine Karte und fragt den rechten Nachbarn nach der Schreibweise.
Wenn er sie richtig beweist, bekommt er das Kärtchen. Wechselt euch im Uhrzeigersinn ab.

4 Bildet Wörter, indem ihr die folgenden Bausteine sinnvoll miteinander verbindet.

wild bekannt fremd dumm klug blind
taub Neid Land Schuld Freund Rand

-lich -los -heit -haft -bar

Methode **Wörter zerlegen, Bausteine abtrennen**

- Die unklaren Laute in zusammengesetzten Wörtern findet man, indem man sie **zerlegt**, z. B.:
  *das Schwi**mm**|bad – denn: schwi**mm**en, die Bä**d**er.*
- Auch wenn man **Bausteine abtrennt**,
  kann man Verlängerungsstellen finden, z. B.: *en**d**los, en**d**lich – denn: das Ende.*
- Die Bausteine ***-ig, -lig, -lich, -los, -bar, -haft*** kennzeichnen **Adjektive.**
- Die Bausteine ***-heit*** und ***-schaft*** kennzeichnen **Nomen.**

Strategie Ableiten – Wörter mit *ä* und *äu*

der Trecker – der Bäcker	er hält – er bellt	kämmen – kennen
die Leute – läuten	die Meute – die Mäuse	heute – häuten

1
a Lest die Wörter deutlich in Silben. Nennt die Buchstaben, die man verwechseln kann.
b Überlegt in Partnerarbeit, wie man die richtigen Schreibweisen herausfinden kann.
c Prüft eure Antwort zu Aufgabe 1 b mit Hilfe der Methode unten auf der Seite.

die Plätze die Leute kräftig gefährlich verständlich mächtig ängstlich
gespenstisch klären schwärmen rennen schälen die Späne die Schwäne

2
a Lest die Wörter. Schreibt untereinander ins Heft nur die Wörter mit *ä*.
b Markiert die unklare Stelle mit dem Strategiezeichen: .
c Begründet die Schreibweise durch ein Beweiswort, z. B.: *die Plätze – denn: der Platz.*

die Räume die Beute die Zäune die Läuse äußerlich aufräumen die Kräuter
säubern bäuerlich meutern das Gebäude die Säue die Zeugen streuen leugnen

3
a Lest die Wörter. Schreibt untereinander ins Heft nur die Wörter mit *äu*.
b Markiert die unklare Stelle mit dem Strategiezeichen: .
c Begründet die Schreibweise durch ein Beweiswort, z. B.: *die Bräute – denn: die Braut.*

4 Alle Wörter einer Wortfamilie behalten ihre Schreibweise, z. B.:
der Schwarm: schwärmen schwärmerisch Fischschwärme ausschwärmen
Bearbeitet Aufgabe a/c oder b/c.
a Bildet Wortfamilien zu den Wörtern *klären* und *räumen*. Schreibt sie ins Heft.
b Findet eigene Beispiele für Wörter mit *ä* und *äu*. Schreibt sie ins Heft.
c Tauscht euch in Partnerarbeit aus. Ergänzt eure Wörterlisten.

5 **Wettbewerb:**
a Diktiert euch gegenseitig die Wörter von dieser Seite.
b Begründet die jeweilige Schreibweise durch ein Beweiswort.
Dafür gibt es je einen Punkt.

Methode **Wörter mit *ä* und *äu* ableiten**

Ableiten heißt: **verwandte Wörter mit *ä* und *äu* finden.**
- **Normalerweise** schreibt man ***e*** oder ***eu***.
- Wenn es **verwandte Wörter mit *a* oder *au* gibt,** dann schreibt man ***ä* oder *äu*,** z. B.:

  *die Welt – aber: er tr**ä**gt, denn: tr**a**gen* *die Leute – aber: **läu**ten, denn: **lau**t*

Tipp: Wörter wie **Säbel** und **Bär** muss man sich **merken,** weil es kein verwandtes Wort mit *a* gibt.

Nomen erkennen und großschreiben

Nomen haben einen Artikel

Kirche Kind Geburtstag Stern Grenze Putzmittel Pudel Berg
Serie Sofa Stille Sieg Tag Schule Koffer Kalb

1 Nomen erkennt ihr daran, dass zu ihnen ein Artikel gehört: *der, die* oder *das*.
a Legt im Heft drei Spalten an: *der = männlich, die = weiblich, das = sächlich.*
b Ordnet die Nomen mit dem richtigen Artikel in die Spalten ein.

Nomen haben typische Endungen

feige	reich	einig	frei	Freund	-nis	-heit
freundlich	bitter	eigen	blind		-keit	-ung
heiter	frech	klug	gleich		-schaft	-tum

2 a Bildet mit den Wörtern links Nomen. Hängt dazu Bausteine aus dem Puzzleteil rechts an. Schreibt die Wörter mit ihrem Artikel ins Heft, z. B.: *die Feigheit*.
b Vergleicht in Partnerarbeit. Wie viele unterschiedliche Wörter habt ihr gebildet?

Nomen in Texten haben verschiedene Begleiter

Zehn zickige ziegen zogen zwanzig zentner zucker zum zug.
Wenn fliegen hinter fliegen fliegen, fliegen fliegen fliegen nach.
Zehn zwitschernde spatzen machten zwanzig zierlichen zeisigen ziemliche gesangskonkurrenz.

3 a Lest die Zungenbrecher möglichst schnell und fehlerfrei.
b Findet die Nomen, die fälschlicherweise kleingeschrieben wurden (▶ Methode).
c Schreibt die Zungenbrecher richtig in euer Heft und vergleicht eure Lösungen.

Methode **Nomen durch Proben erkennen**

Nomen schreibt man groß.
Wörter mit den **Endungen *-heit, -keit, -nis, -schaft, -tum, -ung*** sind Nomen.
In Texten erkennt man sie mit Hilfe von drei **Proben.**

- **Artikelprobe:** Vor Nomen kann man einen Artikel setzen, z. B.: ***die*** *Ziege*, ***der*** *Zucker*, ***ein*** *Pferd.* Artikel können sich auch „verstecken", z. B.: *zur (= zu der), beim (= bei dem), zum (= zu dem)* usw.
- **Zählprobe:** Nomen kann man zählen, z. B.: ***zwei, drei, zehn, viele, einige*** *Ziegen.*
- **Adjektivprobe:** Nomen kann man durch Adjektive näher beschreiben, z. B.: *die* ***zickige*** *Ziege.*

Sally Nicholls

Wie man unsterblich wird

Sam, die Hauptfigur des Romans, hat einen großen Traum: eine Fahrt mit einem Luftschiff.

A Ein luftschiff besteht zum größten teil aus der hülle, einem langen, bohnenförmigen heißluftballon. Alles, was nicht hülle ist, befindet sich in der kabine unter dem ballon, die man gondel nennt. Hinten sind die motoren, in der mitte ist die kabine mit sitzen für passagiere, vorn die kanzel für die piloten […]. Das drittbeste an einem luftschiff ist der start. Erst fangen die motoren an zu sirren, und man ist total aufgeregt. Sie werden immer lauter, bis das luftschiff mit einem mal fast senkrecht in die luft schießt, sodass man regelrecht in den sitz gedrückt wird. Es ist unglaublich toll. Als das luftschiff eine stabile lage erreicht hatte, durften wir uns losschnallen und herumlaufen. Stanley und Raoul, die piloten, ließen uns während des fluges in die pilotenkabine kommen. Stanley ließ mich das steuer halten und nach rechts und links drehen. Ich habe also selbst ein luftschiff gesteuert. Das war das zweitbeste.

B Stanley hat uns genau erklärt, wie man *luftschiffpilot/Luftschiffpilot* wird. Er war zuerst normaler *flugzeugpilot/Flugzeugpilot,* aber dann hat er *Luftschiffe/luftschiffe* ausprobiert, und das gefiel ihm besser. Im *luftschiff/Luftschiff* kann man aus den *fenstern/Fenstern* bis ganz unten hinunterschauen, und man sieht alle *vögel/Vögel* vorbeifliegen, anders als bei *flugzeugen/Flugzeugen,* in denen man nur an ihnen vorbeirast.
Das Allerbeste aber war der *blick/Blick* aus den *fenstern/Fenstern.* Man konnte sie sogar aufmachen und sich hinauslehnen, sodass einem der *wind/Wind* ins *gesicht/Gesicht* und durch die *haare/Haare* weht. Man sieht alles ganz deutlich, wie auf einem *bild/Bild,* all die kleinen *hügel/Hügel* und *berge/Berge* und *seen/Seen,* die langsam unter einem vorbeitreiben.
Es war ein komisches *gefühl/Gefühl,* so hinauszuschauen, weil man einerseits von allem getrennt war – man konnte ja mit niemandem da unten reden und auch nicht in den *seen/Seen* schwimmen oder auf die *berge/Berge* steigen –, aber trotzdem noch irgendwie *teil/Teil* von allem war. Es war, als würde man ein *bild/Bild* ansehen, nur dass man nicht außerhalb des *rahmens/Rahmens* war.

1 Lest beide Textabschnitte. Was ist für Sam das Allerbeste, Zweitbeste und Drittbeste?
Am liebsten mag er … *Danach findet er …* *Auf dem dritten Platz seiner Bestenliste steht …*

2 Wählt Aufgabe a/c oder b/c.
- **a** Prüft im Abschnitt A, welche Wörter großgeschrieben werden müssen. Schreibt die Nomen mit ihren Begleitern ins Heft.
- **b** Prüft mit Hilfe der Nomenproben (▸ S. 213) Textabschnitt B. Welche Schreibweise ist die richtige? Schreibt die Nomen mit einem Begleiter ins Heft.
- **c** Vergleicht eure Ergebnisse mit einem Lernpartner, der den gleichen Abschnitt bearbeitet hat.

3 Diktiert euch gegenseitig in Partnerarbeit den Text, den ihr bearbeitet habt.

Verben werden Nomen

duschen säubern putzen pflegen lecken trockenlecken atmen auskühlen ablecken

1 Bestimmt die Wortart der aufgelisteten Wörter.

Tiere betreiben Körperpflege

A Für uns mag das Duschen lästig sein, aber es ist eine bequeme Art des Säuberns. Tiere lecken sich zum Putzen und Pflegen. Wir alle kennen das von Hunden und Katzen.
Aber das Säubern ist nicht der einzige Grund für das Lecken, es gibt noch ganz andere Gründe. So ist z. B. der erste Kontakt der Hündinnen mit ihren Nachkommen das Trockenlecken. Das erleichtert den Jungtieren das Atmen und es verhindert ein Auskühlen. Sind die Hunde größer, zeigen sie dem Menschen durch Ablecken der Hände, wen sie als Chef akzeptieren.

2 Im Text A werden die Verben aus Aufgabe 1 wie Nomen gebraucht und großgeschrieben.
a Schreibt den Text ab. Markiert die nominalisierten Verben und ihre Begleiter (▶ Information).
b Weist mit einer der Nomenproben (▶ S. 213) nach, dass die Verben wie Nomen verwendet werden.

B Schweine (sS)uhlen sich im Schlamm. Dabei ist das (sS)uhlen keine Schweinerei. Beim (tT)rocknen der Schlammkruste (sS)terben unliebsame Borstenbewohner. Dann (rR)ubbeln sie sich an einem Baum den Dreck von der Schwarte. Das (sS)cheuern ist eine echte Pflegekur, denn danach sind alle störenden Schweineborstenbewohner verschwunden.
Hühner dagegen (bB)aden im trockenen Sand. Dabei (sS)äubern sie ihr Gefieder. Die Flöhe und Milben ersticken beim (bB)aden im Staub. Beim anschließenden (sS)chütteln fliegt das Ungeziefer aus den Federn.

3 Entscheidet: Verb oder nominalisiertes Verb?
Wählt Aufgabe a oder b.
●●○ a Notiert die nominalisierten Verben mit ihren Begleitern aus Text B auf einen Zettel.
Erstellt mit diesen Beispielen ein Lernplakat: „Wie man nominalisierte Verben erkennt".
●○○ b Welche Verben werden großgeschrieben? Schreibt den Text richtig ins Heft.
Tipp: Weitere Übungen findet ihr in Kapitel 12.3, Station 10, S. 233.

Information **Nominalisierte Verben erkennen**

- **Verben** können **in ihrer Grundform** wie ein Nomen gebraucht werden.
  Man nennt das Nominalisierung. **Nominalisierte Verben schreibt man groß.**
- Nominalisierte Verben kann man mit Hilfe der **Artikelprobe** und der **Adjektivprobe** erkennen (▶ S. 213), z. B.: ***das** Lachen, **beim** Lachen, **lautes** Lachen, **das laute** Lachen.*

Adjektive werden Nomen

interessant normal besser groß ganz toll ungewöhnlich

1 Bestimmt die Wortart der aufgelisteten Wörter.

Pflegekuren

A Bei den Pflegegewohnheiten von Tieren kann man etwas Interessantes entdecken. Für manche Tiere ist es etwas Normales, sich selbst zu pflegen, andere haben etwas Besseres gefunden: Sie lassen sich pflegen.
Elefanten reinigen sich im Großen und Ganzen selber und gehen vor wie Schweine: Schlammbad genießen, trocknen lassen, abrubbeln – fertig!
Das Tolle daran: Auch Parasiten aus den Speck- und Hautfalten sind dann verschwunden. Nichts Ungewöhnliches für Tiere ist auch, sich in ihrem eigenen Urin zu waschen. Auch das überleben die unerwünschten Gäste nicht.

2 Im Text A werden die Adjektive aus Aufgabe 1 wie Nomen gebraucht und großgeschrieben.
a Schreibt den Text ab. Markiert die nominalisierten Adjektive und ihre Begleiter.
b Beweist mit der Artikelprobe (▶ S. 213), dass die Adjektive nominalisiert sind.

B Zu den Tieren, die sich pflegen lassen, gehören die Giraffen. Es hat etwas (wW)itziges, wenn auf ihrem Rücken die Madenhacker sitzen. Diese kleinen Vögel hacken alles weg, was da nicht hingehört. Das (gG)ute für die Giraffen: Sie werden sauber. Das (wW)ichtige für die Vögel: Sie werden satt.
Auch der Eichelhäher hat etwas (bB)equemes gefunden: Im (aA)llgemeinen setzt er sich, wenn er es nötig hat, in einen Ameisenhaufen, und die Ameisensäure ätzt alle unliebsamen Mitbewohner weg. Das (bB)este an dem Trick: Die Säure ist für den Vogel unschädlich.
Auch Fische müssen sich putzen. Sie haben etwas allen Wasserratten (bB)ekanntes entwickelt: Sie klatschen ins Wasser und töten ihre lästigen Mitbewohner ab.

3 Entscheidet: Adjektiv oder nominalisiertes Adjektiv?
Schreibt die nominalisierten Adjektive mit ihren Begleitern aus Text B ins Heft.

Information **Nominalisierte Adjektive erkennen**

- **Adjektive** können wie ein Nomen gebraucht werden.
  Man nennt das Nominalisierung. **Nominalisierte Adjektive schreibt man groß.**
- Man kann sie durch die **Artikelprobe** erkennen, z. B.:
  die *Schöne,* ***im*** *(in dem) Besonderen.*
- Oft werden nominalisierte Adjektive durch **unbestimmte Zahlwörter** (Numerale) begleitet:
  viel, wenig *Schönes,* ***manches, alles*** *Schöne.*

Im Wörterbuch nachschlagen

Das Alphabet trainieren

Ihr seid euch weiterhin bei einem Wort unsicher, obwohl ihr die Strategien angewendet habt?
Dann schaut im Wörterbuch nach. Dazu solltet ihr das Alphabet sehr gut beherrschen.

Meise, Bär, Hund, Wal, Grindwal

Krokodil, Käfer, Krähe, Kugelfisch, Katzenhai

Seezunge, Seehund, Seepferdchen, Seeadler, Seegurke

1 Ordnet die Wörter aller drei Pinnwände nach dem Alphabet. Schreibt in euer Heft.
Tipp: Man ordnet nach dem 1., dann nach dem 2., 3., 4. Buchstaben usw.
ä, äu, ö, ü werden wie *a, au, o, u* behandelt.

2 Schreibt 5 eigene Wörter auf Zettel. Lasst sie von eurem Partner alphabetisch ordnen. Wechselt euch ab. Ihr könnt auch die Zeit stoppen.

3 Wo sucht ihr das Wort *Bayern* im Wörterbuch: zu Beginn, in der Mitte oder am Ende?

Zweifelsfälle prüfen

Wort mit *f, pf* oder *v*?

? iffe ? ink ? laume ? oto
? effer (er) ? iel ? ifferling
? au ? izekönig ? iertel ? anne
? aulpelz ? irsich ? oran ? alle

Wort mit *k, c* oder *ch*?

? omputer ? rist ? upfinale
? rom ? ool ? urry ? ontern
? lown ? ontakt ? neifen
? or ? röte ? lor ? uchen

1 Manchmal kann man Buchstaben nicht sicher zuordnen, so deutlich man auch spricht.
a Sucht im Wörterbuch, wie die einzelnen Wörter richtig geschrieben werden.
Tipp: Beginnt zunächst mit *f* bzw. *k*. Schlagt dann erst bei *pf* oder *v* bzw. *c* oder *ch* nach.
b Schreibt alle Wörter, alphabetisch geordnet, in euer Heft.

Wort mit *i* oder *y*?

Z ? pern Lab ? r ? nth L ? b ? en Rh ? thmus Z ? l ? nder Ph ? s ? k

2 Sucht diese Wörter im Wörterbuch und schreibt sie richtig ins Heft.

Nomen, Verben und Adjektive nachschlagen

Nomen	Verb	Adjektiv
Pol | ka, die; -, -s <pol.-tschech.> (ein Tanz)	neh | men du nimmst, er nimmt; ich nahm, du nahmst; du nähmest; genommen; nimm!	pa | tent <lat.> (ugs. für praktisch, tüchtig, brauchbar)

1 Diese Einträge stammen aus einem Wörterbuch.
Beschreibt, welche Informationen ihr zu den einzelnen Wortarten (▶ S. 170, 171, 174–177) findet.

Nomen	Verb	Adjektiv
Dialekt Plempe Trosse	hielt stahl befahl	kälter am zähesten glatter

2 Macht euch zu Spezialisten für eine Wortart.
- **a** Sucht euch eine Wortart aus und schlagt die drei Beispiele im Wörterbuch nach.
  Tipp: Beachtet die Methode unten auf der Seite.
- **b** Notiert, in welcher Form die Wörter im Wörterbuch stehen und was man über sie erfährt.
- **c** Vergleicht eure Ergebnisse mit Lernpartnern, die die gleiche Wortart gewählt haben.
- **d** Setzt euch mit Spezialisten für die beiden anderen Wortarten zusammen.
  Erklärt euch, wie ihr vorgegangen seid und was ihr herausgefunden habt.

3 Schlagt im Abkürzungsverzeichnis eures Wörterbuchs nach:
- **a** Was bedeuten die folgenden Abkürzungen? *ital. engl. franz. lat. span. alb. chin. hebr.*
- **b** Sucht zu mindestens zwei Abkürzungen Wortbeispiele im Wörterbuch. Notiert sie.

4 Das Wort „Frieden“ gibt es in allen Sprachen der Erde, z. B.:
pace (ital.), peace (engl.), paix (franz.), pax (lat.), paz (span.), paqe (alb.).
- **a** Wer weiß, wie man die Wörter richtig ausspricht?
- **b** Vergleicht, wie die Wörter geschrieben sind. Welche Ähnlichkeiten entdeckt ihr?
- **c** Fragt eure Eltern, Nachbarn oder Mitschüler, in welcher Sprache sie das Wort kennen.

5 Sucht im Internet oder in Fremdwörterbüchern, wie in anderen Sprachen folgende Begriffe lauten: *Mutter, Vater, Meer, Sonne.*
Entscheidet euch je Gruppe für ein Wort und gestaltet ein Poster mit den verschiedenen Lautungen.

Methode **Wörter im Wörterbuch finden**

- Bei **Nomen** sucht ihr die **Einzahl** (den Singular), z. B.: *die Häuser → das Haus.*
- Bei **Verbformen** sucht ihr die **Grundform** (Infinitiv), z. B.: *bellt → bellen.*
- Bei **Adjektiven** sucht ihr die **Grundform,** z. B.: *kälter → kalt.*

Teste dich!

das Land das Wetter das Bett das Bettgestell der Zucker die Ampel die Bremse der Zug der Wagen die Schifffahrt der Regen genug der Nebel der Balljunge die Ferien der Dünndarm

1 a Schwinge die Wörter. Welche Stellen sprichst du anders, als man sie schreibt?
b Lege im Heft eine Tabelle an. Ordne die Wörter richtig ein.
▶ Hilfen zu den Strategien findest du auf den Seiten 206–211.

Wörter, die ich nur muss	Wörter, die ich muss	Wörter, die ich muss

die F ? lder die Bl ? tter die M ? ntel die Schn ? cken die Schw ? ne die H ? mden die Str ? cher die Z ? ne die B ? me die M ? te die L ? te

2 Setze ein: *e* oder *ä*, *eu* oder *äu*? Schreibe die Wörter richtig ins Heft (▶ Hilfen, S. 212).

Wie komt das Wort ins Buch?

A Die ersten Bücher hat man nicht gedrukt, sondern von Hant geschrieben. Das dauerte natürlich sehr lange und machte dem schreiber viel arbeit. Einige Mönche zum Beispiel taten ihr ganzes Leben nichts anderes, als Bücher abzuschreiben. Kein Wunder, dass der Wert alter Bücher sehr groß ist. Hantgeschriebene Bücher sind für Bibliotheken von unermesslichem Wert. Werden sie zerstört, sind sie nicht ersezbar, es gipt sie einfach nicht mehr.
Erst im Mitelalter gap es Bücher, wie wir sie kenen. In den ersten Druckereen musste noch jeder Buchstabe von Hant gesetzt werden. Das dauerte zwar auch lange, aber man konnte mehrere exemplare eines Buches herstelen. Dazu wurde jede Seite mit einer Hantpresse gedrukt.

B Heute setzen leistungsstarke Computer die Seiten und richtige Druckmaschinenstraßen übernehmen die Herstellung der Bücher. Nach dem Druck bekommen sie einen Einband. Und auch dabei spielt die Handarbeit keine Rolle mehr, alles wird mit Maschinen gemacht.
Die Technik ermöglicht heute große Auflagen der Bücher. Deswegen ist das einzelne Buch meistens nicht mehr so wertvoll. Wer ein Buch verloren hat, kann es schnell ersetzen.

3 Berichtige in deinem Heft die markierten Wörter im Textabschnitt A.
a Lege eine Tabelle wie in Aufgabe 1 an. Ergänze eine vierte Spalte mit dem Strategiezeichen .
b Trage die korrigierten Wörter in die Spalte der Strategie ein, die hilfreich war.
c Lass dir den Textabschnitt B von einem Lernpartner diktieren.
d Vergleiche deine Ergebnisse zu den Aufgaben 1–3 mit dem Lernpartner.

4 Finde deinen eigenen Fehlerschwerpunkt.
a Ordne deine Fehler den Strategien Schwingen, Verlängern und Zerlegen zu.
b Welche Strategie sollest du weiter üben, um bestimmte Fehler zu vermeiden?

12.2 Rechtschreibung erforschen – Regeln finden

Doppelte Konsonanten – Achtet auf die erste Silbe

beten die Betten die Motte der Motor der Rote die Rotte (die Stadt) Hameln der Hammel der Reiter die Ritte ritten die Pfeife die Pfiffe die Blume der Bummel

1 a Zeichnet zwei Spalten ins Heft und tragt die Wörter ein.

ohne doppelte Konsonanten	mit doppelten Konsonanten
beten, ...	*die ...*

b Sprecht die Wörter deutlich in Silben. Spricht man den Vokal kurz oder lang (► S. 207)?
c Ordnet der Tabelle zu: *erste Silbe offen (lang)/erste Silbe geschlossen (kurz).*

der Schlüssel das Ende der Morgen die Schiffe die Liste das Kissen der Sommer kommen bremsen sollen gelten hundert wollen tollen brummen immer

2 a Sprecht diese Wörter deutlich in Silben. Prüft, wie man den Vokal in der ersten Silbe spricht.
b Untersucht die Wörter in der Wortmitte/an der Silbengrenze, sodass ihr sie im Heft ordnen könnt:

Silbengrenze: zwei gleiche Konsonanten	Silbengrenze: zwei verschiedene Konsonanten
der Schlüs sel, ...	*das En de, ...*

c Haltet fest, was die Wörter gemeinsam haben. Ergänzt im Heft die Sätze durch: verschieden, Konsonanten, kurz, gleich, geschlossen.
Wenn die erste Silbe ... ist, endet sie mit einem ... Man spricht den Vokal ...
Nach dem Vokal schreibt man immer zwei Konsonanten. Sie sind entweder ... oder ...

Josef Guggenmos

Zweierlei Musik

Drei tra ? elnde Ra ? en mit kla ? ernden Hufen polterten über die dröhnende bre ? erne Brücke mit do ? erndem Krach.
Dann hörte man wieder den rieselnden, raunenden, glicksenden, glucksenden silberhe ? plaudernden Bach.

3 a Setze ein: *p* oder *pp? t* oder *tt? n* oder *nn? l* oder *ll?*
b Erläutert den Titel „Zweierlei Musik“.

Doppelte Konsonanten bei Einsilbern

der Ball der Knall der Bart der Schwamm das Bild die Welt
der Wall das Herz blond schnell bunt hell dumm wild still
er rennt er wirkt er kennt er kommt es stinkt er nennt er winkt

1 a Lest die Wörter deutlich. An welcher Stelle hört ihr nicht eindeutig, wie man schreibt?
b Verlängert die Wörter und ordnet sie in die Tabelle aus Aufgabe 2a, S. 220 ein, z. B.:
der Ball – die Bäl le der Bart – die Bär te.

2 a Erklärt: Um was für ein Tier geht es in dem Gedicht? Was ist sein Problem?
b Schreibt das Gedicht ins Heft. Setzt die nötigen *m* oder *mm* ein.
c Markiert alle Wörter farbig, die man verlängern muss, um die Schreibweise zu begründen.

3 Tragt das Gedicht vor. Betont z. B. alle *m*/*mm* sehr deutlich.

Boy Lornsen

Ein alter Bru ? er
Macht sich Ku ? er –
seine Bru ? e ist verstu ? t.

Und nichts ist du ? er
für den Bru ? er, wenn
die Bru ? e nicht mehr bru ? t.

Ko ? t ein Hu ? er,
kneift den Bru ? er
in den Pelz und sagt: „Das wär's!"

„Verda ? ter Hu ? er!",
bru ? t der Bru ? er
und bru ? t ohne Dank nach Moers.

das Ballspiel der Brummbär die Sollbruchstelle das Bellverhalten die Programmzeitung
das Bettgestell der Zellkern das Klapprad die Rennmaus die Brennnessel

4 In zusammengesetzten Wörtern können sich Verlängerungsstellen befinden, z. B.: *Ball* | *spiel* – denn: *die Bälle*.
Bearbeitet Aufgabe a oder b.
●●● a Bereitet einen kleinen Vortrag zur Schreibung von Doppelkonsonanten vor. Informiert darüber, wie man die Regel findet und welche Strategien helfen, sie anzuwenden.
●○○ b Schreibt die Wörter ins Heft und bearbeitet sie wie im Beispiel.

Information **Doppelte Konsonanten**

- **Doppelte Konsonanten** schreibt man **nur,** wenn die **erste Silbe** **geschlossen** ist.
- Stehen an der **Silbengrenze zwei verschiedene Konsonanten, verdoppelt** man **nicht,** z. B.: *die Bremse* – aber: *der Brummer.*
- Um die Regel anzuwenden, muss man Einsilber verlängern und zusammengesetzte Wörter zerlegen.

i oder *ie?* – Achtet auf die erste Silbe

die Hirsche	die Stiere	die Milben	die Ziegen	die Bienen	die Widder
die Rinder	die Wiesel	die Fliegen	die Dingos	die Finken	

1 a Zeichnet zwei Spalten ins Heft. Ordnet die Wörter in die richtige Spalte ein. Lasst zwischen den Wörtern je eine Zeile frei.

Wörter mit *i*	**Wörter mit *ie***
die Hirsche	*die …*

b Untersucht die Wörter mit *i* und *ie.*
- Sprecht deutlich in Silben und zeichnet die Silbenbögen, z. B.: *die Hir sche, Stie re.*
- Markiert den letzten Buchstaben der ersten Silbe.

c Wann schreibt man *i*, wann *ie?* Ergänzt im Heft die Sätze durch:
offen, geschlossen, Vokal, Konsonanten.
Wenn die erste Silbe … ist und mit einem … endet, schreibt man ie.
Wenn die erste Silbe … ist und mit einem … endet, schreibt man i.

2 Setzt ein: *i* oder *ie?* Verlängert die folgenden Wörter und tragt sie in die Tabelle aus Aufgabe 1 ein.

der Gr ? ff	das S ? b	der D ? b	das Sp ? l	er d ? nt	sie w ? nkt
er bl ? nkt	das Z ? l	der W ? tz	sie h ? lft	er kr ? cht	der Br ? f

3 Zusammengesetzte Wörter muss man zerlegen. Dann kann man die Einzelwörter verlängern, z. B.:
das Kriech|tier – denn: kriechen, die Tiere.
Wählt Aufgabe a oder b.

der T ? rschützer	der V ? lfraß
das Kr ? cht ? r	der Z ? rkürbis
das Z ? rkuspferd	die T ? fseekrabbe
der Schw ? mmvogel	die Gl ? dmaßen

●●○ a Setzt ein: *i* oder *ie?* Findet weitere Wortzusammensetzungen mit *i* oder *ie.*
●○○ b Setzt ein: *i* oder *ie?* Schreibt die Wörter mit den Beweiswörtern in euer Heft.

4 Sucht euch 5 Wörter mit *i* oder *ie* aus, z. B. von dieser Seite.
Diktiert euch diese Wörter in Partnerarbeit. Begründet die Schreibung durch ein Beweiswort.

5 Bildet Unsinnssätze, in denen möglichst viele Wörter mit *ie* vorkommen.

Information **Wörter mit *i* oder *ie***

- Die **meisten Wörter** mit i-Laut schreibt man mit ***i.***
  Man schreibt **immer *i,*** wenn die **1. Silbe** geschlossen ist, z. B.: *die Sil be.*
- Man schreibt **nur *ie,*** wenn die **1. Silbe** offen ist, z. B.: *vie le.*
  Diese Regel gilt **nur für zweisilbige deutsche Wörter,** nicht bei Fremdwörtern.

i oder *ie* bei Verben

1 Begründet die Schreibweisen von Verben/Partizipien (▶ S. 175) mit *ie:*
- Verlängert Einsilber, z. B.:
  Er liebt. – Wir lieben.
- Trennt Bausteine ab und verlängert, z. B.:
  Er hat ge liebt. – Wir lieben.

Bearbeitet die Verbformen/Partizipien wie im Beispiel. Schreibt die Wörter richtig ins Heft.

Verbformen	**– Partizipien**
Er l**ie**bt.	– Er hat gel**ie**bt.
Er s ? gt.	– Er hat ges ? gt.
Er kr ? gt.	– Er hat gekr ? gt.
Es p ? pt.	– Es hat gep ? pt.
Er z ? lt.	– Er hat gez ? lt.
Er bl ? b.	– Er ist gebl ? ben.
Er r ? b.	– Er hat ger ? ben.
Er r ? tt.	– Er ist ger ? tten.
Er pr ? s.	– Er hat gepr ? sen.
Er verm ? d.	– Er hat verm ? den.

i in mehrsilbigen Tiernamen

2 a Lest die 10 Tierarten von hinten nach vorn. Schreibt ihre Namen ins Heft. Markiert das *i*.
b Sucht eine Erklärung, warum man *i* schreibt, obwohl das *i* in einer offenen Silbe steht und lang gesprochen wird.
Tipp: Zählt die Silben.
c Vergleicht eure Lösungsvorschläge.

eniugniP elidokorK neilitpeR
nellebiL subiraM neffariG eripaT
enifleD eripmaV enoiprokS

3 Bearbeitet Aufgabe a oder b.
●○○ a Wählt Wörter mit *ie,* die ihr euch gegenseitig diktieren könnt.
Begründet die richtige Schreibweise, indem ihr die Strategien anwendet.
●●○ b Diktiert euch gegenseitig Wörter mit *i* und *ie*.
Begründet die jeweils richtige Schreibweise, indem ihr die Strategien anwendet.

Methode **Wörter mit *ie***

Man schreibt **nur *ie,*** wenn die **1. Silbe offen** ist, z. B.: *vie le.*
- Um diese Regel zu bestätigen, muss man **Einsilber verlängern,** z. B.: *lieb – lie ber.*
- **Zusammengesetzte Wörter** muss man **zerlegen** und dann **verlängern,** z. B.:
  Kriech | keller – kriechen.
- Manchmal muss man auch zuerst **Bausteine abtrennen,** z. B.: *Liebling – lieben.*

s, *ß* oder *ss*? – *s*-Laute unterscheiden

1 **a** Lest die Wörter sehr deutlich. Hört genau hin und prüft, was zutrifft:
A Man spricht die s-Laute am Ende sehr verschieden aus.
B Man spricht die s-Laute am Ende ganz gleich aus.
b Übertragt die Tabelle ins Heft. Verlängert die Wörter und ordnet sie richtig ein.

Wörter mit *s*	Wörter mit *ß*	Wörter mit *ss*
dö sen	flie ßen	pas sen

2 Untersucht die Wörter.
a Zieht die Silbenbögen und markiert, wie die 1. Silbe endet: offen oder geschlossen?
b Stellt in Partnerarbeit für jede Tabellenspalte fest, wie die Aussagen lauten müssen:
A Die 1. Silbe endet mit einem *Vokal/Konsonanten* und ist *offen/geschlossen*.
B Den *s*-Laut spricht man *summend/zischend*.
c Schreibt die jeweils zutreffende Aussage unter die richtige Tabellenspalte.

3 Bearbeitet in Partnerarbeit Aufgabe a oder b.
●●● **a** Bildet Sätze, in denen möglichst viele Wörter mit *s*, *ß* oder *ss* vorkommen. Diktiert sie euch gegenseitig.
●●○ **b** Bildet Sätze mit *ss* oder *ß*. Diktiert sie euch gegenseitig.

Information **Wörter mit *s*-Laut**

- Man schreibt ***ß***, wenn die **1. Silbe offen** ist und man den **s-Laut zischend** spricht.
- Man schreibt ***s***, wenn die **1. Silbe offen** ist und man den **s-Laut summend** spricht.
- Man schreibt ***ss***, wenn die **1. Silbe geschlossen** ist.

Um diese Regeln für den s-Laut anzuwenden, braucht man das zweisilbige Wort.

Verben können ihre Schreibweise verändern

ich vergaß verlassen er vergisst er goss gießen vergessen fressen ich verließ er verlässt er gießt er fraß er hat gegossen er hat vergessen er hat verlassen er frisst er hat gefressen

1 a Die Verben stehen in verschiedenen Zeitformen (► S. 174 ff.). Lest die Verben deutlich.
b Begründet mit Hilfe der Information auf S. 224 die jeweilige Schreibweise des s-Lautes.

Infinitiv	Präsens	Präteritum	Perfekt/Partizip
essen	*Er isst.*	*Wir aßen.*	*Er hat gegessen.*

2 Übertragt die Tabelle ins Heft. Bearbeitet Aufgabe a oder b.
●●○ a Bildet wie im Beispiel vier Zeitformen: *lassen, fließen, wissen, reißen, beißen.*
●○○ b Ordnet die Verbformen neben dem Bild mit der Uhr in die richtigen Spalten.

3 Zusammengesetzte Wörter muss man zerlegen und anschließend verlängern, z. B.:

der Fress | napf – denn: *fressen*   *fressbar* – denn: *fressen.*

hä ? lich ma ? voll me ? bar verge ? lich die Ga ? flasche die Gie ? kanne der Ma ? schneider die Rei ? leine die Me ? latte

Bearbeitet die Wörter im Heft. Geht vor wie im Beispiel. Setzt *s, ss* oder *ß* richtig ein.

Josef Guggenmos

Von Schmetterlingen und Raupen

Zwei Schmetterlinge sa ? en auf einer Blume. Sie leckten Zuckerwasser aus roten Blüten, dann rollten sie ihre langen dünnen Rü ? el ein, breiteten ihre prachtvollen Flügel aus und lie ? en sich von der Sonne bescheinen. Einmal blickte einer zufällig nach unten: „Schau dir die an, wie die fri ? t." Dort sa ? eine Raupe auf einem Blatt. „Sie fri ? t und fri ? t und fri ? t!", bestätigte der andere. […] „He du", rief der erste Schmetterling hinunter. „Schmeckt's?"
„Ja", sagte die Raupe.
„Wie kann man nur so verfre ? en sein!", spottete der Schmetterling. „Fre ? sack!" […]
„Regt euch ab", gab die Raupe zurück. „Ihr wart auch mal Raupen. Und was habt ihr da gemacht? Gefre ? en, damit …"

4 Setzt ein: *ss* oder *ß*? Bearbeitet Aufgabe a oder b.
●●● a Schreibt die Wörter in zwei Spalten ins Heft: *Wörter mit ss   Wörter mit ß.*
Bereitet einen kleinen Vortrag vor, in dem ihr die ss/ß-Schreibung erklärt.
●○○ b Schreibt die Geschichte richtig ab und erfindet ein Ende.

Wörter mit *h*

zieht droht sieht weht ruht der Zeh das Reh der Schuh geht	wohnt lohnt zahlt kühlt rührt der Stuhl der Sohn das Ohr die Uhr

1 a Lest die Wörter deutlich. Entscheidet, welche Aussage zutrifft:
A Das *h* kann man hören.
B Das *h* kann man nicht hören.
b Übertragt die beiden Spalten ins Heft.
c Verlängert jedes Wort, bevor ihr es in Spalten eintragt, z. B.: *zieht – zie hen wohnt – woh nen*

2 Untersucht die Wörter, die ihr in Aufgabe 1c verlängert habt.
a Zieht die Silbenbögen und markiert die 1. Silbe.
b Zu welcher Silbe gehört das *h*? Ordnet folgende Sätze den beiden Spalten richtig zu.
*Das **h** öffnet die 2. Silbe. Man kann es hören.*
*Das **h** gehört zur 1. Silbe. Man kann es nicht hören. Es ist ein Merkwort.*

3 a Legt im Heft eine Tabelle an.

Wörter mit silbenöffnendem *h*	Merkwörter mit *h*

b Sucht die Wörter mit *h* in der Wortschlange. Ordnet sie in die richtige Spalte ein.
c Vergleicht eure Ergebnisse in Partnerarbeit.

früh das Mehl mehr ungefähr das Frühstück berühmt ahnen ähneln ohne fahren das Wahlprogramm blüht kühl zehn nehmen der Hahn die Bahn ihn

4 Wörter, deren *h* man durch Verlängern nicht hören kann, sind Merkwörter.
Prüft mit Hilfe der Strategien, ob es sich um Merkwörter handelt.
Schreibt die Wörter in eure Tabelle aus Aufgabe 3 a.

Information **Wörter mit *h***

- Bei einsilbigen Wörtern kann man das *h* nicht hören. **Verlängert** man sie, steht das ***h*** in der **2. Silbe.** Es **öffnet** die 2. Silbe **hörbar,** z. B.: *ge hen.*
- Steht das ***h*** in der **1. Silbe,** ist es **nicht hörbar.** Diese Wörter sind **Merkwörter,** z. B.: *woh nen.*

Teste dich!

mm oder *m?*	*tt* oder *t?*	*ll* oder *l?*	*nn* oder *n?*
der Hi ? el	der Tro ? el	wo ? en	ne ? en
das Zi ? er	die Tor ? e	be ? en	we ? den
ko ? en	die Blä ? er	we ? ken	re ? en
die Bre ? se	die Bre ? er	die He ? den	ke ? en
die He ? den	das We ? er	die Ne ? ken	mei ? en

1 Schreibe die Wörter in dein Heft. Setze die richtigen Konsonanten ein.
▶ Hilfen zu doppelten Konsonanten findest du auf den Seiten 220–221.

süss *oder* süß?	flüssig *oder* flüßig?	die Füsse *oder* die Füße?
er vergißt *oder* er vergisst?	der Fluss *oder* der Fluß?	beissen *oder* beißen?
das Gras *oder* das Graß?	gross *oder* groß?	der Spass *oder* der Spaß?
er döst *oder* er dößt?	er heist *oder* er heißt?	er schießt *oder* er schiesst?

2 *s, ß* oder *ss?*
Schreibe die Wörter in der richtigen Schreibung in dein Heft. ▶ Hilfen zum s-Laut, S. 224–225

s ? gen b ? gen fl ? gen die Fl ? ge die Sp ? lgruppe der W ? nter
h ? nter n ? der l ? b der B ? ss m ? sst m ? s die Z ? llinie
v ? l f ? s es bl ? s die K ? sgrube die S ? bdrucke

3 *i* oder *ie?* Schreibe die Wörter richtig ins Heft und ordne sie: ▶ Hilfen zu *i* oder *ie,* S. 222–223

Wörter, die man muss	Wörter, die man muss	Wörter, die man muss

VORSICHT FEHLER!

regeln für gutes benehmen in vornehmen gesellschaften

Sprich nicht mit vollem mund.
Unterhalte dich nicht laut quer über den tisch hinweg.
Sei bei ansprachen und reden leise und hör zu.
Klappere nicht laut mit dem geschirr und dem besteck.
Nimm keine größeren portionen, als dein magen bewältigen kann.
Achte auf deine körperhaltung: Häng nicht wie ein häufchen elend auf dem stuhl.

4 Prüfe, welche Wörter Nomen sind und großgeschrieben werden müssen.
Schreibe den Text richtig in dein Heft. ▶ Hilfen zur Großschreibung von Nomen, S. 213 ff.

5 Vergleiche deine Ergebnisse mit einem Lernpartner.

12.3 Fit in ...! – Fehlerschwerpunkte erkennen

Wunderwerk Nase

Duftmoleküle unterwegs

In der Luft schwirren viele kleine Teilchen herum, die wir nicht sehen können. Dazu gehören auch Duftmoleküle. Viele Dinge senden solche Moleküle aus, zum Beispiel Hundehaufen, Vanillesoße oder ein Deo.

„In der Nase sitzen kleine Riechzellen, an die docken die Duftmoleküle an", sagt Professor Thomas Hummel. Diese Riechzellen melden ans Gehirn: Achtung, hier ist etwas los.

Über die Nerven wird diese Information an das Gehirn weitergeleitet. Von dort verarbeitet das Gehirn die Neuigkeiten: Welche chemischen Stoffe sind das? Wie hängen sie zusammen? Hm, das könnten Rosen sein. Oder: Alarm, das riecht nach Feuer.

Wichtig für das Leben

Das Riechen ist aus mehreren Gründen wichtig für uns.

„Geruch kann zum Beispiel ein Warnsignal sein: Wenn man Feuer riecht, ist das vielleicht ein Zeichen, dass man in Gefahr ist", sagt Hummel. Oder man riecht, dass man nach Schweiß stinkt und sich mal waschen sollte.

Menschen erkennen sich auch untereinander an ihren Körperdüften. Das spielt zwar keine so große Rolle wie bei den Tieren. Es ist aber zum Beispiel für kleine Babys wichtig. Die können noch nicht so gut sehen und erkennen ihre Mamas am Geruch.

Und dann ist das Riechen extrem wichtig fürs Essen und Trinken. „Denn: Wer nicht riechen kann, der kann auch nicht schmecken."

1 a Was riechst du gern?
b Nenne mindestens zwei Gründe, warum das Riechen für den Menschen wichtig ist.

2 Arbeitet gezielt an eurer Rechtschreibung. Geht so vor:
a Lasst euch den Text „Wunderwerk Nase" diktieren.
b Findet die Fehler in eurem Diktat.
Prüft, mit welcher Strategie ihr die Fehler hättet verhindern können.
c Ordnet eure Fehler den Strategien zu. Nutzt den Bogen zur Fehleranalyse (► S. 229).

3 Bei welcher Strategie habt ihr die meisten Fehler gemacht?
Arbeitet an den folgenden Stationen (► S. 230–233) zu euren Fehlerschwerpunkten.

Eine Fehleranalyse durchführen

Strategie	Fehlertyp	Mögliche Fehlerwörter im Text (► S. 228)	Zahl der Fehler	Geht zu
	Doppelkonsonanten	schwirren, können, Vanillesoße, Riechzellen, docken, Stoffe, Professor Hummel, zusammen, Rolle, können, erkennen, schmecken		Station 6
	ie-Wörter	viele, diese, riechen, Tieren		Station 7
	ß-Wörter	große		Station 8
	Buchstabenfehler	alle weiteren Wörter mit Fehlern, die hier nicht aufgeführt sind		Station 1
	Einsilber/unklare Auslaute	unterwegs, sagt, wird, wichtig, stinkt		Station 2
	Doppelkonsonanten	kann		Station 2, 6
	ie-Wörter	riecht, spielt		Station 5, 7
	ß-Wörter	Schweiß		Station 2, 8
	zusammengesetzte Wörter	Neuigkeit		Station 3
	Doppelkonsonanten	könnten, sollte		Station 3, 6
	ie-Wörter	Beispiel, Riechzellen, vielleicht		Station 7, 3
	Großschreibung	Duftmoleküle, Luft, Teilchen, Dinge, Moleküle, Hundehaufen, Vanillesoße, Deo, Nase, Riechzellen, Professor, Hummel, Gehirn, Achtung, Nerven, Information, Neuigkeiten, Stoffe, Rosen, Alarm, Feuer, Leben, Gründen, Geruch, Beispiel, Warnsignal, Zeichen, Gefahr, Schweiß, Menschen, Körperdüften, Rolle, Tieren, Babys, Mamas, das Riechen, fürs Essen und Trinken		Station 9, 10, 11
	Dehnungs-h	mehrere, Gefahr, ihren		Merkwörter
	kleine Wörter, die man nicht verlängern kann	die, wir, hier, sind, sie wenn, dann, nicht, aus, an, los		

1 Legt eine Folie über den Bogen oder lasst ihn euch kopieren.

2 Stellt euren Fehlerschwerpunkt fest. Schreibt eure Fehlerzahl in die entsprechende Spalte.
Tipp: Die Spalte „Geht zu" sagt euch, welche der folgenden Stationen ihr aufsuchen solltet, um eure Rechtschreibung zu trainieren.

Station 1: Schwingen

1 a Schwingt die Tierbezeichnungen.
Schlagt im Wörterbuch nach, wenn ihr sie nicht kennt.
b Bildet noch längere Wörter.
Setzt in eurem Heft die Tierbezeichnungen mit einem der folgenden Begriffe zusammen.

Alligatoren Garnelen Kamele
Buckelwale Klapperschlangen
Leguane Rippenquallen
Papageientaucher Flamingos
Regenwürmer Gespenstheuschrecken

die Löcher die Beine die Klappern der Panzer die Tentakel der Schnabel
die Farbe der Lebensraum die Schuppen der Höcker der Gesang

2 Findet Wörter in diesem Buch, die mindestens 6 Silben haben.
Notiert sie.

Station 2: Verlängern

1 a Legt in eurem Heft eine Tabelle an.
b Tragt die Wörter mit ihrer Verlängerungsform in die passende Spalte ein.
c Markiert die Problemstelle.

traurig soll beschloss
Anfang der Tod der König
habt nagt der Zwerg rund
der Hund der Mund Wald
der Kamm der Baumstamm das Lamm

Wörter mit *b*	Wörter mit *d*	Wörter mit *g*	Wörter mit Doppelkonsonanten
…	…	…	…

2 Schreibt eine Geschichte, in der möglichst alle Wörter vorkommen.

Station 3: Zerlegen

(m) Ka ? muscheln (t) Pla ? fische (t) Wa ? würmer
(s) Flu ? pferde (l) We ? hornschnecken (t) Bla ? heuschrecken

1 a Zerlegt die Wörter.
b Entscheidet, ob der Buchstabe in der Klammer einmal oder doppelt geschrieben wird.
Schreibt die Wörter mit ihren Beweiswörtern richtig ins Heft.

Wil ? schweine Zwer ? falken Stran ? schnecken Ber ? gorillas
Lau ? heuschrecken Ban ? würmer Ro ? kehlchen Gol ? fische
Blu ? schnabelweber Blin ? schleichen Schil ? kröten Ro ? fußfalke

2 Setzt ein: *d* oder *t*, *g* oder *k*, *b* oder *p?*
Schreibt die Wörter mit ihren Beweiswörtern ins Heft.

Station 4: Wörter mit *ä* und *äu* ableiten

***e* oder *ä*?**
w ? rmen schw ? rmen st ? rken
b ? rgen n ? hren kl ? ren

***eu* oder *äu*?**
die Tr ? me die Sch ? me
die S ? me die Fr ? de
die S ? re das Geb ? de

1 a Prüft, ob ihr zu den Wörtern ein verwandtes Wort mit *a* oder *au* findet.
b Schreibt die Wörter mit dem Beweiswort richtig in euer Heft.

2 Diese Nomen sind Merkwörter, weil man keine verwandten Wörter mit *ä* und *au* findet.
a Lest die Wörter von hinten nach vorn.
b Schreibt sie mit ihrem Artikel ins Heft.
c Ordnet die Wörter nach dem Alphabet.

nehcdäM zräM refäK enärT
esäK leuänK eluäS ledähcS

Station 5: Silben unterscheiden

Reihe 1: die Lämmer die Liste die Schiffe die Schätze die Hütte die Küste
Reihe 2: der Laden die Schule der Schnabel die Nadel die Hüte die Bude

1 a Schwingt die Wörter. Ist die 1. Silbe offen oder geschlossen?
b Ergänzt die Sätze in eurem Heft:
Bei den Wörtern der 1. Reihe ist die 1. Silbe ... Der Vokal wird ... gesprochen.
Bei den Wörtern der 2. Reihe ist die 1. Silbe ... Der Vokal wird ... gesprochen.
c Legt zwei Spalten im Heft an. Tragt die Wörter richtig ein.

1. Silbe offen	1. Silbe geschlossen

2 Verlängert die folgenden Wörter und tragt sie richtig in die Tabelle aus Aufgabe 1 ein:
das Lamm, der Lauf, der Kauf, der Berg, der Zwerg, die Wand, der Kamm.

Station 6: doppelte Konsonanten

die Tulpe die Dattel die Ratte die Roste die Lampe die Lämmer
der Pummel die Pumpe der Osten der Norden der Westen die Wolle

1 a Schwingt die Wörter und untersucht sie an der Silbengrenze.
b Ordnet die Wörter in zwei Spalten:

zwei verschiedene Konsonanten	doppelte Konsonanten

c Verlängert die folgenden Wörter und ordnet sie richtig in die beiden Spalten ein:
sie schwimmt, er trinkt, er sinkt, er robbt, er denkt, er rennt, sie rollt.

Station 7: *ie*-Schreibung

die Ziele die Ziege die Kinder die Linde die Wilden schlingen zielen
der Ziegel der Hirte die Windel sieben die Zwiebel der Giebel
bringen riechen liegen knistern knicken knittern ringeln siegen

1 a Schwingt die Wörter.
b Schreibt die Wörter sortiert ins Heft: *Wörter mit i* *Wörter mit ie*
c Erklärt an je 3 Beispielen im Heft die Schreibweise mit *ie* oder *i*.

w ? nkt b ? gt l ? gt schl ? ßt sch ? ßt r ? ngt
kr ? cht sp ? lt r ? cht z ? lt bl ? ckt z ? ckt
t ? ckt z ? ht sch ? lt s ? ngt br ? ngt

2 Verlängert die Wörter und entscheidet: *i* oder *ie?*
Tragt die Beweiswörter in die richtige Spalte aus Aufgabe 1 b ein.

Station 8: ß-Schreibung

au drau Stra Ma So flie gro spa bei Mu Klö
Klas Mas Ras las Kis müs fas pas has wis Tas

-ße -ßen -se -sen

1 Bildet in eurem Heft aus den Silben Wörter. Hängt eine der Silben aus den vier Puzzleteilen an.

2 a Legt im Heft zwei Spalten an: *Wörter mit ß* *Wörter mit ss*
b Tragt eure Wörter aus Aufgabe 1 alphabetisch in die richtige Spalte ein.
c Bildet Unsinnssätze, in denen mindestens 3 Wörter mit *ß* oder *ss* vorkommen.

Station 9: Nomen

spiele finster wohnen kohle kreuzen lehrer schule gefangen
kleid kind brauchen heiter fröhlich bäcker wirklich zählen
beruhigen wörter hefte stifte tage taschen ermuntern heilen
ergeben bremse reise reste tiere wege hilfe rand

1 a Bestimmt mit Hilfe der Nomenproben, welche Wörter Nomen sind.
b Schreibt die Nomen mit Begleiter ins Heft.
Beachtet die Großschreibung.
c Prüft, aus welchen Wörtern ihr Nomen bilden könnt. Hängt eine der folgenden Silben an:
-heit, -keit, -tum, -schaft, -ung, -nis, -in.

2 Diktiert euch in Partnerarbeit gegenseitig die Wörter aus Aufgabe 1 a–c.

Station 10: Verben werden Nomen

Das BETRETEN der Parkanlagen ist nicht ERLAUBT.
Bei Glatteis ist das BEFAHREN der Bergstraßen nur mit Ketten möglich.
Vorsicht: Das ANNÄHERN an die Lamas ERFOLGT auf eigene Gefahr. Die Tiere SPUCKEN.
Das SPRINGEN vom Beckenrand ist in der Badeanstalt untersagt.
Schüler sollten auf TÄUSCHEN und ABSCHREIBEN in der Schule VERZICHTEN.
Die NUTZUNG des Handys ist auf dem Schulgelände VERBOTEN.

1 a Entscheidet: groß oder klein?
b Schreibt die Sätze richtig ins Heft.
Markiert die Begleiter der nominalisierten Verben.

2 a Bildet Unsinnssätze. Nominalisiert die Verben aus dem folgenden Wortspeicher, z. B.:
Beim Singen werfe ich mit traurigen Antworten.
b Unterstreicht die Begleiter, die ihr verwendet habt.

beim vom
zum das

antworten arbeiten aufstehen beginnen beißen bitten füttern
sammeln schießen sprechen pflegen singen werfen streiten

Station 11: Adjektive werden Nomen

viel wenig einiges manches
kein alles etwas allerlei

gut süß nett lustig schön neu
alt möglich aufregend dämlich böse

1 a Verbindet jeweils ein Wort aus jeder Spalte, z. B.: *viel Gutes, ...*
Tipp: Achtet auf die Großschreibung der nominalisierten Adjektive.
b Bildet 5 Sätze, in denen die nominalisierten Adjektive vorkommen.

Ich wünsche dir alles gute zum Geburtstag.
Das überraschende an dem Gedanken war, dass er so einfach war.
Wir haben alles mögliche und sehr viel unmögliches versucht.
Das bessere ist der Feind des guten.
Gibt es etwas neues in der Schule?
Ich kauf mir etwas nettes zum anziehen.
Du machst mal wieder etwas völlig verrücktes.

2 Was muss in den Sätzen großgeschrieben werden?
Findet 9 nominalisierte Adjektive und 1 nominalisiertes Verb.
Schreibt die Sätze richtig ins Heft.

Mit den „Schreibwörtern“ üben

Im „Deutschbuch“ findet ihr am Ende der meisten Kapitel „Schreibwörter“.
Die Schreibung dieser Wörter könnt ihr mit Hilfe der Strategien einüben.

Methode **Rechtschreibung mit einem Faltblatt üben**

- Faltet ein Blatt der Länge nach zweimal, sodass vier Spalten entstehen.
- Schreibt die Wörter, die ihr üben möchtet, untereinander in die 1. Spalte.
- Prägt euch drei Wörter ein, klappt die 1. Spalte um und schreibt die Wörter in die 3. Spalte.
- Deckt auf und vergleicht die Wörter.
- Richtig geschriebene Wörter könnt ihr abhaken. Falsch geschriebene Wörter müsst ihr durchstreichen und richtig in die 2. Spalte schreiben.
- Übt, die Wörter aus Spalte 2 richtig zu schreiben. Tragt sie in die Spalte 4 ein. Wendet die Strategien an (▸ Aufgabe 1–4).

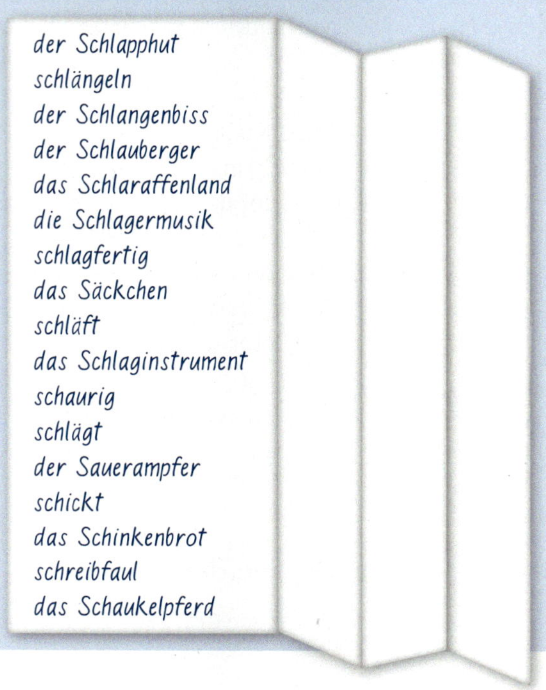

1 Lest die Wörter eurer Liste laut in Silben.
Achtet darauf, wo man anders schreibt, als man spricht.

2 a Legt in eurem Heft 4 Spalten mit diesen 4 Strategiezeichen an: .
Tragt eure Problemwörter in die Spalte ein, mit der man die Schreibung beweisen kann.
Tipp: Manche Wörter muss man in mehrere Spalten einordnen.

b Schreibt Beweiswörter zu den Wörtern, die man verlängern, zerlegen oder ableiten muss, z. B.:

er schlägt – denn: schlagen   *die Schlag|sahne – denn: schlagen*

3 Ordnet die Wörter in der 4. Spalte eures Faltblatts nach dem Alphabet.

4 Bei falsch geschriebenen Wörtern könnt ihr die richtige Schreibweise auch wie folgt üben:
– Bildet bei Nomen die Mehrzahl.
– Bildet bei Verben die Grundform.
– Markiert Stellen, die man mit keiner Strategie erklären kann.
– Bildet Wortfamilien (▸ S. 181), z. B.: *sauer, der Sauerteig, die Sauermilch, der Sauerstoff, …*
– Sucht Reimwörter, z. B.: *sauer – der Bauer – genauer – die Trauer – …*
– Bildet mit den Wörtern vollständige Sätze.

13 Lernen lernen – Arbeitstechniken beherrschen

1 a Was musste das Mädchen auf dem Bild tun, damit es den Handstand so gut kann?
b Stellt einen Zusammenhang zum Thema „Klassenarbeiten" her.

2 Wie fühlt ihr euch vor einer Klassenarbeit?
a Ordnet den vier Ecken eures Klassenraums folgende Gefühle zu.
Vor einer Klassenarbeit:
– bin ich ruhig und entspannt. (Ecke 1)
– bin ich ein bisschen nervös. (Ecke 2)
– bin ich sehr aufgeregt. (Ecke 3)
– bin ich unkonzentriert und hilflos. (Ecke 4)
b Stellt euch in eine Ecke. Erklärt eure Wahl.

3 Erstellt gemeinsam eine Liste mit Tipps zur Vorbereitung auf eine Klassenarbeit.

In diesem Kapitel ...

- bekommt ihr Tipps, um euch auf Klassenarbeiten vorzubereiten,
- lernt ihr, mit Nachschlagewerken umzugehen,
- übt ihr, Texte in euren Worten zusammenzufassen,
- erfahrt ihr, wozu man Lerntagebücher nutzen kann.

13.1 Ein leichtes Spiel! – Klassenarbeiten vorbereiten

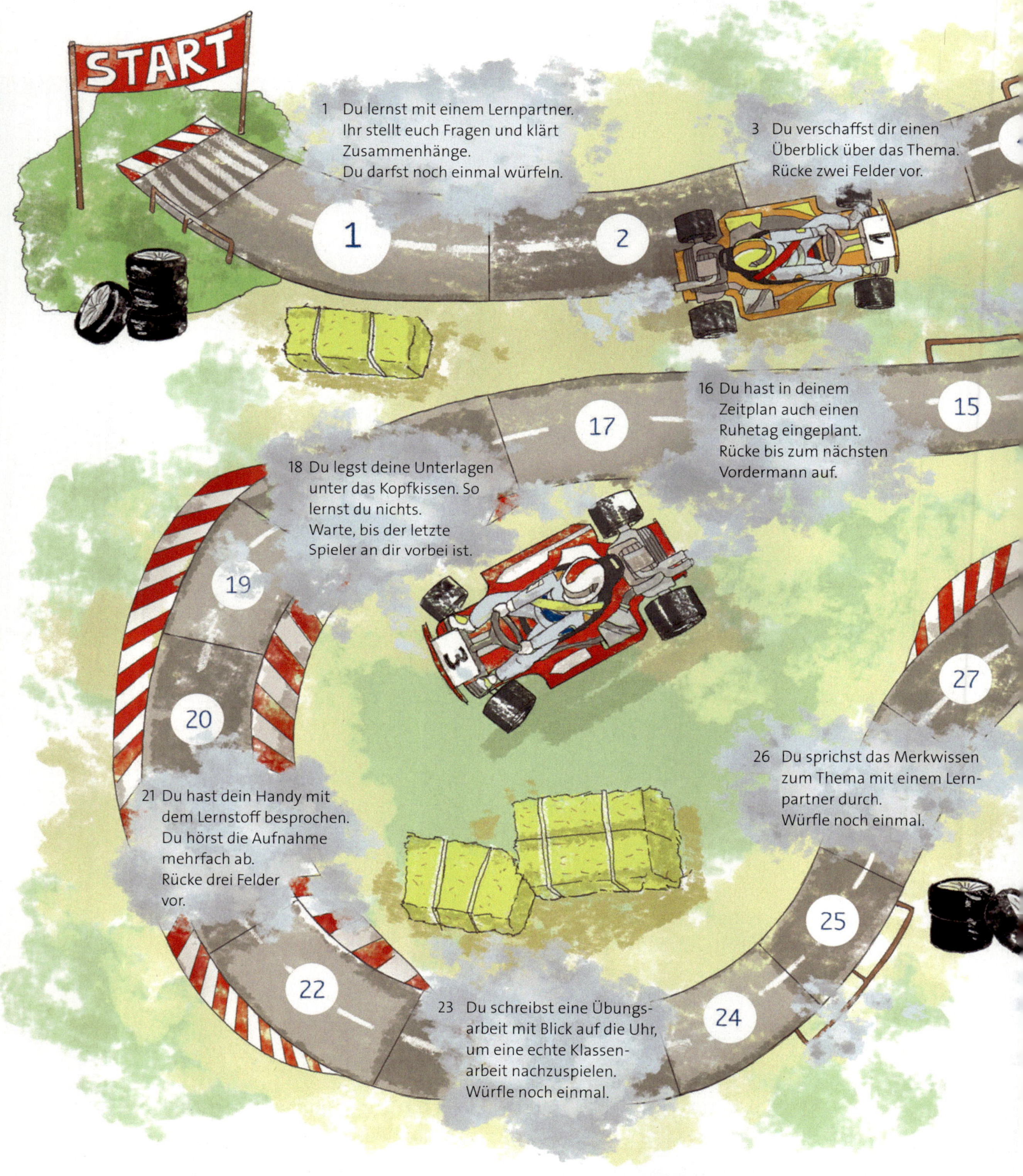

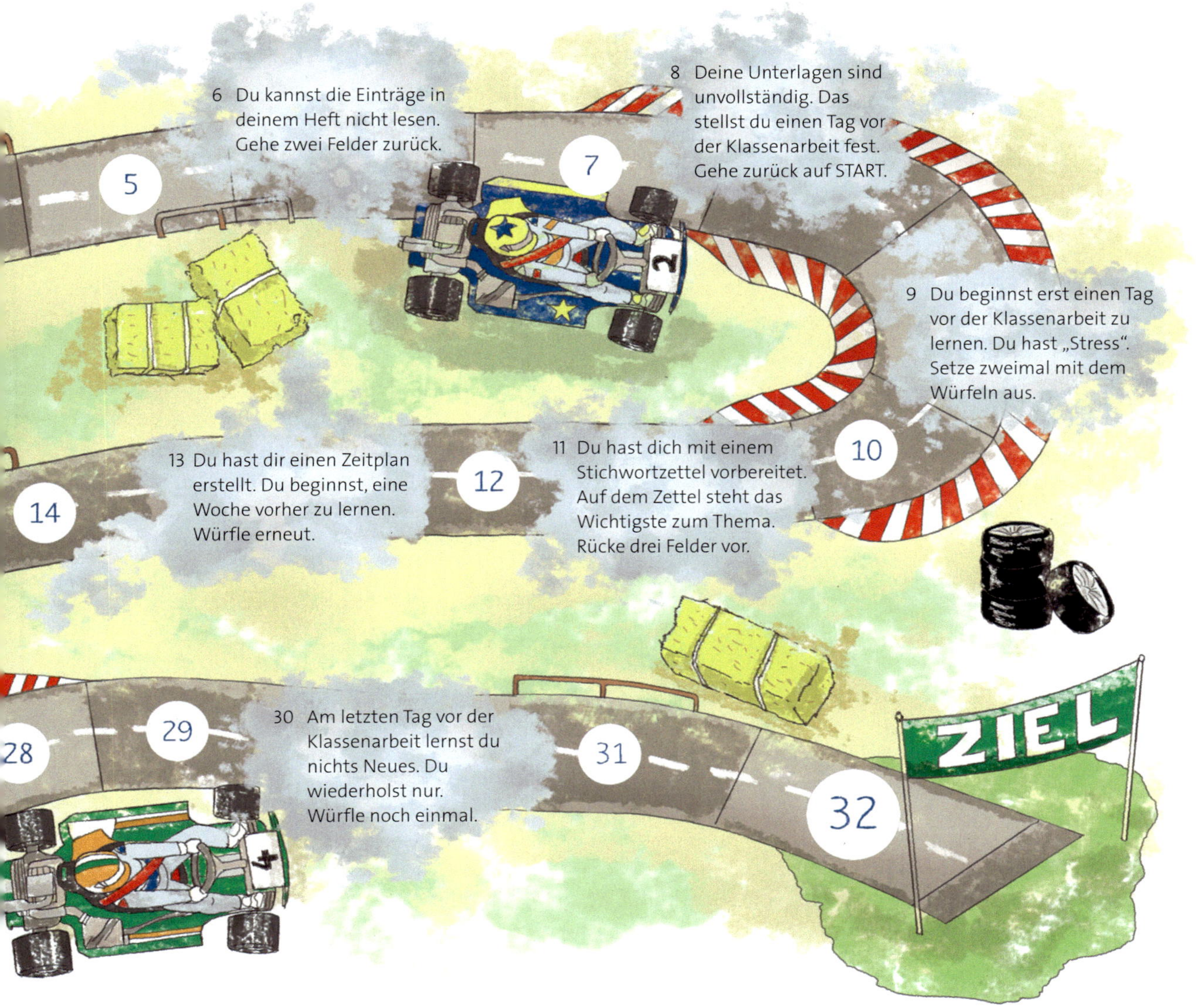

1 a Spielt das Spiel (2–4 Spieler). Besorgt euch einen Würfel und Spielfiguren.
b Einigt euch auf Spielregeln. Haltet z. B. fest: Wer beginnt? Wann hat man gewonnen? …

2 Bewertet die Aussagen auf den Spielfeldern.
Bearbeitet Aufgabe a, b oder c.

●○○ a Sortiert die Aussagen: *Klassenarbeiten vorbereiten: gute Tipps – schlechte Tipps*

●●○ b Einige Aussagen nennen Fehler, die Schüler oft machen, wenn sie sich auf Klassenarbeiten vorbereiten. Welche sind es? Formuliert Verbesserungsvorschläge.

●●● c Legt einen Kalender für sechs Tage vor einer Klassenarbeit an.
Tragt die Spielfelder 1, 3, 11, 13, 16, 21, 23, 26, 30 in einer sinnvollen Reihenfolge ein.

3 Gestaltet in einem Lerntagebuch eine eigene Seite mit Tipps für einen erfolgreichen Weg zur Klassenarbeit. Beachtet eure Tipps von Seite 235, Aufgabe 3.

Lernen mit vielen Sinnen

Das, was gelernt werden soll, prägt sich schneller ein, wenn ihr es lest, seht, hört und darstellt.

1 **a** Lest das Gespräch der Schüler: Welche Ideen haben sie, um sich Wissen einzuprägen?
b Ordnet die Ideen der Schüler den folgenden Tabellenspalten zu. Arbeitet in eurem Heft.

Ich präge mir etwas ein, indem ich es ...		
höre	**sehe und lese**	**begreife und darstelle**
– *Ich spreche mir meinen Spickzettel auf mein Handy. Das höre ich mir mehrmals an.* – *Ich ...*	– *Ich ...* – *...*	– *Ich spiele Dialoge nach.* – *Ich ...*

2 Ergänzt weitere Ideen in eurem Heft. Bearbeitet Aufgabe a, b oder c.

●○○ **a** Ordnet die Ideen auf dem Stichwortzettel in die Tabelle aus Aufgabe 1 ein.

Informationen durchlesen und Schaubilder dazu ansehen • Texte farbig markieren • Lernplakate gestalten • sich wichtige Regeln selbst aufsagen • Versuchsabläufe zeichnen und beschreiben • Merkwissen beim Auf-und-ab-Gehen lernen • durch Eltern, Freunde, Lehrer erneut erklären lassen • Frage-Antwort-Spiele zum Thema entwerfen

●●○ **b** Ordnet die Silben zu weiteren Lerntipps. Ergänzt die Tabelle aus Aufgabe 1.

PAS TEXT SKIZ SENDE AN TIGEN ZEN FER ZUM THE MA WIS LERN LIES LAUT EI MERK PART NEM VOR NER SEN

●●● **c** Zeichnet ein Bild zur Überschrift „Lernen mit vielen Sinnen“. Schaut euch das nebenstehende Beispiel an.

Einen Stichwortzettel schreiben

Einen Text behaltet ihr besser, wenn ihr ihn mehrfach lest und Stichworte herausschreibt.

Methode **Einen Stichwortzettel anfertigen**

1. Schritt: Notiert das, was ihr lernen müsst, auf ein **DIN-A4-Blatt.**
Schreibt möglichst untereinander, so gliedert ihr die einzelnen Punkte.
2. Schritt: Nehmt **ein kleineres Papier** von der Größe eines **DIN-A5-Blatts.** Übertragt auf dieses Blatt nur das Wichtigste von eurem DIN-A4-Blatt aus Schritt 1.
Konzentriert euch auf Merkmale, Begriffe, Daten und die Informationen, die ihr euch nur schwer merken könnt.
3. Schritt: Nehmt ein **weiteres Blatt,** das **nur so groß wie ein Haftzettel** ist.
Schreibt auswendig auf, was ihr vom Stichwortzettel aus Schritt 2 behalten habt.
4. Schritt: Nehmt ein **noch kleineres Papier** und notiert die Inhalte aus Schritt 3.
Versucht es möglichst auswendig.

1. Schritt: DIN-A4-Blatt

Groß- und Kleinschreibung

Nomensignale sind:
- *ein Artikel steht vor dem Wort, z.B. die Maus*
- *eine Präposition, die mit dem Artikel verschmolzen ist, z.B. am Schreibtisch*
- *ein vorangestelltes Pronomen, Adjektiv oder Zahlwort, z.B. mein Vokabelheft, schöne Ferien, viele Tage*
- *andere Wortarten (Adjektive und Verben), die als Nomen gebraucht und großgeschrieben werden. Das sind Nominalisierungen: z.B. das Lernen*

2. Schritt: DIN-A5-Blatt

Groß- und Kleinschreibung
Nomensignale:
- *Artikel,*
- *Präpositionen, auch mit Artikel*
- *vorangestelltes Pronomen, Adjektiv oder Zahlwort*
- *Nominalisierung: Worte anderer Wortarten (Adjektive und Verben) werden großgeschrieben*

3. bis 4. Schritt: weitere kleine Zettel

1 a Fertigt einen Stichwortzettel zu einem bereits besprochenen Unterrichtsthema an.
b Vergleicht in Partnerarbeit eure Stichwortzettel.

2 Lernt mit Hilfe des Stichwortzettels für die Klassenarbeit. Hört euch gegenseitig ab.

3 Gebt den Inhalt des Stichwortzettels auswendig wieder.

Die Klebezettel-Methode

1 Betrachtet das Bild. Erklärt, was die Schulklasse gemacht hat.

2 Welche Wörter wurden auf den Turnschuh geheftet? Wählt Aufgabe a oder b.

●○○ **a** Bei einigen deutschen Wörtern auf den Zetteln fehlt der Artikel *der, die* oder *das*. Legt in eurem Heft eine Tabelle mit drei Spalten an *(der, die, das)*. Ordnet die Wörter zu.

●●● **b** Sucht für die Wörter möglichst viele Übersetzungen aus anderen Sprachen. Listet die Wörter in eurem Heft auf. Fragt Mitschüler oder nutzt Fremdwörterbücher.

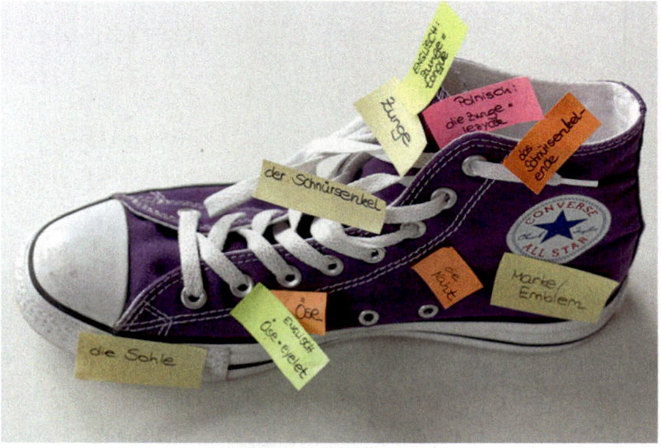

3 Bildet Kleingruppen und wendet die Klebezettel-Methode auf andere Gegenstände an, z. B. für: *Computer, Kleidungsstücke, Fahrräder, Skateboards, …*

Klebezettel-Methode
- *Ideen finden, sortieren und auswerten*
- *„to do"-Zettel schreiben, aufhängen und abarbeiten*
- *als Erinnerungshilfe*
- *Vokabeln lernen*
- *treffende Wörter und Begriffe einprägen (vgl. Schuh)*

4 **a** Betrachtet das Schaubild (Cluster). Was sagt das Schaubild aus?
b Ergänzt den folgenden Text sinnvoll durch diese Begriffe. Schreibt sie in der richtigen Reihenfolge ins Heft.

Ordnung Schreibtisch Vokabeln lernt Lernsituationen Thema Aufgaben Merkhilfe

Die Klebezettel-Methode eignet sich für verschiedene ? :
- Klebezettel können als Erinnerungshilfe dienen: Man kann auf ihnen z. B. notieren, was man am nächsten Tag in die Schule mitbringen muss.
- Wer ? , kann sie auf Klebezettel schreiben und diese gut sichtbar anbringen (Wand, Tür etc.).
- Mit Klebezetteln lassen sich verschiedene Ideen zu einem ? (z. B. für einen Vortrag) in eine ? bringen. Denn Klebezettel kann man immer wieder neu sortieren und umheften.
- Klebezetteln können auch als ? dienen. Man beschriftet sie mit ? , die noch zu erledigen sind, z. B. den ? aufräumen oder die Schultasche packen.

Teste dich!

1 Wie groß sollte ein Stichwortzettel am Ende sein?
a DIN-A4-Format
b DIN-A3-Format
c Karteikartengröße
d Haftzettelgröße (5 x 5 cm)

2 Die Unterlagen für eine Klassenarbeit sollten so aussehen: ...
a unsortiert und bunt.
b unvollständig und kaum lesbar.
c unordentlich und lose im Ranzen.
d vollständig und lesbar.

3 Für eine Klassenarbeit übt man ...
a am Vorabend.
b zwei Tage vor der Arbeit.
c eine Woche vorher.
d einen Monat vorher.

4 Auf einem Stichwortzettel stehen stets ...
a ganze Sätze.
b kurze Fakten und knappe Beispiele.
c möglichst viele Beispiele.
d zusammenhängende Texte.

5 Eine Übungs-Klassenarbeit schreibt man, ...
a um die wirkliche Situation zu trainieren.
b um Spaß zu haben.
c um die Schreibschrift zu üben.
d um dem Lehrer Arbeit zu machen.

6 Wie kann man nicht lernen?
a Lernen durch Hören
b Lernen durch Sehen und Lesen
c Lernen durch Schlafen
d Lernen durch Begreifen und Handeln

7 Die Klebezettel-Methode hilft nicht, ...
a um sich an etwas zu erinnern.
b um Vokabeln zu lernen.
c um Themen zu sortieren.
d um Texte zu lesen.

8 „Übung macht den Meister" bedeutet, ...
a dass häufiges Üben zum Ziel führt.
b dass kein Mensch ein Meister ist.
c dass nur Meister üben dürfen.
d dass häufiges Wiederholen nichts hilft.

1 Nutzt die Fragekarten für ein Quizspiel nach dem Muster von „Wer wird Millionär?".
Spielt das Spiel zu zweit. Fragt euch abwechselnd ab. Notiert eure Antworten.

2 Prüfe deine Antworten mit den Lösungen unten auf dieser Seite.
☺ Du hast mindestens 7 Fragen richtig beantwortet.
Du kennst schon viele Lerntipps und kannst dich gut auf eine Klassenarbeit vorbereiten.
☹ Du hast weniger als 7 Fragen richtig beantwortet. Du musst noch einige Übungen zum Thema machen. Arbeite das erste Teilkapitel ab S. 235 noch einmal gründlich durch.

Lösungen: 1d, 2d, 3c, 4b, 5a, 6c, 7d, 8a

13.2 Gewusst wo! – Informationen finden und zusammenfassen

Schülerlexika

Wenn ihr etwas zu einem bestimmten Begriff oder zu einem bestimmten Thema wissen wollt, gibt es Lexika (Nachschlagewerke), die euch erste Informationen liefern.

1 a Welche Nachschlagewerke kennt ihr?
b Betrachtet die Abbildungen. Stellt Vermutungen über den Inhalt der beiden Bücher an.

2 a Geht in eine Bibliothek. Notiert die Titel von mindestens 5 verschiedenen Nachschlagewerken.
b Prüft, worin sich die Werke unterscheiden, z. B. Seitenzahl, Größe, Gewicht, Abbildungen …
c Überlegt, warum es Unterschiede gibt.

INHALT

REGISTER

3 Erläutert das Inhaltsverzeichnis. Worum geht es in den ersten beiden Kapiteln? Was bedeuten die Zahlen hinter den Begriffen?

4 Auf den letzten Seiten eines Schülerlexikons findet ihr meist das Register. Im Register werden alphabetisch alle Begriffe aufgelistet. Zwischen welchen Begriffen müssten die folgenden stehen?

Silvester Skooter Slowake Slogan

Informationen zusammenfassen

Wenn ihr euch über ein Thema umfassend informieren wollt, könnt ihr in Sachbüchern nachschlagen.
Aus der Sachbuch-Reihe „WAS IST WAS“ stammt folgender Artikel:

Skateboarding – Lebenseinstellung, Freizeitspaß und noch viel mehr ...

Wie jeder weiß, ist ein Skateboard plump ausgedrückt einfach „nur“ ein Brett auf Rollen. Doch das Board besteht aus etwas mehr als einer Holzplatte und Rädern: Als Deck bezeichnet man nur das Brett des Skateboards ohne Achsen oder Rollen. Es besteht aus sieben Schichten Ahornholz, das aus Kanada oder von der Nordostküste Europas stammt. Dieser Aufbau ist sehr wichtig für die Stabilität des Boards, so muss das Brett bei einem Sprung das Gewicht eines Menschen aushalten können. Durch die Wölbung des Decks in Tail (der hintere Abschnitt) und Nose (der vordere Abschnitt) fällt es dem Skateboarder leichter, fest und sicher auf dem Brett zu stehen.

Unter dem Griptape versteht man ein schwarzes Schleifpapier, das auf das Deck geklebt wird. Die raue Oberfläche verhindert das Wegrutschen der Schuhe. Achsen verbinden das Deck mit den Rollen, den so genannten Wheels, und dienen der Lenkung.

Die Räder bestehen meistens aus Hartplastik und sind natürlich für die Fortbewegung nicht zu entbehren. Rollen sind, je nach Art der Tricks, die man machen möchte, in den verschiedensten Härtegraden und Durchmessern verfügbar.

Die ersten Vorläufer des Skateboards gab es bereits in den 1940er Jahren in den USA. Doch die Skateboards, wie wir sie heute kennen, entstanden in den 1960er Jahren. Surfer an der US-amerikanischen Westküste hatten die Idee. Auf Grund von zu wenig Wellengang beschlossen sie, ihren Sport auf den Asphalt zu verlegen. Sie montierten sich einfach Rollen an ihre etwas verkürzten Surfbretter. Das Skateboardfahren ist auch heute noch sehr beliebt.

Wer Skater ist, rollt nicht nur durch die Gegend, sondern verkörpert eine Lebenseinstellung. Dazu gehören viel Musik wie Hip-Hop oder Punk und das Malen von Graffiti (Einzahl: Graffito). Außerdem haben Skater einen ganz eigenen Kleidungsstil entwickelt.

Skateboardsprünge lassen sich in drei Kategorien einteilen:

„Grabtricks“ sind solche, bei denen man während des Sprungs das Brett greift.

Als „Fliptricks“ bezeichnet man Sprünge, bei denen sich das Board um die eigene Achse dreht.

Und „Grindtricks“ werden mit Hilfe eines Rail, also eines Geländers, ausgeführt.

Als der wichtigste und grundlegendste Sprung gilt der „Ollie“. Als „Ollie“ wird das einfache Hochspringen mit dem Skateboard bezeichnet. Wichtig ist eine spezielle Fußtechnik. Anfänger versuchen sich als Erstes an diesem Basistrick.

Für diejenigen, die lieber im Haus bleiben, gibt es die Fingerskateboards. Sie sind ungefähr so lang wie euer Mittelfinger und funktionieren wie ein richtiges Skateboard. Der einzige Unterschied: Sie sind mit den Fingern zu steuern.

Die Fünf-Schritt-Lesemethode

1. und 2. Schritt: Worum geht es in dem Sachtext?

1 Überfliegt den Text. Klärt, welche Aussage auf den Text zutrifft:
A Der Sachtext liefert eine Anleitung zum Skateboardfahren für Surfer.
B Der Sachtext erklärt die Unterschiede zwischen Inlinern und einem Skateboard.
C Der Sachtext informiert über Aufbau und Geschichte des Skateboards sowie über Sprünge.
D Der Sachtext beschreibt, wie man auf Rollen im Wasser surft und mit Fingern richtig skatet.

2 **a** Was wisst ihr bereits über das Skateboarding? Erstellt eine Mind-Map (► S. 149): Notiert Begriffe um das Thema.
b Was möchtet ihr noch über das Skateboarding erfahren? Stellt W-Fragen, z. B.:
Wo fährt man …? Wer ist der …? …

3. Schritt: Wichtige Wörter verstehen

3 **a** Versteht ihr alle Wörter aus dem Text? Findet die Lösungswörter zu A–D:
A Brett zum Skaten aus sieben stabilen Schichten: ????
B Rutschfeste Unterlagen für einen Skater: ????????
C gesprühte Bilder, meist an Außenwänden: ????????
D dient als Stütze für Grindtricks: ????
b Im Text kommen viele englische Bezeichnungen vor.
Erstellt im Heft eine Vokabelliste für den ersten Abschnitt, z. B.: *wheel = Rolle*, …

4. Schritt: Zwischenüberschriften finden

4 **a** In dem 1. und 2. Abschnitt wurden bereits die Wörter (Schlüsselwörter) unterstrichen, die wichtig sind, um den Text zu verstehen und zusammenzufassen.
Schreibt für die restlichen Abschnitte Schlüsselwörter heraus.
Tipp: Ihr könnt auch eine Folie über den Text legen und die Schlüsselwörter markieren.
b Mit einer Zwischenüberschrift sagt man, worum es in einem einzelnen Textabschnitt geht.
Im Original hat der Text die unten stehenden Zwischenüberschriften.
Übertragt die Tabelle ins Heft und füllt sie aus. Beachtet eure Schlüsselwörter.
Tipp: Ihr könnt auch für jeden Abschnitt eine eigene Zwischenüberschrift formulieren.

Zwischenüberschrift	Abschnitt, Zeilenangabe
Sprünge und Tricks	…
Der Aufbau eines Skateboards	…
Geschichte und Skateboardkultur	…

5. Schritt: Den Inhalt wiedergeben

5 Welcher der folgenden Sätze fasst Abschnitt 1 am besten zusammen? Begründet.

A Im Abschnitt 1 wird erklärt, aus wie vielen Holzschichten das Deck besteht und wofür das wichtig ist.
B Im Abschnitt 1 erfährt man, dass ein Skateboard einer enormen Beanspruchung ausgesetzt ist.
C Im Abschnitt 1 wird beschrieben, wie der Aufbau eines Skateboards aussieht, und es werden die Aufgaben der einzelnen Bauteile erklärt.
D Im Abschnitt 1 wird deutlich, wie groß der Aufwand ist, ein Skateboard herzustellen, und woher einige der Bauteile stammen.

6 Fasst den gesamten Text mit euren Worten zusammen. Bearbeitet Aufgabe a oder b.

●●○ **a** Setzt den folgenden Beginn fort:

*In dem Sachtext „Skateboarding – Lebenseinstellung, Freizeitspaß und noch viel mehr …“ aus der Sachbuchreihe „WAS IST WAS“ geht es um …
Im Abschnitt 1 …*

Tipp: Nutzt eure Vorarbeiten und beachtet die Methode unten.

●○○ **b** Bestimmt die richtige Reihenfolge der folgenden Zusammenfassung. Schreibt die Zusammenfassung in euer Heft.

A Im Abschnitt 1 wird beschrieben, wie ein Skateboard aussieht, und es werden die Aufgaben der einzelnen Bauteile erklärt.
B Am Ende weist der Text darauf hin, dass es für weniger Aktive auch Fingerskateboards gibt.
C Im Abschnitt 2 informiert der Text über die Entstehung und Geschichte des Sports.
D In dem Sachtext „Skateboarding – Lebenseinstellung, Freizeitspaß und noch viel mehr …“ aus der Sachbuchreihe „WAS IST WAS“ geht es um Informationen rund um das Skateboard.
E Auch die Lebenseinstellung und der Kleidungsstil von Skatern werden erklärt.
F Danach beschreibt der Text wichtige Sprünge und Tricks, die man mit dem Skateboard ausführen kann.

Methode | **Sachtexte zusammenfassen**

- Schreibt im **Präsens** (► S. 260), z. B.: *Im Text erfährt man … Ein Board besteht aus …*
- Beachtet die **Reihenfolge der Aussagen** und **Schlüsselwörter** (meist Nomen).
- Gebt mit möglichst **wenigen Sätzen** den Inhalt wieder. Erzählt nicht mit vielen zusätzlichen Worten nach und fügt kein eigenes Wissen ein.
- Nutzt den typischen **Einleitungssatz:** *In dem Sachtext „…“ aus dem Buch „…“ geht es um …*
Tipp: Nennt auch den Autor des Sachtextes, wenn ihr den Namen kennt.

Alles i. O. in Nachschlagewerken?

Eintrag Wörterbuch

okay, auch **o. k., O. K.** (engl. [ˌəʊ'keɪ] oder dt. [ɔ'keː]) ist ein umgangssprachliches Wort, vermutlich aus dem Amerikanischen, das so viel wie **(alles) in Ordnung** bedeutet (Abk. **i. O.**).
Der Ausdruck gilt als das bekannteste Wort der Welt und wird in verschiedensten Sprachen – auch im Deutschen – umgangssprachlich verwendet.
Die Herkunft dieses Wortes ist nicht geklärt.

Die Fantastischen Vier

MfG

ARD, ZDF, C&A
BRD, DDR und USA
BSE, HIV und DRK
GbR, GmbH – ihr könnt mich mal
THX, VHS und FSK
RAF, LSD und FKK
DVU, AKW und KKK
RHP,USW, LMAA
PLZ, UPS und DPD
BMX, BPM und XTC
EMI, CBS und BMG
ADAC, DLRG – ojemine
EKZ, RTL und DFB
ABS, TÜV und BMW
KMH, ICE und Eschede
PVC, FCKW – is nich OK [...]

1 Lest den Wörterbucheintrag und den Liedtext „MfG". Benennt Gemeinsamkeiten und Unterschiede.

2 Entschlüsselt die Abkürzungen des Wörterbucheintrags.
Nutzt die Liste häufiger Abkürzungen unten auf der Seite.

3 Auch in dem Lied „MfG" werden viele Abkürzungen benutzt. Wisst ihr, wofür sie stehen?
Entschlüsselt euch unbekannte Abkürzungen mit Hilfe eines Wörterbuchs oder des Internets.

4
a Warum werden Abkürzungen verwendet? Formuliert Vor- und Nachteile.
b Stellt Vermutungen an, weshalb die Fantastischen Vier diesen Text geschrieben haben.

5
a Verfasst einen eigenen Text mit möglichst vielen Abkürzungen.
b Lasst ihn von einem Lernpartner entschlüsseln.
Tipp: Für die Lösung: Erstellt auch eine Fassung eures Texts ohne Abkürzungen.

Liste häufiger Abkürzungen

z. B. – zum Beispiel • frz. – französisch • u. a. – unter anderem • vgl. – vergleiche • etc. – et cetera (lat.): und so weiter • lat. – lateinisch • v. a. – vor allem • bzw. – beziehungsweise • bes. – besonders • evtl. – eventuell • allg. – allgemein • ca. – circa (lat.): etwa • engl. – englisch • mind. – mindestens • Abk. – Abkürzung • s. u. – siehe unten • dt. – deutsch • max. – maximal • usw. – und so weiter • u. – und

13.3 Vladi und sein Lerntagebuch – Über das Lernen nachdenken

Jeder Kapitän eines Schiffes führt ein Logbuch, in das er alle wichtigen Ereignisse und Gedanken einträgt. Euer persönliches Logbuch ist das Lerntagebuch. Es wird euch helfen, euer Lernen besser zu planen und zu gestalten.

Thema: Satzzeichen bei der wörtlichen Rede

Das habe ich gelernt:
Ich habe gelernt, wie man Satzzeichen setzt: Die wörtliche Rede wird in Anführungszeichen eingeschlossen. Zwischen dem Begleitsatz und der wörtlichen Rede steht ein Doppelpunkt.
Außer: Der Redebegleitsatz wird nachgestellt. Dann macht man statt des Doppelpunkts ein Komma.

So habe ich es gelernt:
Wir haben Beispielsätze auf die Tafel geschrieben und uns auch die wörtliche Rede im Buch angeschaut.

Was mir aufgefallen ist:
Ohne die Satzzeichen wüsste man kaum, wann eine Figur in einer Geschichte redet.

Was ich nicht verstanden habe:
Muss man bei einer Frage nach dem Fragezeichen ein Komma setzen?

Wie zufrieden bin ich mit dem, was ich gemacht habe? ☺ 😐 ☹

1 a Habt ihr bereits Lerntagebücher gestaltet? Berichtet.
b Zu welchem Thema hat Vladi eine Lerntagebuchseite angefertigt?
c Wie ist Vladi vorgegangen? Beschreibt, wie er seine Lerntagebuchseite aufgebaut hat:
Oben steht das ... Danach stellt er fest, ... Die Smileys am Ende bedeuten ...
d Überlegt: Was könnte Vladi tun, um eine Antwort auf seine Frage zu bekommen?

2 Fasst mit Hilfe des folgenden Lückentextes zusammen, wozu ein Lerntagebuch dient. Nutzt den Wortspeicher und schreibt ins Heft.

In einem Lerntagebuch halte ich Beobachtungen, ? und Gefühle über das eigene ? fest.
Ich denke über den Unterricht, über Projekte oder auch über die ? nach.
Ich werde mir über meine Stärken klar und kann diese weiter trainieren.
Ich halte auch fest, was ich nicht so gut kann oder nicht verstanden habe.
Ich notiere weitere ? zum Thema und suche Antworten darauf.
Im ? darf ich auch ? machen. Es geht nicht um „richtig“ oder „falsch“. Es geht um meine ganz persönliche ? mit dem Lernstoff.

Lernen
Lerntagebuch
Fehler
Gedanken
Auseinander-setzung
Hausaufgaben
Fragen

Vladi hat seine Lerntagebuchseite zu den Satzzeichen bei der wörtlichen Rede einen Tag später ergänzt:

> *Zu meiner Frage habe ich im Grammatikbuch die Antwort gefunden:*
>
> *Bei einer Frage in wörtlicher Rede muss man nach dem Fragezeichen ein Komma setzen, wenn ein nachgestellter Redebegleitsatz folgt.*
>
> *Also sieht ein Beispielsatz so aus: „Gibt es noch Fragen?", wollte die Lehrerin wissen.*

1 **a** Was hat Vladi gemacht, um seine noch offene Frage zu beantworten?
b Gebt wieder, zu welchem Ergebnis Vladi gekommen ist.

Wie zufrieden bin ich?	Montag, 2. Mai	Dienstag, 3. Mai	Mittwoch, 4. Mai	Donnerstag, 5. Mai	Freitag, 6. Mai
☺☺				X	X
☺	X				
😐			X		
☹		X			
☹☹					

2 **a** Zu welchem Punkt seiner Lerntagebuchseite hat sich Vladi diese Übersicht ausgedacht? Begründet eure Zuordnung.
b Beschreibt, wie Vladi die Tabelle ausgefüllt hat. Wie fühlte er sich in dieser Schulwoche?
c Formuliert, woran es liegen könnte, dass Vladi manchmal zufriedener ist als an anderen Tagen. Ihr könnt folgende Stichpunkte nutzen:

> viel oder wenig • im Unterricht • mitgemacht • Hausaufgaben • ausgeschlafen • gesund

3 **a** Erstellt für euer Lerntagebuch eine ähnliche Tagesübersicht.
b Tragt für mindestens eine Woche jeden Tag ein, wie zufrieden ihr mit euch gewesen seid. Notiert auch die Gründe für eure Zufriedenheit oder Unzufriedenheit.

Schreibwörter ► S. 234

die Klassenarbeit
der Klebezettel
die Methode
das Skateboard
die Sinne
das Lexikon/die Lexika
zusammenfassen
nachschlagen
unvollständig

Orientierungswissen

Sprechen und Zuhören

Gesprächsregeln

► S. 29

Gespräche sollten nach bestimmten Regeln ablaufen.
Gesprächsregeln dienen dazu, dass man sich besser versteht und jeder zu Wort kommen kann.
Die wichtigsten Gesprächsregeln sind:

- Jeder äußert sich nur zu dem Thema, um das es geht.
- Wir melden uns zu Wort und reden nicht einfach los.
- Wir lassen andere ausreden.
- Wir hören anderen aufmerksam zu.
- Niemand wird beleidigt, verspottet oder ausgelacht.
- Wir befolgen die Hinweise der Gesprächsleiterin oder des Gesprächsleiters.

Meinungen sachlich begründen und verknüpfen

► S. 29, 36

Um andere von der eigenen **Meinung** zu überzeugen, braucht man gute **Begründungen (Argumente),** z. B.:
Ich bin der Meinung, dass wir ins Schwimmbad fahren sollten, weil wir dort als ganze Klasse zusammen spielen können.
Wir sollten unseren Klassenraum streichen, denn die Wände sind schmutzig.
Eine Begründung (ein Argument) lässt sich z. B. mit folgenden **Verknüpfungen** einleiten:
weil, da, damit, denn, deshalb, nämlich.
Neue Sätze kann man so verknüpfen: *Dafür spricht (auch ... Zudem ... Außerdem ...)*

Beispiele können Begründungen **veranschaulichen.** Man leitet sie am besten so ein:
*Samira, Elsa, Jonas und ich würden **zum Beispiel** gern ...*
*Ilkan, Nils und Gina interessieren sich **beispielsweise** für ...*

Eine **Begründung ist sachlich,** wenn sie:

- niemanden beleidigt,
- nichts Falsches behauptet,
- genau zur Meinung passt und
- nachvollziehbare Gründe für die Meinung nennt.

Fishbowl-Diskussion

► S. 32

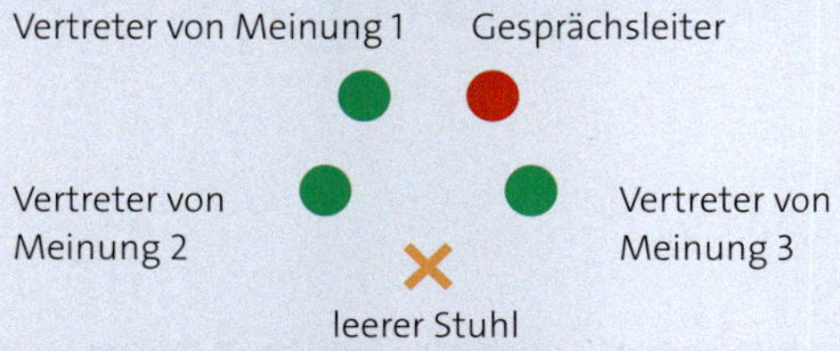

1. Runde: In einem kleinen Stuhlkreis nennt jeder seine Meinung und begründet sie.
2. Runde: Alle im Stuhlkreis sagen etwas zu den Meinungen und Begründungen der anderen.

- **Ein Gesprächsleiter** nimmt die Teilnehmer dran. Er sorgt dafür, dass jeder ausreden kann.
- Auf einen **leeren Stuhl** kann sich ein Schüler aus der Klasse setzen, wenn er sich in die Diskussion einmischen will. Nach kurzer Zeit muss er den Stuhl wieder frei machen.
- **Beobachtungsauftrag** für die Zuhörer außerhalb des Stuhlkreises: Wählt einen Teilnehmer und füllt im Heft eine Tabelle wie folgt aus.

Name des Teilnehmers	Meinung	Begründungen	Die Begründung ist gut/nicht gut
...	...	...	...

Mündlich erzählen und gut zuhören

► S. 13, 132

Erzählen

- Stellt euch so hin, dass euch alle im Raum gut sehen und hören können.
- Wartet so lange, bis es ruhig ist.
- Tragt mit lebhafter Stimme vor, z. B. laut und leise, schnell und langsam (► S. 132).

Zuhören

- Zeigt den Erzählenden mit eurer Körperhaltung und euren Blicken, dass ihr interessiert zuhört.
- Sitzt ruhig, hört nur zu und macht nichts anderes.
- Mit Hilfe eines **Feedback-Bogens** können die Zuhörer den **Vortrag bewerten.**

Feedback-Bogen	Das hat geklappt.	Das ist noch zu verbessern.
Wird **deutlich** gesprochen?	X	
Wird die **Stimmlautstärke** sinnvoll eingesetzt (laut und leise)?	X	
Passt das **Sprechtempo** zum Inhalt?		X
Werden sinnvolle **Sprechpausen** gemacht?		X
Passt der **Tonfall** zum Inhalt?	X	

Mündlich nacherzählen

► S. 102

- Haltet die **Reihenfolge** der Ereignisse aus der Textvorlage ein.
- Erzählt die **wichtigen Handlungsschritte** bzw. **Zusammenhänge** nach.
- Verwendet möglichst **eigene Worte.**
- Verwendet **wörtliche Rede,** um die Nacherzählung lebendiger zu gestalten.
- Formuliert **abwechslungsreiche Satzanfänge.**
- Beachtet die **Zeitform der Vorlage.**

Schreiben

Eine Meinung in einem Brief begründen

▶ S. 37–39, 42

- Oben rechts stehen **Ort und Datum.**
- Es folgt die **Anrede** (nach der Anrede Komma und Leerzeile).
- Formuliert in der nächsten Zeile eure **Meinung** (eure **Bitte**/euren **Wunsch**).
- Schreibt eure **erste Begründung.** Nutzt Verknüpfungen, z. B.: *denn, weil, da …*
- Nennt **weitere Gründe.** Beschränkt euch auf zwei oder drei überzeugende Gründe.
- Formuliert **Beispiele.**
- **Fasst zum Schluss eure Meinung** (eure **Bitte**/euren **Wunsch**) nochmals **zusammen.**
- Beendet den Brief mit einem Gruß (davor leere Zeile) und eurer **Unterschrift** (neue Zeile).

Jungdorf, 12. Juni 2013

Sehr geehrter Herr Schröder,

wir möchten Sie darum bitten, in diesem Jahr eine Klassenfahrt machen zu dürfen. Wir bitten darum, weil wir in der 5. Klasse nicht fahren konnten, denn unser Klassenlehrer war lange krank. Außerdem wäre die Fahrt für unsere Klassengemeinschaft sehr wichtig. Unsere Nachbarklasse hat zum Beispiel auf einer solchen Fahrt gelernt, besser miteinander auszukommen. Wir würden uns sehr freuen, wenn Sie uns die Fahrt ausnahmsweise genehmigen würden.

Mit freundlichen Grüßen
Für die Klasse 6b: Joshua Klugmann
(Klassensprecher)

Erzählen

Erlebnisse spannend und lebendig erzählen

▶ S. 11–26

- Wer erzählt, gibt ein **wirkliches oder ein erdachtes Erlebnis** wieder. Um einen Hörer oder Leser zu fesseln, ist es ratsam, die Erzählung in Form einer **Lesefieberkurve** aufzubauen (▶ S. 13) und so einem zusammenhängenden **roten Faden** zu folgen (▶ S. 13).
  - **Einleitung:** Erste **W-Fragen** werden beantwortet, z. B.: **Wo** und **wann** spielt die Geschichte? Auch sollte mindestens eine Hauptfigur **(Wer?)** vorgestellt werden.
  - **Hauptteil:** Die Handlung wird schrittweise bis zum **Höhepunkt** der Geschichte gesteigert. Der Hörer oder Leser soll „mitfiebern", was nun passieren wird.
  - **Schluss:** Die Spannung wird aufgelöst. Man erzählt, wie die Handlung ausgeht.
- Die **Überschrift** soll den Leser neugierig machen, aber noch nicht zu viel verraten.
- Eine Geschichte wird besonders **lebendig,** wenn man erzählt, was die **Figuren denken, sagen, sehen, riechen und spüren.**
- **Wortfelder** zu Wörtern wie „sagen" oder „Angst" und „Mut" helfen dir, abwechslungsreich zu erzählen (▶ S. 14).
- **Spannungsmelder** erregen die Aufmerksamkeit der Zuhörer oder Leser. Spannungsmelder sind z. B.: *plötzlich, unerwartet, auf einmal, überraschend, in letzter Sekunde, aber dann, …*
- Eine Erzählung wirkt in der Regel **lebendiger,** wenn man **wörtliche Rede** einsetzt (▶ S. 120).
- Eine Geschichte wird in der Regel im **Präteritum** (▶ S. 16, 174–175) erzählt, z. B.: *ich schlief, ich hörte, ich ging.*

Nach Bildern erzählen (Bildergeschichte)

▶ S. 14–15, 119, 125

Geschichten oder Fabeln (▶ S. 111 ff.) kann man auch mit Hilfe von Bildern erzählen.
Die vorgegebenen **Bilder** zeigen meist die **wichtigsten Momente der Geschichte.** Geht so vor:

- Seht euch **jedes Bild genau** an und findet heraus, worum es in der Bildergeschichte geht. Achtet auch auf Kleinigkeiten und schaut, welchen **Gesichtsausdruck** (Mimik) und welche **Körpersprache** (Gestik) die Figuren haben.
  Tipp: Stellt euch die Geschichte wie einen Film vor. Welches Bild zeigt den Höhepunkt?
- Sammelt Ideen für eine Geschichte. Notiert zu jedem Bild einige **Stichworte.**
- Notiert auch, was **zwischen den Bildern** passiert sein könnte.
  Tipp: Eure Geschichte wird besonders lebendig, wenn ihr die Gedanken und Gefühle der Figuren beschreibt, z. B. mit passenden Adjektiven und Verben.
- Plant den Aufbau eurer Geschichte. Achtet auf den „roten Faden“ (▶ S. 13), zeichnet z. B. eine Lesefieberkurve (▶ S. 13).

Einen Erzählkern in der richtigen Zeitform ausgestalten

▶ S. 16

Mit einem vorgegebenen **Erzählkern** wird ganz knapp wiedergegeben, was geschehen ist. Erzählkerne fordern meist die Fantasie des Lesers heraus.

- Um Erzählkerne zu lebendigen Geschichten auszugestalten, sollte man sich Fragen stellen wie:
  - Was könnten die **Figuren sagen?** Wie könnten sie es sagen?
  - Was könnten die **Figuren gefühlt** haben? Waren sie z. B. ängstlich oder fröhlich?
  - Was könnten sie alles **wahrgenommen haben?** Was sahen, rochen, spürten sie?
- **Spannungsmelder** (▶ S. 13) erregen zusätzlich die Aufmerksamkeit der Leser.
- Die **Zeitform** für **schriftlich erzählte Geschichten** ist meist das **Präteritum** (▶ S. 174–175).

Schriftlich nacherzählen

▶ S. 106

- Führt euch **Inhalt und Ablauf der Geschichte** genau vor Augen, z. B. mit Hilfe von **Karteikarten** (▶ S. 102) oder einem **Schaubild** (▶ S. 106).
- Haltet die **Reihenfolge** der Ereignisse aus der Textvorlage ein.
- Erzählt die **wichtigen Handlungsschritte** bzw. **Zusammenhänge** nach.
- Verwendet möglichst eure **eigenen Worte.** Behaltet aber die **Zeitform der Textvorlage** bei.
- Nutzt die **wörtliche Rede,** um die Nacherzählung lebendiger zu gestalten (▶ S. 120).
- Achtet auf **abwechslungsreiche Satzanfänge.**

Berichten

Einen Bericht verfassen

► S. 44–48

In einem Bericht wird **knapp und genau** über ein **vergangenes Ereignis informiert.**

Aufbau

- Der **Ablauf** eines Geschehens wird möglichst **vollständig** dargestellt.
- Nur **Wichtiges** wird aufgenommen. Nebensächliches lässt man weg.
- In der Regel beantwortet ein Bericht folgende **W-Fragen** in dieser **Reihenfolge:**
  - **Beginn: Wo** geschah etwas? **Wann** geschah etwas? **Was** geschah?
  - **Wer** war beteiligt? **Wie** passierte etwas oder wie lief es ab? **Warum** geschah etwas?
  - **Schluss: Welche Folgen** hatte etwas?

Sprache

- Berichtet wird in der Zeitform **Präteritum** (► S. 174–175).
  Für zukünftige Ereignisse kann das Futur oder das Präsens verwendet werden (► S. 177).
- Die Sprache im Bericht ist **sachlich.** Persönliche Wertungen oder Gefühle werden vermieden.
- Die wörtliche Rede gehört in der Regel nicht in einen Bericht.

Der Unfallbericht

► S. 49–51, 56–58

Häufig benötigt eine Versicherung einen Bericht über den Unfallhergang.
Mit Hilfe des Unfallberichts kann sie prüfen, wer für entstandene Schäden bezahlen muss.

- Im Bericht werden die **W-Fragen** in einer sinnvollen **Reihenfolge** beantwortet (► S. 46).
  Man gibt das Geschehen in genau der **Abfolge** wieder, wie es sich ereignet hat.
- Man berichtet nur **Tatsachen.** Das bedeutet, man äußert keine Vermutungen, unterlässt persönliche Wertungen und beschreibt keine Gefühle.
- Wörtliche Rede soll in einem Unfallbericht nicht vorkommen.
- Die Zeitform eines Unfallberichts ist das **Präteritum.**

Der Zeitungsbericht

► S. 52–55

Der Zeitungsbericht ist ein **Sachtext** (► S. 257), der über einen Vorgang oder ein Ereignis **informiert.**
Dabei beschränkt er sich auf eine möglichst **genaue Darstellung** des Geschehens.
(Zu Aufbau und Sprache lies die Hinweise zu „Einen Bericht verfassen“, ► oben auf dieser Seite.)

Beschreiben

Einen Gegenstand beschreiben (Suchanzeige)

▶ S. 60–64, 67, 72–74

- Beginnt mit der **Art** des Gegenstands (z. B. der Marke), der **Größe,** der **Form,** dem **Hauptmaterial** und der **Hauptfarbe,** z. B.:
  Das Skateboard (der Marke) ... hat ein breites, stabiles Deck aus grauem, beschichtetem Holz.
- Beschreibt dann **weitere Einzelheiten** und deren **Farben, Formen** und **Materialien,** z. B.:
  An der Unterseite befinden sich die Radaufhängungen, an denen schwarze ...
- Nennt zum Schluss **Besonderheiten,** z. B.: *Besonders auffällig ist der rote Schriftzug auf ...*
- Schreibt im **Präsens** (Gegenwartsform, ▶ S. 260).
- Eine Suchanzeige für einen verlorenen Gegenstand könnte so aussehen:

Überschrift	*Kickboard vermisst!*
Einleitungssatz	*Gestern, am 08. 12. 12, habe ich mein ...*
Beginn der Beschreibung	
– Art des Gegenstands, Größe, Form, Hauptmaterial, Hauptfarbe	*Es ist ein schwarz-silbernes Kickboard ... Am Ende des Lenksticks befindet sich*
– weitere Einzelheiten (Farben, Formen, Materialien)	*ein schwarzer, ... Vorn am Lenkstick ...*
Schluss	*Besonders auffällig ist ein kleines ... Ein kleines*
besondere Kennzeichen	*rotes Dreieck auf dem ... fällt sofort ins Auge.*
Kontaktdaten	*Meldet euch bei Sahan (0176/1234567)*
Dank	*Vielen Dank für die Hilfe!*

Einen Weg beschreiben

▶ S. 65–66

- Nennt zu Beginn den **Startpunkt (und das Ziel),** z. B.: *Um von der Schule zur Sporthalle zu gelangen, ...*
  Von der Schule geht man ...   Man geht von der Schule aus zuerst ...
- Beschreibt den Weg in der **richtigen Reihenfolge** und formuliert abwechslungsreich, z. B.:
  zunächst, zuerst, zu Beginn, dann, danach, anschließend, schließlich, zuletzt, ...
- Verwendet sinnvolle **Richtungsangaben** und nennt **Orte,** die man leicht erkennt, z. B.:
  Man biegt am Tennisplatz zunächst links in ... ein, läuft unter der Holzbrücke ... hindurch ...
- Formuliert im **Präsens** (Gegenwartsform, ▶ S. 260).

Einen Vorgang beschreiben

▶ S. 68–71

Bei einer **Vorgangsbeschreibung** wird ein Vorgang so beschrieben, dass ihn **eine andere Person nachmachen kann.** Vorgangsbeschreibungen sind z. B.:
Bastelanleitungen, Spielanleitungen, Gebrauchsanweisungen oder Kochrezepte.

- Zuerst werden die **Materialien genannt,** die für den Vorgang benötigt werden.
- Danach sind die einzelnen **Schritte** des Vorgangs sachlich und **genau** und in der **richtigen Reihenfolge** zu beschreiben.
- Mit **unterschiedlichen Satzanfängen** kann die Reihenfolge der Schritte abwechslungsreich formuliert werden, z. B.: *Am Anfang ..., danach ..., zuletzt ...*
- Eine Vorgangsbeschreibung steht im **Präsens** (Gegenwartsform, ▶ S. 260).

Lesen – Umgang mit Texten und Medien

Erzähler unterscheiden

▶ S. 15

- Wenn ein **Erzähler selbst in das Geschehen verwickelt** ist und die Ereignisse in der **Ich-Form** darstellt, dann spricht man von einem **Ich-Erzähler,** z. B.:
  Ich sah Florian an und hoffte, dass er „Nein" sagen würde ... Ich ergriff Florians Ärmel.
- Wenn ein Erzähler über eine Figur oder mehrere Figuren in der **Er- oder Sie-Form** erzählt und selbst **nicht am Geschehen beteiligt** ist, dann spricht man von einem **Er-/Sie-Erzähler**, z. B.:
  Sie hatte so viel Angst um Florian, dass sie wegsah ...

Die Lügengeschichte

▶ S. 75–92

- Der Erzähler von Lügengeschichten will seine Zuhörer **nicht täuschen,** sondern **unterhalten.** Dabei gibt er vor, die Ereignisse selbst erlebt oder gesehen zu haben.
- Der **Erzähler einer Lügengeschichte übertreibt,** wo er kann. Meist werden zu Beginn der Geschichte noch einige wahre Begebenheiten erzählt, doch dann folgen schnell die Lügen.
- Dabei wird in der Regel eine Lüge nach der anderen erzählt. Man spricht von einer **Lügenkette,** da sich die einzelnen Lügen wie Glieder einer Kette aneinanderreihen.
- **Oft steigern sich die Lügen:** Auf eine Übertreibung folgen immer größere Lügen.
- Sprachlich leitet der Erzähler seine Lügen gern dadurch ein, dass er **überdeutlich betont,** nur die Wahrheit zu sagen. Der Leser merkt schnell, dass nicht die Wahrheit erzählt wird.
- Auch am Schluss kann in Lügengeschichten noch einmal in auffallender Weise die Glaubwürdigkeit der Geschichte betont werden, z. B.: *„Das ist wirklich die reine Wahrheit!"*

Die Sage

▶ S. 93–110

- **Sagen** sind ursprünglich mündlich überlieferte Erzählungen, die später aufgeschrieben wurden. Sie **handeln** vom Anbeginn der Welt, von **Göttern und Helden** und ihren Taten.
- Erzählt wird von **Kampf und Bewährung, Sieg und Niederlage** und **abenteuerlichen Reisen.**
- Oft haben **Sagen** einen **wahren Kern.** In ihnen können im Unterschied zum Märchen **wirkliche Personen, geschichtliche Ereignisse** und **wirkliche Orte** vorkommen.
- In Sagen handeln auch **übernatürliche Wesen** wie Zauberinnen, Riesen und Ungeheuer.

Die Fabel

▶ S. 111–126

Eine **Fabel** ist eine **kurze, lehrhafte Erzählung.** Sie hat folgende **Merkmale:**

- Die **Figuren** sind in der Regel **Tiere,** z. B.: *Fuchs, Rabe, Storch, Ziegenbock* usw.
- Die Tiere haben **menschliche Eigenschaften.** Sie **handeln und sprechen** wie Menschen.

Und so wird erzählt:

- Zu **Beginn** einer Fabel treten mindestens zwei **Tiere mit gegensätzlichen Eigenschaften** auf. Das eine Tier versucht, das andere Tier **in einer besonderen Situation zu überlisten bzw. zu besiegen.** Das andere Tier reagiert dumm oder schlau.
- Am **Schluss** der Fabel ist oft eine **Lehre** formuliert. Der Leser soll etwas Wichtiges über ein bestimmtes Verhalten lernen, z. B. in Form einer Lebensweisheit:
  Wer anderen eine Grube gräbt, fällt selbst hinein.
  Der Satz bedeutet: Es ist nicht gut, jemandem eine Falle zu stellen. Meist tappt man selbst hinein und schadet sich selbst.

Das Gedicht

▶ S. 127–142

Die äußere Gedichtform – Der Vers, die Strophe, der Reim

▶ S. 128

- Bei einem Gedicht nennt man eine einzelne Zeile **Vers,** z. B.: *Der Himmel ist blau.*
- **Mehrere Verse** zusammen ergeben eine **Strophe.**
- Viele Gedichte haben **Reime.** Wörter reimen sich, wenn der **letzte betonte Vokal** und die **folgenden Buchstaben gleich klingen,** z. B.: *Winterh**ose** – Butterd**ose**.*
  Unterscheide:

Paarreim		**Kreuzreim**		**umarmender Reim**	
gut	a	platscht	a	Land	a
Mut	a	fein	b	Sonne	b
Haus	b	klatscht	a	Wonne	b
Maus	b	dein	b	Rand	a

Bildhafte Sprache: Die Personifikation

▶ S. 129

Wenn Flammen etwas tun, was eigentlich nur eine Person tun kann, z. B. *tanzen,* dann nennt man dieses **sprachliche Bild** eine **Personifikation.** Personifikationen sind z. B.:
die Flammen flüstern, ein Gewitter brüllt, die Sonne lacht, die Kälte beißt usw.

Bildhafte Sprache: Der Vergleich

▶ S. 130

Vergleiche werden in der Regel **mit *wie* gebildet,** z. B.: *Ein Mann wie ein Löwe.*
Damit ist gemeint, dass der Mann offensichtlich so stark ist wie ein Löwe.
Das Wort *wie* zeigt an, dass hier etwas miteinander verglichen wird.
Ein Vergleich hilft, sich z. B. den Mann **anschaulicher** vorstellen zu können.
Vergleiche sind z. B.: *Er weinte wie ein Kind. Sie ist so groß wie ein Haus* usw.

Der Sachtext

▶ S. 153–168

- Sachtexte sind z. B. Berichte (▶ S. 52), Gegenstands- und Vorgangsbeschreibungen (▶ S. 62, 69) sowie Lexikonartikel (▶ S. 242, 246) und auch Diagramme (▶ S. 160, 248).
- Sachtexte unterscheiden sich von literarischen Texten (z. B. einer Fabel oder einem Gedicht) dadurch, dass sie sich vorwiegend mit wirklichen (realen) Ereignissen und Vorgängen beschäftigen und **sachlich informieren wollen.**

Die Fünf-Schritt-Lesemethode

▶ S. 162–163, 243–245

1. und 2. Schritt: Worum geht es in dem Sachtext?
Lest den Text zügig durch. Wovon handelt er?
Notiert,

- was ihr schon wusstet,
- was für euch neu ist und
- worüber ihr gern noch mehr wissen möchtet.

3. Schritt: Wichtige Wörter verstehen
Lest den Text ein zweites Mal und unterstreicht die Wörter, die besonders wichtig sind, um den Inhalt des Textes zu verstehen **(Schlüsselwörter).**

4. Schritt: Zwischenüberschriften finden
Fasst die einzelnen Abschnitte des Textes durch eigene Zwischenüberschriften zusammen.

5. Schritt: Den Inhalt wiedergeben (▶ Sachtexte zusammenfassen)
Gebt den Inhalt des gesamten Textes mit möglichst eigenen Worten wieder.
Orientiert euch an den Schlüsselwörtern und euren Zwischenüberschriften.

Eine Tabelle lesen

▶ S. 160

Eine Tabelle stellt in **senkrechten Spalten** und **waagerechten Zeilen** Informationen knapp und übersichtlich dar. Lest zuerst die Überschrift der Tabelle und dann die einzelnen Spalten.
Tipp: Achtet in den Spalten auf besonders hohe oder niedrige Zahlen.

Sachtexte zusammenfassen

▶ S. 245

- Schreibt im **Präsens,** z. B.: *Im Text erfährt man … Eine Waveboard besteht aus …*
- Beachtet die **Reihenfolge der Aussagen und Schlüsselwörter** (meist Nomen).
- Gebt mit möglichst **wenigen Sätzen** den Inhalt wieder. Erzählt nicht mit vielen zusätzlichen Worten nach und fügt kein eigenes Wissen ein.
- Nutzt den typischen **Einleitungssatz:** *In dem Sachtext „…" aus dem Buch „…" geht es um …*
  Tipp: Nennt auch den Autor des Sachtextes, wenn ihr den Namen kennt.

Das Theater

► S. 143–152

Anders als Gedichte oder Romane sind **Theaterstücke** dazu geschrieben worden, um sie auf einer **Bühne** aufzuführen.
In einem Theaterstück gibt es Rollen, die von Schauspielerinnen und Schauspielern gespielt werden. Die **Handlung** wird **durch** die **Gespräche** zwischen den Figuren auf der Bühne **ausgedrückt.**
Im Theater sprechen die Schauspieler aber nicht nur ihren Text, sie gebrauchen auch ihre **Stimme** (Sprechweise und Betonung), ihre **Körpersprache** (Gestik) und ihren **Gesichtsausdruck** (Mimik), um Gefühle und Stimmungen auszudrücken.
Wichtige Theaterbegriffe:

Der Konflikt

► S. 144

In Theaterstücken haben meist zwei oder mehr Figuren unterschiedliche Ziele und Interessen. Der **Gegensatz dieser Ziele und Interessen,** aus dem oft Streit entsteht, wird **Konflikt** genannt.

Der Dialog, der Monolog, die Regieanweisung

► S. 145

- Wenn sich zwei oder mehr Personen im Alltag oder als Figuren auf einer Theaterbühne unterhalten oder streiten, nennt man das einen **Dialog.**
- Im Unterschied dazu spricht man von einem **Monolog,** wenn jemand mit sich selbst spricht oder längere Zeit alleine redet.
- Hinweise darauf, wie die Figuren miteinander reden und sich verhalten, nennt man **Regieanweisungen.** Sie stehen oft in Klammern hinter den Rollen oder zwischen zwei Rollen.

Das Standbild, die Pantomime, die Mimik, die Gestik

► S. 146

- Bei einem **Standbild** werden die Figuren durch einen Schüler (Regisseur) stumm und „eingefroren" aufgestellt, sodass das **Verhältnis der Figuren zueinander** deutlich wird. Anschließend erklärt der Schüler, warum er die Figuren so aufgestellt hat.
- Eine Schauspielerei, die vollkommen **ohne Worte** auskommt, nennt man **Pantomime.** Die Gedanken und Gefühle werden ausschließlich durch
  - die **Körperhaltung und -bewegung (Gestik)** wie Kopfschütteln oder Schulterzucken und
  - den **Gesichtsausdruck (Mimik)** wie z. B. Lächeln oder Stirnrunzeln veranschaulicht.

Das Improvisieren

► S. 147

Wer improvisiert, denkt sich spontan etwas zu einem Thema oder einer Situation aus.

Das Hörspiel

► S. 108

Bei einem Hörspiel muss **alles,** was der Zuhörer erfahren soll, **hörbar gemacht werden.**
Die Zuhörer sehen keine Figuren wie bei einem Bühnenstück und lesen auch nichts mit.

- Was die **Figuren** sehen, denken und fühlen, lernt man durch deren **Gespräche (Dialoge)** und **Selbstgespräche (Monologe)** kennen.
  Manchmal führt auch ein **Erzähler** durch das Geschehen.
- Das **Hintergrundgeschehen und die Stimmungen** werden insbesondere durch **Geräusche** (z. B. *Donner, Glockenschlagen, Ausrufe oder Stimmengewirr*) und **Musik** in Szene gesetzt.

Nachdenken über Sprache

Wortarten

Das Nomen (Plural: die Nomen), **das Genus, der Artikel** ▶ S. 170

- Mit **Nomen** werden **Dinge, Lebewesen, Gedanken und Ideen** bezeichnet.
  Nomen werden **großgeschrieben.**
- Nomen werden häufig von **bestimmten Artikeln** *(der, die, das)* oder **unbestimmten Artikeln** *(ein, eine, ein)* begleitet.
  Der Artikel richtet sich nach dem **grammatischen Geschlecht** (nach dem **Genus**):
  Maskulinum: *der/ein Löwe,* **Femininum:** *die/eine Giraffe,* **Neutrum:** *das/ein Nilpferd.*
- In Sätzen erscheinen Nomen immer in einem bestimmten **Fall** (in einem **Kasus**).
  Mit Fragewörtern lässt sich der jeweilige Fall bestimmen:

1. Fall: **Nominativ**	**Wer/Was** rettet ...?	***Die Arbeit*** *des Arztes rettet dem Nashorn das Leben.*
2. Fall: **Genitiv**	**Wessen** Arbeit ...?	***des Arztes***
3. Fall: **Dativ**	**Wem** rettet ...?	***dem Nashorn***
4. Fall: **Akkusativ**	**Wen/Was** rettet ...?	***das Leben***

Das Adjektiv (das Eigenschaftswort) **und seine Steigerungsstufen** ▶ S. 171

Adjektive dienen dazu, Personen, Dinge usw. genauer zu beschreiben, z. B. *der **schnelle** Gepard.*
Bei **Vergleichen** verwendet man die **Steigerungsstufen,** z. B.:

Grundstufe (Positiv)	*lang*	*Ein Schwertwal ist **so lang wie** ein Elefant.*
Steigerungsstufe (Komparativ)	*länger*	*Ein Grauwal ist **länger als** ein Schwertwal.*
Höchststufe (Superlativ)	*am längsten*	*Der Blauwal ist **am längsten.***

Das Personal- und das Possessivpronomen (das Fürwort) ▶ S. 172

Pronomen können ***für*** **Nomen** stehen, sie ersetzen oder begleiten.

- **Personalpronomen** sind: *ich, du, er/sie/es, wir, ihr, sie.*
  Sie treten in verschiedenen Fällen auf, z. B.: *ich* (Nominativ), *mir* (Dativ), *mich* (Akkusativ).
- **Possessivpronomen** sind z. B.: *mein, dein, sein/ihr, unser, euer, ihr.* Man nennt sie auch **besitzanzeigende Fürwörter.** Sie begleiten meist Nomen, z. B.: ***mein*** *Zelt,* ***unsere*** *Expedition.*

Das Demonstrativpronomen (das hinweisende Fürwort)

▶ S. 173

- **Demonstrativpronomen** sind:
  dieser, diese, dieses
  jener, jene, jenes
  der, die, das (mit besonderer Betonung)
  derselbe, dieselbe, dasselbe
  solcher, solche, solches ...
- **Demonstrativpronomen weisen** besonders **deutlich auf eine Person oder Sache hin,**
  z. B.: *Am Abend traf ich einen* ***alten Schlittenführer. Dieser*** *erzählte mir ...*
- Manchmal beziehen sie sich auch **auf ganze Sätze,**
  z. B.: ***Der Leithund ist krank geworden. Das*** *ist eine böse Überraschung.*
- Nutzt man **dieser** und **jener** gemeinsam, bezieht sich **dieser** auf das **zuletzt genannte Wort,**
  z. B: *Ein* ***Forscher*** *und sein* ***Helfer*** *diskutieren.* ***Dieser*** *sagt ...* ***Jener*** *antwortet ...*

Das Verb (das Tätigkeitswort)

▶ S. 174–177

Mit **Verben** gibt man an, **was jemand tut** (z. B. *laufen, reden, lachen*) oder **was geschieht** (z. B. *regnen, brennen*). Verben werden **kleingeschrieben.**

- In ihrer **Grundform** enden die meisten Verben auf ***-(e)n.*** Diese Grundform heißt **Infinitiv.**
  Oft verändern Verben im Satz ihre Form. Sie richten sich nach dem Wort, auf das sie sich beziehen. Man nennt diese Form **Personalform,** z. B.: ***Die Pferde*** *wieher**n**.* ***Das Pferd*** *wiehe**rt**.*
- **Verben verändern sich im Satz.** Das nennt man **Konjugation** oder **Beugung,** weil sich das Verb im Satz nach der Personalform richten muss, z. B. für „reisen":
  ich reise, du reist, er/sie/es reist, wir reisen, ihr reist, sie reisen.

Das Verb und sein Tempus (seine Zeitform)

- Verben kann man **in verschiedenen Zeitformen** (Tempora) verwenden,
  z. B. im **Präsens** (Gegenwartsform) oder im **Präteritum** (einfache Vergangenheitsform).
  Die Zeitformen der Verben sagen uns, **wann** etwas passiert.

Das Präsens (Gegenwartsform)

- Es wird meist verwendet, wenn man sagen will, dass etwas **jetzt geschieht,** z. B.:
  Er ***schreibt gerade*** *einen Brief.*
- Die Gegenwartsform wird auch benutzt, um **Gewohnheiten** oder **Dauerzustände** zu beschreiben,
  z. B.: *Suppe* ***isst*** *man mit dem Löffel.*
- Mit dem Präsens kann man auch ausdrücken, dass etwas in der **Zukunft** liegt, z. B.:
  Morgen gehe *ich ins Kino.*

Das Präteritum und das Perfekt (Vergangenheitsformen) ▶ S. 174–175

Präteritum und Perfekt sind **Zeitformen der Vergangenheit.**

- Das **Perfekt** verwendet man in der Regel, wenn man **mündlich** erzählt, z. B.:
  *Gestern **bin** ich zum Strand **gegangen.** Dort **habe** ich eine wunderschöne Muschel **gefunden.***
- Das **Präteritum** verwendet man in der Regel, wenn man **schriftlich** erzählt, z. B.:
  *Gestern **ging** ich zum Strand. Dort **fand** ich eine wunderschöne Muschel.*
- Gebildet wird das Perfekt aus **2 Teilen:**
  Präsensform von *haben* oder *sein* + Partizip II, z. B.:
  Wir haben gewonnen.
  Du bist gelaufen.
  Das **Partizip II** beginnt meist mit der **Vorsilbe *ge-*,** z. B.: lesen → ***ge**lesen.*

Das Plusquamperfekt (die Vorvergangenheit) ▶ S. 176

- Wenn etwas erzählt oder berichtet wird, was noch **vor vergangenen Ereignissen im Präteritum** geschehen ist, dann verwendet man das **Plusquamperfekt,** z. B.:
  *Bevor er in die Tiefe **abtauchte*** (Präteritum), ***hatte** er sich lange **vorbereitet*** (Plusquamperfekt).
- Das Plusquamperfekt wird mit der Personalform von *hatten* oder *waren* + Partizip II gebildet.

Das Futur (Zukunftsform) ▶ S. 177

Mit der Zeitform **Futur** drückt man Zukünftiges aus, z. B.: *Ich werde für das Teleskop sparen.*

Das Futur wird gebildet aus: *werde* (**Personalform** von ***werden***) + *sparen* (**Infinitiv** (Grundform))

- Mit dem Futur kann auch eine Vermutung ausdrücken: *Das **wird** schon **klappen.***

Starke und schwache Verben ▶ S. 175

Schwache Verben verändern im Präteritum nur die Endung.
Sie verändern sich schwach, z. B.: *ich spiel**e** → ich spiel**te*** *du sag**st** → du sag**test***
Starke Verben verändern im Präteritum einen ihrer Vokale (Stammvokal).
Sie verändern sich stark, z. B.: *ich l**ü**ge → ich l**o**g* *du l**äu**fst → du l**ie**fst*
Die **starken Verben** muss man **auswendig lernen** (▶ hintere Innenseite des Buchdeckels).

Die Präposition (das Verhältniswort) ▶ S. 178

Wörter wie *in, auf, nach, vor, mit, seit* nennt man Präpositionen. Sie bezeichnen genauer:

	den Ort	die Zeit	den Grund, Zweck	die Art und Weise
Frage	Wo? Wohin?	Wann? Wie lange?	Warum? Wozu?	Wie?
Beispiel	***auf** dem Platz*	***seit** gestern*	***wegen** des Regens*	***mit** viel Ehrgeiz*

Die Fragen ***Wo?*** wird mit dem **Dativ** beantwortet, die Frage ***Wohin?*** mit dem **Akkusativ,** z. B.:
***Wo** läufst du?* *Ich laufe auf **dem** Bergpfad.* (Dativ)
***Wohin** läufst du?* *Ich laufe auf **den** Berggipfel.* (Akkusativ)

Das Adverb (das Umstandswort)

► S. 179

Mit **Adverbien** macht man **nähere Angaben zu einem Geschehen.**
Adverbien erklären genauer, **wo, wann, wie** oder **warum** etwas geschieht.
Im Unterschied zu Adjektiven (► S. 171) kann man Adverbien in der Regel nicht steigern.

Frage	Adverbien	Beispiel
Ort: **Wo?**	bergauf, dort, oben, links, ...	*Er klettert **bergauf.***
Zeit: **Wann?**	immer, heute, gestern, niemals, jetzt, ...	***Jetzt** beginnt der schwierige Teil.*
Art und Weise: **Wie?**	allerdings, vielleicht, zusammen, gern, ...	*Sie klettern **zusammen.***
Grund: **Warum?**	somit, also, nämlich, daher, ...	***Daher** wartet er im Basislager.*

Das Verknüpfungswort (das Bindewort; die Konjunktion)

► S. 36, 194

Verknüpfungswörter (Konjunktionen) **verbinden Satzteile oder Teilsätze** miteinander.
Bestimmte Verknüpfungswörter helfen, die eigene Meinung zu begründen, z. B.:
*Ich bin für die Klassenfahrt, **weil** das unsere Klassengemeinschaft stärkt.*
***Da** wir bereits gestern Pizza gegessen haben, müssen wir heute nicht schon wieder Pizza essen.*
*Wir sollten jetzt ins Kino gehen, **denn** der Film läuft nur noch heute.*

Zusammengesetzte Wörter

► S. 180

- Die Teile einer Zusammensetzung nennt man **Grundwort** und **Bestimmungswort,** z. B.:

Nomen:	Ein *Schülersprecher* ist	ein Sprecher	für die Schüler
	Ein *Nachrichtensprecher* ist	ein Sprecher	der Nachrichten
Adjektive:	*himmelblau* bedeutet	blau	wie der Himmel
	flaschengrün bedeutet	grün	wie Flaschen

  Man versteht das zusammengesetzte Wort also „von hinten nach vorne".
- **Bei Nomen** legt das **letzte Wort** (Grundwort) das **Geschlecht** (Genus) fest, z. B.:
  der** Nachrichten**sprecher (Maskulinum) – denn: ***der** Sprecher*

Der Wortstamm und die Wortfamilie

► S. 181

- In verschiedenen Wörtern können gleiche **Wortbausteine** vorkommen. Der Grundbaustein eines Wortes heißt **Wortstamm.** Wörter mit dem gleichen Wortstamm bilden eine **Wortfamilie:**
  ***find**en, er**find**en, vor**find**en, Er**find**er, **find**ig, Er**find**ung, ...*
- Viele Wörter einer Wortfamilie entstehen durch **Vor- oder Nachsilben.**
  Fügt man an den Wortstamm eine Vor- oder eine Nachsilbe an, so nennt man das **Ableitung:**

Vorsilbe +	Stamm	+ Nachsilbe	= abgeleitetes Wort
er	*find*	*en*	*= erfinden (Verb)*
Er	*find*	*ung*	*= Erfindung (Nomen)*
er	*find*	*erisch*	*= erfinderisch (Adjektiv)*

Satzglieder

Die Wortart und das Satzglied

- **Einzelne Wörter** kann man nach ihrer **Wortart** (Nomen, Verb, Adjektiv, Pronomen) bestimmen und voneinander unterscheiden.
- **Satzglieder** sind die **Bausteine in einem Satz.** Oft besteht ein Satzglied **aus mehreren Wörtern.** Satzglieder kann man mit der **Umstellprobe** ermitteln.

Satzglieder erkennen – Die Umstellprobe anwenden ▶ S. 189

- Die Umstellprobe zeigt, dass ein Satzglied immer eine Einheit bleibt, z. B.:
  Assistent Help unterstützt Kommissar Finn mit Eifer bei den Ermittlungen.
  Mit Eifer unterstützt Assistent Help Kommissar Finn bei den Ermittlungen.
- In **Aussagesätzen** steht die **Personalform des Verbs** immer an **zweiter Stelle** nach dem ersten Satzglied.

Das Subjekt und das Prädikat ▶ S. 190

- Das **Prädikat** ist der Satzkern. Es kann aus einem Teil oder mehreren Teilen bestehen, z. B.:
  Der Kommissar ermittelt. Er ordnet Personenschutz an. Er hat seine Kollegen informiert.
- Mit Hilfe des Prädikats kann man das **Subjekt** erfragen, z. B.:
  ***Wer oder was** ermittelt? Der Kommissar ermittelt.*
  ***Wer oder was** ordnet Personenschutz an? Er ordnet an.*

Das Dativ- und das Akkusativobjekt ▶ S. 191

- Objekte kann man durch Fragen ermitteln, z. B.: *Ein Polizist gibt dem Mann Personenschutz.*
- **Dativobjekt:** ***Wem** gibt ein Polizist Personenschutz? → dem Mann*
- **Akkusativobjekt:** ***Wen** oder **was** gibt ein Polizist? → Personenschutz*

Die adverbiale Bestimmung (Angabe zu näheren Umständen) ▶ S. 192

Adverbiale Bestimmungen geben die **genaueren Umstände eines Geschehens** an.
Sie können aus einzelnen Wörtern *(heute)* bestehen oder aus Wortgruppen *(seit gestern)*, z. B.:
Seit gestern sucht die Polizei mit Hubschraubern in Berlin den Mann wegen seines Verbrechens.

adverbiale Bestimmung	Fragen	Beispiel
der Zeit	Wann? Wie lange? Seit wann? ...	*Seit gestern*
des Ortes	Wo? Von wo? Wohin? ...	*in Berlin*
der Art und Weise	Wie? Woraus? Womit? ...	*mit Hubschraubern*
des Grundes	Warum? Warum nicht? ...	*wegen seines Verbrechens*

Sätze

Satzarten
▶ S. 188

Man unterscheidet verschiedene Satzarten. Man erkennt sie auch am Satzschlusszeichen.
- **Aussagesätze** enden mit einem **Punkt,** z. B.: *Ich bin unschuldig.*
- **Fragesätze** enden mit einem **Fragezeichen,** z. B.: *Haben Sie ihn gesehen? Wo waren Sie?*
- **Aufforderungs- und Ausrufesätze** enden meist mit einem **Ausrufezeichen,** z. B.: *Sagen Sie die Wahrheit!*

Der Haupt- und der Nebensatz
▶ S. 194

- Als **Hauptsatz** bezeichnet man einen Satz, der **allein stehen kann.**
- **Nebensätze** können **nicht ohne Hauptsatz** stehen. Nebensätze werden meist durch bestimmte **Verknüpfungswörter** (▶ S. 262) eingeleitet, z. B.: *weil, da, dass, nachdem, ...*
- Zu jedem Hauptsatz und jedem Nebensatz gehört ein Verb:
  - In **Hauptsätzen** steht die **Personalform des Verbs** meist **an zweiter Stelle,** z. B.: *Sie* ***liest*** *ein Buch.*
  - In **Nebensätzen** steht die **Personalform des Verbs** immer **am Ende,** z. B.: *..., da es Spaß* ***macht.***

Die Satzreihe, das Satzgefüge
▶ S. 195

- Eine **Satzreihe** ist ein Satz, der **nur aus Hauptsätzen** (▶ oben auf dieser Seite) besteht.
  In der Regel werden sie durch Komma voneinander abgetrennt, z. B.:
  Die Spurensicherung nimmt Spuren auf, (und) der Kommissar beginnt die Ermittlungen.
  Hauptsatz Komma Hauptsatz
- Sätze aus **Haupt- und Nebensatz** (▶ oben auf dieser Seite) heißen **Satzgefüge.**
  Zwischen Haupt- und Nebensatz steht **immer** ein **Komma,** z. B.:
  Die Spurensicherung nimmt Spuren auf, damit die Täter überführt werden können.
  Hauptsatz Komma nachgestellter Nebensatz

  Damit die Täter überführt werden können, nimmt die Spurensicherung Spuren auf.
  vorangestellter Nebensatz Komma Hauptsatz

Texte mit Hilfe von Proben überarbeiten
▶ S. 166, 196

Texte kann man mit Hilfe der folgenden **Proben** überarbeiten und lesbarer machen:
- Die **Weglassprobe:** Lasst überflüssige Wörter oder Satzglieder bzw. Informationen weg.
- Die **Erweiterungsprobe:** Erweitert den Satz sinnvoll um wichtige Informationen.
- Die **Ersatzprobe:** Ersetzt z. B. Nomen durch Pronomen und Verben durch andere Verben. So lassen sich zu viele Wortwiederholungen vermeiden.
- Die **Umstellprobe:** Stellt Sätze um, damit ihr Satzanfänge abwechslungsreicher gestaltet.

Zeichensetzung

Satzschlusszeichen (Satzarten, ► S. 264)

Zeichensetzung bei der wörtlichen Rede ► S. 120

- Die **wörtliche Rede** steht in **Anführungszeichen,** z. B.: *„Bitte, hilf mir!"*
- Bei der wörtlichen Rede kann ein **Redebegleitsatz** stehen. Dieser Redebegleitsatz drückt aus, **wer etwas auf welche Art sagt,** z. B.: *Der Wolf flehte: „..." Der Reiher forderte: „..."*
- Der **Redebegleitsatz** kann vor, nach oder zwischen der wörtlichen Rede stehen:
  - **vor:** Der Redebegleitsatz wird durch einen **Doppelpunkt** von der wörtlichen Rede abgetrennt, z. B.: *Der Wolf heulte**:** **„**Hilf mir! Ich belohne dich auch dafür!**"***
  - **nach:** Der Redebegleitsatz wird durch ein **Komma** von der wörtlichen Rede abgetrennt, z. B.: ***„**Was fehlt dir denn?**",** fragte der Reiher.*
  - **zwischen:** Der Redebegleitsatz wird durch **Kommas** von der wörtlichen Rede abgetrennt, z. B.: ***„**Bitte**",** jammerte der Wolf**, „**ich halte es nicht mehr aus!**"***

Rechtschreibstrategien ► S. 205–234

Das Schwingen ► S. 206

- **Vor** dem Schreiben: **Sprecht** die Wörter **deutlich in Silben.** Zeichnet Silbenbögen in die Luft.
- **Beim** Schreiben: Sprecht die Silben leise mit. Sprecht nicht schneller, als ihr schreibt.
- **Nach** dem Schreiben: Prüft so: Zeichnet Silbenbögen unter jede Silbe und sprecht leise mit.

Offene und geschlossene Silben ► S. 207

- Enden Silben mit einem **Vokal,** nennt man sie offen. Man spricht den Vokal lang, z. B.: *die Blume.*
- Geschlossene Silben enden mit einem **Konsonanten.** Man spricht den Vokal kurz, z. B.: *die Bremse.*

Das Verlängern ► S. 208–209

- Beim Schwingen kann man in der Regel jeden Buchstaben deutlich hören, z. B.: *der Som mer.*
- Bei Einsilbern und am Wortende kann man Buchstaben aber nicht immer sicher zuordnen, z. B.: *der Ber**g**, der Ta**g**.* Dann hilft die Strategie **„Verlängern": Fügt an das Wortende eine Silbe an,** z. B.:

  *der Ber**g** – denn: die Ber **g**e, der Ta**g** – denn: die Ta **g**e.*

  Verlängern geht so:
  - **Nomen** setzt man in die Mehrzahl: *der Stall – **die** Ställe*
  - **Verben** setzt man in eine andere Personalform: *schwimmt – **wir** schwimmen*
  - **Adjektive** steigert man: *still – still**er als***

Das Zerlegen

▶ S. 211

- Unklare Laute in zusammengesetzten Wörtern findet man, indem man sie **zerlegt,** z. B.:
  *das Schwi**mm** | ba**d** — denn: schwi**mm**en, die Bä**d**er.*
- Auch wenn man **Bausteine abtrennt,**
  kann man Verlängerungsstellen finden, z. B.: *en**d**los, en**d**lich – denn: das En**d**e.*

Das Ableiten

▶ S. 212

Ableiten heißt: **verwandte Wörter mit *ä* und *äu* finden.**

- **Normalerweise** schreibt man ***e*** oder ***eu*.**
- Wenn es **verwandte Wörter mit *a* oder *au*** gibt, dann schreibt man **ä oder *äu*,** z. B.:
  *die W**e**lt – aber: er tr**ä**gt, denn: tr**a**gen*   *die L**eu**te – aber: l**äu**ten, denn: l**au**t*

Tipp: Wörter wie **Säbel** und **Bär** muss man sich **merken,** weil es kein verwandtes Wort mit *a* gibt.

Nomen erkennen

▶ S. 213

Nomen schreibt man groß.
Wörter mit den **Endungen *-heit, -keit, -nis, -schaft, -tum, -ung*** sind Nomen.
In Texten erkennt man sie mit Hilfe von drei **Proben.**

- **Artikelprobe:** Vor Nomen kann man einen Artikel setzen, z. B.: ***die*** *Ziege,* ***der*** *Zucker,* ***ein*** *Pferd.*
  Artikel können sich auch „verstecken“, z. B.: *zur (= zu der), beim (= bei dem), zum (= zu dem)* usw.
- **Zählprobe:** Nomen kann man zählen, z. B.: ***zwei, drei, zehn, viele, einige*** *Ziegen.*
- **Adjektivprobe:** Nomen kann man durch Adjektive näher beschreiben, z. B.: *die **zickige** Ziege.*

Die Nominalisierung

▶ S. 215–216

- **Verben** können **in ihrer Grundform** wie ein Nomen gebraucht werden.
  Man nennt das Nominalisierung. **Nominalisierte Verben schreibt man groß.**
- Nominalisierte Verben kann man mit Hilfe der **Artikelprobe** und der **Adjektivprobe** erkennen, z. B.:
  das *Lachen,* ***beim*** *Lachen,* ***lautes*** *Lachen,* ***das laute*** *Lachen.*
- Auch **Adjektive** können wie ein Nomen gebraucht werden.
  Man kann sie durch die **Artikelprobe** erkennen, z. B.: ***die*** *Schöne,* ***im (in dem)*** *Besonderen.*
- Oft werden nominalisierte Adjektive durch unbestimmte Zahlwörter (Numerale) begleitet:
  viel, wenig *Schönes,* ***manches, alles*** *Schöne.*

Im Wörterbuch nachschlagen

▶ S. 217–218

- Bei **Nomen** sucht ihr die **Einzahl** (den Singular), z. B.: *die Häuser → das Haus.*
- Bei **Verbformen** sucht ihr die **Grundform** (Infinitiv), z. B.: *bellt → bellen.*
- Bei **Adjektiven** sucht ihr die **Grundform,** z. B.: *kälter → kalt.*

Rechtschreibregeln

▶ S. 220–226

Wörter mit doppelten Konsonanten

▶ S. 220–221

- **Doppelte Konsonanten** schreibt man **nur,** wenn die **erste Silbe** geschlossen ist.
- Stehen an der **Silbengrenze zwei verschiedene Konsonanten, verdoppelt** man **nicht,** z. B.: *die Bremse* – aber: *der Brummer.*
- Prüft die Regel: Verlängert Einsilber und zerlegt zusammengesetzte Wörter.

Wörter mit *i* oder *ie*

▶ S. 222–223

- Die **meisten Wörter** mit i-Laut schreibt man mit ***i.***
  Man schreibt **immer *i,*** wenn die **1. Silbe** geschlossen ist, z. B.: *die Sil be.*
- Man schreibt **nur *ie,*** wenn die **1. Silbe** offen ist, z. B.: *vie le.*
  Diese Regel gilt **nur für zweisilbige deutsche Wörter,** nicht bei Fremdwörtern.
- Die Personalpronomen *ihr, ihnen, ihm, ihn, ihre* werden mit *ih* geschrieben.

Wörter mit s-Laut: *ß – s – ss*

▶ S. 224

- Man schreibt ***ß,*** wenn die **1. Silbe** offen ist und man den **s-Laut zischend** spricht, z. B.: *flie ßen, gie ßen, hei ßen.*
- Man schreibt ***s,*** wenn die **1. Silbe** offen ist und man den **s-Laut summend** spricht, z. B.: *dö sen, rei sen, sau sen.*
- Man schreibt ***ss,*** wenn die **1. Silbe** geschlossen ist, z. B.: *pas sen, has sen, küs sen.*

Wörter mit h

▶ S. 226

- Bei einsilbigen Wörtern kann man das *h* nicht hören. **Verlängert** man sie, steht das ***h*** in der **2. Silbe.** Es öffnet die 2. Silbe **hörbar,** z. B.: *ge hen.*
- Steht das ***h*** in der **1. Silbe,** ist es **nicht hörbar.** Diese Wörter sind **Merkwörter,** z. B.: *woh nen.*

Die Groß- und die Kleinschreibung

▶ S. 213–216

- Satzanfänge und Nomen werden großgeschrieben.
  Wörter, die auf *-heit, -keit, -nis, -schaft, -tum, -ung* enden, sind immer Nomen.
- Klein schreibt man
  - alle **Verben,** z. B.: *malen, tanzen, gehen,*
  - alle **Adjektive,** z. B.: *freundlich, sonderbar, rostig,* und
  - alle **Pronomen** (Fürwörter), z. B.: *ich, du, er/sie/es, wir, ihr, sie, mich, dich.*
    Tipp: Eine Sonderregelung gibt es bei den **Anredepronomen in Briefen und E-Mails:**
    – Wenn ihr jemanden **siezt,** schreibt ihr die Anredepronomen **groß,** z. B.: *Sie, Ihnen, Ihr.*
    – Die vertraute Anrede **du** kann man **kleinschreiben,** z. B.: *du, dir, dein, euch, euer.*

Arbeitstechniken und Methoden

Die Fünf-Schritt-Lesemethode

► S. 257

Eine Mind-Map anlegen

► S. 149

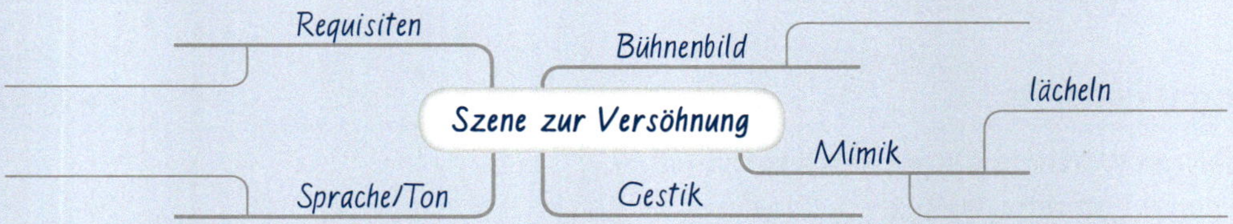

Mit einer **Mind-Map** kann man **Ideen oder Informationen** anschaulich **sammeln** und **ordnen.**
- Schreibt das **Thema** in die Mitte eines großen Papierbogens. Umrahmt das Thema.
- Ordnet um das Thema zunächst die wichtigsten **Hauptpunkte.** Zeichnet dazu dicke Äste.
- Schreibt zu den Hauptpunkten **weitere Ideen oder Beispiele.** Zeichnet dazu dünnere Äste.

Ein Flussdiagramm anfertigen

► S. 106, 107

Ein **Flussdiagramm** bildet **Zusammenhänge** oder **Abläufe** anschaulich ab.
- Tragt wichtige Informationen oder Zusammenhänge in das Flussdiagramm ein.
- Notiert nur Stichworte und umrahmt sie.
- Achtet auf eine sinnvolle Reihenfolge eurer Stichworte.
- Zeichnet Pfeile von Rahmen zu Rahmen.

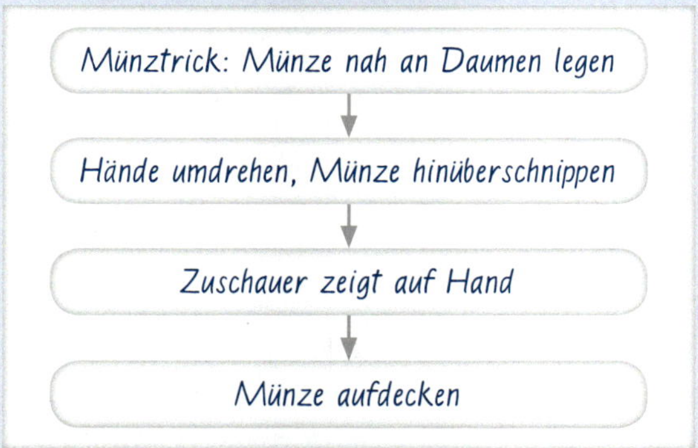

Einen Stichwortzettel anfertigen

► S. 239

1. Schritt: Notiert das, was ihr lernen müsst, auf ein **DIN-A4-Blatt.**
Schreibt möglichst untereinander, so gliedert ihr die einzelnen Punkte.
2. Schritt: Nehmt **ein kleineres Papier** von der Größe eines **DIN-A5-Blatts.** Übertragt auf dieses Blatt nur das Wichtigste von eurem DIN-A4-Blatt aus Schritt 1.
Konzentriert euch auf Merkmale, Begriffe, Daten und die Informationen, die ihr euch nur schwer merken könnt.
3. Schritt: Nehmt ein **weiteres Blatt,** das **nur so groß wie ein Haftzettel** ist.
Schreibt auswendig auf, was ihr vom Stichwortzettel aus Schritt 2 behalten habt.
4. Schritt: Nehmt ein **noch kleineres Papier** und notiert die Inhalte aus Schritt 3.
Versucht es möglichst auswendig.

Im Internet recherchieren

► S. 167

- Nutzt Suchmaschinen für Kinder und Jugendliche, z. B.:
  www.fragfinn.de, www.helles-koepfchen.de, www.kindernetz.de, www.kidsundco.de.
- Überlegt genau, welches Stichwort ihr als Suchauftrag eingebt, z. B.:
  nicht *„Mittelalter“*, sondern *„Sims Mittelalter“.*
- Die besten Ergebnisse stehen nicht immer zu Beginn auf der Ergebnisliste.
- Schreibt eure Ergebnisse auf, wenn ihr Antworten auf eure Fragen gefunden habt.
- Im Internet gibt es viele spannende Seiten. Verliert nicht das Ziel aus den Augen.

Die Textlupe

► S. 88

Mit der Textlupe macht ihr euch gegenseitig Verbesserungsvorschläge für eure Texte.

1 Bildet Vierer- oder Fünfergruppen.
2 Listet auf einem eigenen Arbeitsblatt (der Textlupe) auf, was ihr bei euren Texten besonders prüfen wollt, z. B.: *die Überschrift, den Aufbau, die Rechtschreibung, ...*
3 Jeder reicht seinen Text mit einem Textlupenblatt an einen Lernpartner weiter.
4 Der Lernpartner liest den Text und notiert auf dem Textlupenblatt, was ihm gefällt. Danach formuliert er seine Verbesserungsvorschläge.
5 Schließlich gibt er Text und Textlupe an den Nächsten in der Gruppe weiter. Am Ende haben alle in der Gruppe ihr Lob und ihre Kritik auf der Textlupe notiert.
6 Der Verfasser überarbeitet mit Hilfe der Notizen auf der Textlupe seinen Text.

Texte am Computer gestalten

► S. 124

Eine Textdatei anlegen

- Startet ein **Textprogramm.** Klickt es mit der Maus doppelt an, z. B. *Word, Open Office.*
- Geht in der Menüleiste des Programms auf **Datei** und **Neu.**
- Überlegt euch einen **Dateinamen,** z. B.: *Fabelbuch.* Geht im Menü auf **Speichern unter** .

Texte schreiben und bearbeiten

- **Tippt** eure Fabeln in das Textprogramm.
- **Markiert** die Textstellen, die ihr **verbessern** müsst oder besonders **gestalten** wollt:
  - Drückt die linke Maustaste und fahrt mit dem Cursor über die Buchstaben oder Wörter.
  - Wählt in der Menüleiste die **Schriftgröße, Schriftart,** z. B.: Comic Sans oder Garamond, und **Schriftfarbe.**
  - **Unterstreichen** könnt ihr mit U,
  - **fett** hervorheben mit **F** und
  - **schräg** *(kursiv)* stellen mit *K*.
  - Falsch getippte Buchstaben werden mit ← **gelöscht** und dann **korrigiert.**
  - Habt ihr **versehentlich etwas gelöscht,** klickt auf diese Zeichen ▼.

Texte speichern und ausdrucken

- Speichert zwischendurch immer wieder euren Arbeitsstand ab .
- Prüft euer Endergebnis mit der Seitenansicht .
- Druckt euer Endergebnis aus .

Ein Informationsplakat gestalten

► S. 168

Ein **Plakat** ist gut geeignet, um **Fotos, Tabellen** und gut **gegliederte Texte** zu zeigen.

- Hebt die Überschrift und Zwischenüberschriften durch die Schriftgröße hervor.
- Gestaltet das Plakat übersichtlich.
- Nutzt die unterschiedliche Wirkung von Farben.
- Schreibt sauber und so groß, dass man den Text aus 10 Metern Entfernung lesen kann.
- Notiert Stichworte oder kurze Sätze.

Wechselseitiges Lesen in der Gruppe

► S. 101

Mit dem wechselseitigen Lesen unterstützt man sich gegenseitig, um einen Text zu verstehen.

- Bildet **Vierergruppen.**
- Jeder in der Gruppe liest still für sich den **ersten Textabschnitt.** Der übrige Text wird abgedeckt.
- Lest den Abschnitt ein zweites Mal. Jeder schreibt für sich **Schlüsselwörter** (► S. 162, 163) heraus.
- Arbeitet dann in der Gruppe. Verteilt die folgenden Rollen **A–D:**
  - **A** fordert zu **Erklärungen** unbekannter oder schwieriger Wörter und unklarer Textstellen auf.
  - **B** stellt **Fragen,** die mit dem Text beantwortet werden können. Die anderen beantworten die Fragen von B, z. B.: *Wo spielt das Geschehen? Wie handelt der Held in der Situation?*
  - **C** formuliert eine **Zusammenfassung** des Textabschnitts. A, B, D ergänzen und korrigieren.
  - **D** versucht **vorherzusagen,** was in dem nächsten Textabschnitt passiert.
- Lest den **zweiten Textabschnitt** in Einzelarbeit. Schreibt Schlüsselwörter heraus.
- Arbeitet erneut in der Gruppe. **Wechselt die Rollen** A, B, C, D im Uhrzeigersinn.
- Geht für die weiteren Textabschnitte auf die gleiche Weise vor.

Gedichte auswendig lernen

▶ S. 132

- Lest das Gedicht mehrmals. Stellt euch zu den Versen und Strophen Bilder vor. Lasst diese Bilder vor eurem inneren Auge wie einen Film ablaufen.
- Lernt das Gedicht Schritt für Schritt. Nehmt euch z. B. die ersten zwei Verse vor. Lernt erst dann weiter, wenn ihr diese ersten beiden Verse sicher aufsagen könnt. Wiederholt das Gelernte jeden Tag.
- Einzelne Textstellen könnt ihr mit einer unauffälligen Bewegung verknüpfen. Wenn ihr diese Bewegung dann ausführt, ruft sie euch die Textstelle ins Gedächtnis. Ihr könnt z. B. euren Daumen vom kleinen Finger an über den Ringfinger und Mittelfinger hin zum Zeigefinger führen.
- Schreibt den Text mehrmals ab. Zuerst schreibt ihr das Gedicht ganz ab. Danach lasst ihr das jeweils letzte Wort im Vers weg. Bei den nächsten Malen lasst ihr immer mehr Wörter weg. Am Ende steht nur noch der Anfang eines Verses auf eurem Blatt.

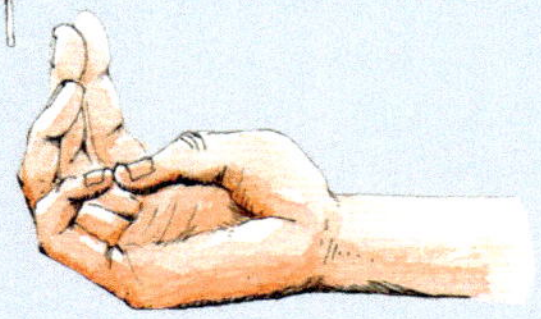

Wirkungsvoll vorlesen, Betonungszeichen anwenden

▶ S. 84

Legt eine Folie über den Text und markiert ihn sinnvoll mit Betonungszeichen:

- Wörter, die **lauter** ▁▁▁ oder **leiser** .... gelesen werden sollen
- **Pausen,** z. B. bei spannenden Stellen: |
- **Stimme heben,** z. B. bei einer Frage: ↗
- **Stimme senken,** z. B. am Satzende: ↘

Tipp: Übt vor allem, lange Wörter flüssig zu sprechen.

Standbilder bauen

▶ S. 258

Textartenverzeichnis

Autoren- und Quellenverzeichnis

Krüss, James (1926–1997)
129 Das Feuer
aus: Der wohltemperierte Leierkasten. Bertelsmann, München 1989

La Fontaine, Jean de (1621–1695)
112 Der Rabe auf dem Baum
nach: Das große Fabelbuch. Lappan Verlag, Oldenburg 2010, S. 18

Lornsen, Boy (1922–1995)
221 Ein alter Brummer
aus: Der Tintenfisch Paul Oktopus. Gedichte für neugierige Kinder. Boje, Köln 2009, S. 69

Mahringer, Walter
140 April! April!
aus: Teddy. J. F. Schreiber, Esslingen 1982

Maiwald, Peter (1946–2008)
134 Regentag
aus: Es hüpft in meinem Kopf herum. Gedichte für Kinder. Hrsg. von Manfred Mai. dtv, München 2007, S. 46

Morgenstern, Christian (1871–1914)
135 Der Schnupfen
141 Butterblumengelbe Wiesen
aus: Gesammelte Werke. Piper, München 1965, S. 305, 71
169 Der Flügelflagel
aus: Gedichte in einem Band. Hrsg. von Reinhardt Habel. Insel, Frankfurt am Main 2003, S. 184

Mörike, Eduard (1804–1875)
140 Er ist's
aus: Das Buch der Gedichte. Deutsche Lyrik von den Anfängen bis zur Gegenwart. Hrsg. von Otto Conrady. Cornelsen, Berlin 1987, S. 259

Moser, Erwin (*1954)
128 Gewitter
aus: Überall und neben dir. Hrsg. von Hans-Joachim Gelberg. Beltz-Verlag, Weinheim/Basel 1989, S. 260

Müller-Jahnke, Clara (1860–1905)
133 Eisnacht
aus: Der Freiheit zu eigen. Gedichte 1884–1905. Hrsg. von Oliver Igel. trafo verlag, Berlin 2007, S. 164

Nicholls, Sally (*1983)
214 Wie man unsterblich wird
aus: Wie man unsterblich wird: Jede Minute zählt. Übersetzt von Birgitt Kollmann. dtv, München 2010, S. 162 ff.

Rowling, Joanne K. (*1965)
103 Harry Potter und der Feuerkelch – Die erste Aufgabe
aus: Harry Potter und der Feuerkelch. Übersetzt von Klaus Fritz. Carlsen Verlag, Hamburg 2000, S. 370–373

Seidel, Heinrich (1842–1906)
142 November
aus: So viele Tage wie das Jahr hat. 365 Gedichte für Kinder und Kenner. Hrsg. von James Krüss. Sigbert Mohn Verlag, Gütersloh 1959, S. 19

Steinhöfel, Andreas (*1962)
18 Rico, Oskar und die Tieferschatten
aus: Rico, Oskar und die Tieferschatten. Carlsen Verlag, Hamburg 2008, S. 11, 31–33, 75, 186–188
24 Inger
aus: Froschmaul. Geschichten. Carlsen Verlag, Hamburg 2006, S. 87 ff.

Steinwart, Anne (*1945)
140 Es frühlingt
aus: Tausendfüßler lässt schön grüßen. Carlsen Verlag, Hamburg 1990

Uebe, Ingrid
76 Münchhausens Ritt auf der Kanonenkugel
80 Münchhausen erzählt ein weiteres Abenteuer (= Ein Kunststück für die Damen)
90 Münchhausen im Fischbauch
aus: Bürger, Gottfried August: Die Abenteuer des Barons von Münchhausen. Nacherzählt von Ingrid Uebe. Ravensburger Leserabe, Ravensburg 2009, S. 19–24, 31–36, 43–48

Wölfel, Ursula (*1922)
141 Oktober
aus: Wunderwelt. Schwann, Düsseldorf 1968

Unbekannte/ungenannte Autorinnen und Autoren

161 Das Leben spielen – Die Sims
für dieses Schülerbuch verfasst
116 Das Wettrennen
nach: Das große Fabelbuch. Lappan Verlag, Oldenburg 2010, S. 138
118 Der Löwe und das Mäuschen
nach: http://gutenberg.spiegel.de [18.08.2011]
125 Der Löwe und der Bär
frei nach Äsop: Fabeln. Griechisch/Deutsch. Reclam, Stuttgart 2005, S. 147
119 Der Wolf und der Reiher
frei nach Äsop: Fabeln. Griechisch/Deutsch. Reclam, Stuttgart 2005, S. 151 ff.
122 Die Schildkröte und der Leopard
aus: Großvater Ussumane erzählt ... Tiergeschichten aus Afrika, Legenden und Fabeln. Hammer, Wuppertal 1990
45 Erfolgreiche Hamburg City Kids ...
nach: www.hamburgcitykids.de [20.12.2011]
97 Herakles und der Augiasstall
frei nach: Griechische Sagen. Nacherzählt von Richard Carstensen. dtv junior, München 34 2010, S. 131–132
99 Herakles und der Kampf gegen den nemeischen Löwen
frei nach: Griechische Sagen. Nacherzählt von Richard Carstensen. dtv junior, München 34 2010, S. 127, und: Dimiter Inkiow erzählt: Herkules, der stärkste Mann der Welt und andere griechische Sagen. dtv, München 1991, S. 107–108
94 Herakles und die Hydra von Lerna
frei nach: Griechische Sagen. Nacherzählt von Richard Carstensen. dtv junior, München 34 2010, S. 127–129
242 Inhalt/Register
nach: Das Ravensburger Schülerlexikon. Ravensburger Buchverlag 2010, S. 8 u. 427
160 Liebste Computerspiele Rang 1–3
aus: Jim-Studie 2010; www.mpfs.de/fileadmin/JIM-pdf10/JIM2010.pdf, S. 38 [20.12.2011]
246 MfG
aus: www.songtexte.com/songtext/die-fantastischen-vier/mfg-bda6d7e.html [06.01.2012]
85 Münchhausens Pferd auf dem Kirchturm
frei für dieses Schülerbuch nacherzählt
227 Regeln für gutes Benehmen in vornehmen Gesellschaften
nach: Stephanie Busch u. Ulrich Noller: Das Haus-Buch. Berlin Verlag, Berlin 2007, S. 34
52 Schüler liefen für guten Zweck
aus: www.noz.de/lokales/58140446/schueler-laufen-fuer-guten-zweck [22.12.2011]
243 Skateboarding – Lebenseinstellung, Freizeitspaß und noch viel mehr ...
nach: www.wasistwas.de/sport-kultur/alle-artikel/artikel/link//a336618df8/article/skateboarding-lebenseinstellung-freizeitspass-und-noch-viel-mehr/-7c05c71e06.htm [20.12.2011]
154 Soziales Netzwerk als Treffpunkt – aber Vorsicht!
für dieses Schülerbuch verfasst
219 Wie kommt das Wort ins Buch?
frei nach: Warum wackelt der Wackelpudding? Antworten auf kuriose Kinderfragen. Bertelsmann Lexikon Verlag, Gütersloh 2008, S. 130
100 Wie Siegfried den Drachen tötete
nach: Johannes Gerlach: Die Siegfriedsage. Schöningh Verlag, Paderborn o. J. In: Wort und Sinn I, S. 189 ff.
228 Wunderwerk Nase
nach: Neue Westfälische Zeitung Nr. 55, 7. März 2011, Kinderseite

Sachregister

Bildquellenverzeichnis

S. 11, 143–147, 149, 151, 238 oben: Thomas Schulz, Teupitz, **S. 18 ff., 19, 20:** © Peter Schössow, **S. 27 links:** © Bundesarchiv, **S. 27 rechts:** © Fotolia/benuch, **S. 30.1:** © photopool/Frank Boxler, **S. 30.2:** © picture alliance/Gordon Schmidt, **S. 30.3:** © Bildagentur Geduldig, **S. 30.4:** Panther Media GmbH/Maksym Rybak, **S. 30.5:** © Ralph Lueger Fotografie/(FREELENS Pool), **S. 30.6:** © Vario Images, **S. 31:** © picture alliance/Eventpress Struss, **S. 43, 44:** © picture alliance/HOCH ZWEI/Malte Christians, **S. 47, 48, 52:** © picture alliance/Norbert Schmidt, **S. 54:** © Keystone/Ecken, Dominique, **S. 59:** © mauritius images/SuperStock, **S. 60:** © Fotolia/Brigitte Winterberg, **S. 61:** © Fotolia, **S. 63 oben links:** © Your Photo Today/Karl Thomas, **S. 63 oben rechts:** © Ostkreuz/Anne Schoenharting, **S. 63 unten links:** © ALIMDI.NET/Günter Lenz, **S. 64:** © Fotolia/fotoscool, **S. 65:** © Zoologischer Garten Köln, **S. 67:** © Thomas Willemsen, **S. 72:** © Jahreszeiten Verlag/Boris Kumicak, **S. 75:** © ullstein bild/Röhnert, **S. 94:** bpk/RMN, **S. 97:** © The Bridgeman Art Library, **S. 103:** Cover von Joanne Rowling, Harry Potter und der Feuerkelch. Carlsen Verlag, Hamburg 2000; Umschlagillustration: Sabine Wilharm; Umschlaggestaltung: Doris K. Künster. **S. 105:** © Deutscher Depeschendienst/Warner Bros. Pictures/ddp images, **S. 109:** © Marvel & SUBS, **S. 114:** aus: Heinrich Steinhöwel, Buch und Leben des hochberühmten Äsopi, Ulm 1476/77, **S. 153:** © Your Photo Today/Phanie, **S. 154:** © Fotolia/imaginando, **S. 156:** © Fotolia/Jürgen Fälchle, **S. 157 oben links:** © Fotolia/Peter Atkins, **S. 157 unten, S. 159 oben:** © Fotolia/Lukasz Oberzig, **S. 158:** © Fotolia/Saniphoto, **S. 159 unten links:** © Fotolia/Canadeez, **S. 159 unten Mitte:** © Fotolia/Christian Schwier, **S. 159 unten rechts:** © Fotolia/tinlinx, **S. 160, 161, 165:** © Electronic Arts Inc. **S. 168 (4):** akg-images, **S. 169:** © mediacolors/Magr, **S. 170:** © WILDLIFE/M.Carwardine, **S. 171:** © WILDLIFE/T.Dressler, **S. 172:** bpk, **S. 173:** © Bildagentur-online/McPhoto-BAS, **S. 174 oben:** © SeaTops/Manuela Kirschner, **S. 174 unten:** © WILDLIFE/B. Cole, **S. 175:** © ullstein bild/The Granger Collection, **S. 176:** © ddp images/AP, **S. 179:** © Fotolia/Dominic Steinmann, **S. 182:** © Fotolia/contrastwerkstatt, **S. 185, 187 oben:** © ddp images/AP/Kamran Jebrelli, **S. 187 unten links:** © ddp images/dapd/Markus Leodolter, **S. 187 unten rechts:** © ddp images/dapd/Günter Artinger, **S. 194:** © picture alliance/ZB/Michael Reiche, **S. 195 oben, © Mitte rechts:** Fotolia/macroart, **S. 195 Mitte links:** © Fotolia/JiSign, **S. 195 unten links:** © Fotolia/PRILL Mediendesign, **S. 195 unten rechts:** © Fotolia/treek, **S. 235:** © Fotolia/Ramona Heim, **S. 240:** Marianna Ernst, **S. 242 links:** Cover von: Jugendlexikon. Bertelsmann Lexikon Institut, Gütersloh, **S. 242 rechts:** Cover von: Das visuelle Lexikon. Gerstenberg Verlag, Hildesheim, **S. 243:** Logo „Was ist was": Tessloff Verlag, Nürnberg, **S. 243 unten:** © Fotolia/Galina Barskaya, **S. 245:** © Fotolia/raluca teodorescu, **S. 246:** © picture alliance/dpa/Jörg Carstensen

Euer Deutschbuch auf einen Blick

Das Buch ist in **vier Kompetenzbereiche** aufgeteilt.
Ihr erkennt sie an den Farben:

Sprechen – Zuhören – Schreiben
Lesen – Umgang mit Texten und Medien
Nachdenken über Sprache
Arbeitstechniken

Jedes **Kapitel** besteht aus **drei Teilen:**

1 Hauptkompetenzbereich
Hier wird das Thema des Kapitels erarbeitet, z. B. in Kapitel 1 „Erzählen".

1.1 Von Freundschaften erzählen

2 Verknüpfung mit einem zweiten Kompetenzbereich
Das Kapitelthema wird mit einem anderen Kompetenzbereich verbunden und vertiefend geübt, z. B.:

1.2 Freundschaftsgeschichten lesen und weiterschreiben

3 Klassenarbeitstraining oder Projekt
Hier überprüft ihr das Gelernte anhand einer Beispielklassenarbeit und einer Checkliste oder ihr erhaltet Anregungen für ein Projekt, z. B.:

1.3 Fit in ...? – Eine Geschichte lebendig weitererzählen

Das **Orientierungswissen** findet ihr in den blauen Kästen mit den Bezeichnungen **Information** und **Methode**.

Auf den blauen Seiten am Ende des Buches (► S. 249–271) könnt ihr das Orientierungswissen aller Kapitel noch einmal nachschlagen.

Folgende **Kennzeichnungen** werdet ihr im Buch entdecken:

- Partnerarbeit
- Gruppenarbeit
- 4 Zusatzaufgabe

Die **Punkte** sagen euch etwas über die Schwierigkeit der Aufgabe:

- ●○○ Diese Aufgaben geben euch Starthilfen oder schlagen euch verschiedene Lösungen vor.
- ●●○ Diese Aufgaben sind schwieriger zu lösen als die Aufgaben mit einem Punkt.
- ●●● Diese Aufgaben verlangen, dass ihr sie möglichst selbstständig bearbeitet.

Knifflige Verben im Überblick

Infinitiv	Präsens	Präteritum	Perfekt
befehlen	du befiehlst	er befahl	er hat befohlen
beginnen	du beginnst	sie begann	sie hat begonnen
beißen	du beißt	er biss	er hat gebissen
bieten	du bietest	er bot	er hat geboten
bitten	du bittest	sie bat	sie hat gebeten
blasen	du bläst	er blies	er hat geblasen
bleiben	du bleibst	sie blieb	sie ist geblieben
brechen	du brichst	sie brach	sie hat gebrochen
brennen	du brennst	es brannte	es hat gebrannt
bringen	du bringst	sie brachte	sie hat gebracht
dürfen	du darfst	er durfte	er hat gedurft
einladen	du lädst ein	sie lud ein	sie hat eingeladen
erschrecken	du erschrickst	er erschrak	er ist erschrocken
essen	du isst	er aß	er hat gegessen
fahren	du fährst	sie fuhr	sie ist gefahren
fallen	du fällst	er fiel	er ist gefallen
fangen	du fängst	sie fing	sie hat gefangen
fliehen	du fliehst	er floh	er ist geflohen
fließen	du fließt	es floss	es ist geflossen
frieren	du frierst	er fror	er hat gefroren
gelingen	es gelingt	es gelang	es ist gelungen
genießen	du genießt	sie genoss	sie hat genossen
geschehen	es geschieht	es geschah	es ist geschehen
greifen	du greifst	sie griff	sie hat gegriffen
halten	du hältst	sie hielt	sie hat gehalten
heben	du hebst	er hob	er hat gehoben
heißen	du heißt	sie hieß	sie hat geheißen
helfen	du hilfst	er half	er hat geholfen
kennen	du kennst	sie kannte	sie hat gekannt
lassen	du lässt	sie ließ	sie hat gelassen
laufen	du läufst	er lief	er ist gelaufen
leiden	du leidest	sie litt	sie hat gelitten
lesen	du liest	er las	er hat gelesen
liegen	du liegst	er lag	er hat gelegen